THE DIASPORAS, HMONG

ディアスポラの民

モン

時空を超える絆

THE BONDS SHARED BEYOND TIME AND SPACE

吉川太惠子
YOSHIKAWA TAEKO

めこん

目次

序章
「ディアスポラ」の民 モン ……………………………………………… 9

第1節 研究の背景 ……………………………………………… 10

第2節 問題提起 ……………………………………………… 17
2-1 Hmongnessと親族関係　17
2-2 クランと親族関係を基盤にした社会　19
2-3 「ディアスポラ」の民　20
2-4 過去、現在、未来を結ぶ儀礼　24

第3節 先行研究 ……………………………………………… 24
3-1 アイデンティティ／エスニシティ研究　25
3-2 親族研究　28
3-3 モン族研究　31

第4節 分析概念 ……………………………………………… 33

第5節 研究の方法 ……………………………………………… 33
5-1 空間（スペース）の概念　34
5-2 多現場民族誌 (Multi-sited ethnography) [Marchus 1995: 95-117]　37
5-3 フィールドワーク　39

第6節 モン（Hmong）族の定義と表記方法 ……………………………… 41
6-1 モン族の定義　41
6-2 表記方法　42

第1章
インドシナ戦争・ベトナム戦争 ……………………………………… 45

第1節 フランスのインドシナ統治 ……………………………………… 45

第2節　ラオス秘密戦争 ……………………………………………… 50
第3節　「モン掃討作戦」 …………………………………………… 56
第4節　難民キャンプ ………………………………………………… 62
　　4-1　難民キャンプの設立　62
　　4-2　難民キャンプの生活　65
　　4-3　新しいリーダーの出現　69
第5節　終わらぬ逃避行 ……………………………………………… 70
まとめ ……………………………………………………………………… 74

第2章
モン（Hmong）族 ……………………………………………… 77

第1節　モン族の起源と移動の歴史 ………………………………… 78
　　1-1　中国　78
　　1-2　中国から東南アジアへ　80
第2節　モン族の人口 ………………………………………………… 81
第3節　モン族社会 …………………………………………………… 83
　　3-1　個人より集団を優先する社会　83
　　3-2　家父長社会　85
　　3-3　"Xeem"（クラン）　89
　　3-4　"cum ib tug dabqhuas"（サブ・クラン）　94
　　3-5　親族関係　94
まとめ ……………………………………………………………………… 98

第3章
Hmongness(Hmoob kev sib hlub) …………………… 101
第1節 Hmongness("To be Hmong") ………………… 101
第2節 共有されるHmongness ……………………… 105
2-1 パ・ンダウ(フラワー・クロスとストーリー・クロス) 105
2-2 銀細工 114
2-3 ビデオ(DVD) 115
第3節 「新年の祝い」(noj peb caug) ………………… 119
3-1 新年の祝い(ラオス) 119
3-2 新年の祝い(アメリカ) 123
3-3 新年の祝い(フランス) 132
3-4 表面化するコミュニティの問題──「新年の祝い」をめぐって 133
まとめ ……………………………………………… 136

第4章
時空を超える絆 …………………………………… 139
第1節 モン族の宇宙観 ……………………………… 139
第2節 宗教的儀礼 …………………………………… 141
第3節 アニミズムとシャーマン …………………… 142
第4節 「いのち」のサイクル ……………………… 146
4-1 魂を呼び込むフ・プリ 146
4-2 葬儀(pam tuag) 156
第5節 結婚式(noj tshoob) ………………………… 166
5-1 結婚の概念 166
5-2 結婚の手順 167
まとめ ……………………………………………… 174

第5章
アメリカ合衆国・フランス・オーストラリアのモン族 …… 177

第1節 アメリカ合衆国のモン族 …… 178
 1-1 アメリカ合衆国の移民・難民政策　178
 1-2 アメリカのモン族社会　182
 1-3 モン系アメリカ人議員の誕生　185
 1-4 ミネソタ州・ウィスコンシン州（都市部のコミュニティ）　192
 1-5 フレスノ（農村地域のコミュニティ）　200

第2節 フランスのモン族 …… 205
 2-1 フランスの移民・難民政策　205
 2-2 フランスのモン族社会　207
 2-3 パリ近郊：グリニ／ル・メシュールセンヌ（都市部のコミュニティ）　215
 2-4 オビニーシュールネール／ニーム（農村地域のコミュニティ）　217

第3節 オーストラリアのモン族 …… 222
 3-1 オーストラリアの移民・難民政策　222
 3-2 オーストラリアのモン族社会　224
 3-3 シドニー・メルボルン（都市部のコミュニティ）　230
 3-4 ブリスベン（農村地域のコミュニティ）　232

第4節 モン族社会の比較考察 …… 234
 4-1 言語環境　234
 4-2 呼称の使用状況　235
 4-3 儀礼　236
 4-4 男女の位置づけ　239
 4-5 政治に対する関心　240
 4-6 生活の満足度　241

まとめ …… 241

第6章
モン族社会の現状と変化 …… 245

第1節 ジェンダー概念 …… 246

- 1-1 性差をめぐって　246
  - 女性はいつか「他人のものになる」　246
  - 重くのしかかる「長女の責任」　248
  - 女性をめぐる慣習　251
  - 男女の領域　255
  - 結婚で変化する女性の立場　259
  - 「良い娘」・「良き妻」　261
  - 息子への期待　264
- 1-2 成人男性が受けたカルチャー・ショック　264

第2節 世代による価値観の変化 ……………………………………… 266

第3節 宗教 ……………………………………………………………… 271

まとめ …………………………………………………………………… 280

第7章
環流するモンのアイデンティティ …………………………… 283

第1節 「祖国」への想い ………………………………………………… 283

第2節 モン族の「想像のコミュニティ」 ……………………………… 287

第3節 元指導者、バン・パオの死を通じて ………………………… 290

まとめ …………………………………………………………………… 293

終章
結論と今後の課題 ………………………………………………… 295

第1節 問題の確認 ……………………………………………………… 295

第2節 モン族のアイデンティティとその社会の特徴 ……………… 296

第3節　結論と今後の課題 ……………………………………………………… 299

あとがき　303

参照文献　307

写真（Picture credit）・図の出典　320

インタビューリスト　328

参考資料1　男性呼称（グリーン・モン）　330

参考資料2　女性呼称（グリーン・モン）　331

参考資料3　女性名と男性名　332

参考資料4　HMONG LANGUAGE　334

索引　338

図・表の目次

図

ラオス人民民主共和国地図　49

ある一家の家系図　89

「いのち」のサイクル　140

「死者の旅路1」　159

「死者の旅路2」　159

生け贄に捧げた牛の切り分け部位　162

2002年特別選挙における各候補者の獲得票数　186

ミー・モアの「ドリーム・チーム」　187

表

モン族の呼称の一例　36

西欧諸国のモン族人口　83

代表的なクラン名　92

生け贄に捧げられた牛の内訳と生け贄の配分先　163

アメリカに入国した地域別移民の一覧表　179

女性移住希望者の職歴および技能　179

男性移住希望者の職歴および技能　180

モン族人口の多い都市　183

ウィスコンシン州の都市部／田園地域の居住状況（2000年）　196

- モン語の発音表記（カタカナ表記）では、セントポール在住のViva Yang氏（グリーン・モン）と、ヴィエンチャン在住のラオス山の子ども文庫基金代表の安井清子（ホワイト・モン）氏の協力を得た。モン語の発音は日本語にない音があり、またトーンの高低があるため、カタカナ表記はあくまでも参考用として提示するものである。
  ホワイト・モンとグリーン・モンとでは表記の仕方や発音が異なるため、本文中のモン語のカタカナ表記はホワイト・モンの発音で統一している。なお、巻末の呼称の違いを示したチャートはグリーン・モンの表記である。

序章
「ディアスポラ」の民 モン

　　　　古くからモン族の精神構造には集団の概念が深く浸透している。
　　　　この世で短い時を生きる個人より重んじられるのは
　　　　一族やクランのような集団である。

　　　　　　　　　　　　　　　　　　　　　　　　［D. Yang 1993: 22］

　国境を越えて移動する移民や難民の動きは、グローバリゼーションが進む現代においてますます複雑化している。人の動きには、政治・経済の変動や社会的変化が関与するとされるが［伊豫谷2001: 21］、さまざまな人の動きの中で、1つの国民国家で生存が補償されずに生存権を求めて国境を超えて難民となる人々がいる［竹田1991: 4］。このように自分の意思ではなく政治的な迫害から移動を強いられた難民は、受け入れ国に迎えられた後、それまで守ってきた文化や社会をいかに新しい土地で再構築するのだろうか。
　本書で取りあげるモン族は、多様なインドシナ難民の中でも特殊な背景を持つ人々である。ラオスの山地民だった彼らを巻き込んだ「ラオス秘密戦争」の史実は、アメリカ政府が長らく隠蔽していたために、今もベトナム戦争の影に隠れて一般に知られていない。それゆえ、モン族が秘密戦争で果たした軍事的役割や、難民になった彼らを欧米諸国が受け入れたのはその代償だったことも知られていないのが実情である。
　ラオスの高地から世界各地に離散したモン族の社会では、移住開始から40年近くを経て、現在住む国を「ふるさと」ととらえる若者が増え、世代交代が始まっている。祖国を持たずに生きてきたモン族が欧米の新たな地で再構築した社会は今後どのような様相を呈するのか、また、同一のエスニック・グルー

プが異なる国々に別れて移住した場合、エスニック・グループとしてのあり方やアイデンティティにどのような違いが生じるのだろうか。

　本書は、アメリカ、フランス、オーストラリアの3ヵ国に政治難民として移住したモン族 (Hmong)[1] について、彼らのアイデンティティを表象する"Hmongness"と親族関係 (父系血縁) を切り口に、移住先の欧米社会でなぜモン族がさまざまな違いを超えて古来から伝わる文化や社会を維持し、「時空を超える絆」を保ちえているのかを考察するものである。一般的にモン族は、難民グループの中でも「順応が遅く変化に抗う人々」「時代遅れな慣習に固執する人々」というようにステレオタイプ的な見方でとらえられることが多かった。これはモン族研究の初期の頃に、西欧の研究者がモン族を「文明社会から切り離された山奥に住む人々」と描いたためとされる [Kou Yang 2012: 161]。

　本書では、欧米の移民社会で新たな軌跡を描き始めたモン族の、今を生きる姿を検証するため、参与観察やインタビューを通じて得た多くのモン族の声と、モン族研究の中でも近年発表された文献をもとに考察を試みるものである。

第1節　研究の背景

　モン族は、ラオスに数多く存在するエスニック・グループの1つで、主にラオス北東部の山岳地帯で農耕や狩猟を中心とした生活をしてきた。彼らの中には、第1次インドシナ戦争から第2次インドシナ戦争 (ベトナム戦争) にかけて、フランスやアメリカの中央情報局 (Central Intelligence Ageny: 以下、CIA) に雇われ、共産主義勢力と戦った者がいる。そうした人々は戦争の終結とともに、共産政権による報復で命を狙われ、隣国のタイへ逃れた後、数年から長い人では10数年の間、タイ国内に数ヵ所設立された難民キャンプで過ごし、政治難民として第三国に移住した。

　インドシナ戦争は、ベトナム・ラオス・カンボジアを戦場に繰り広げられた長期戦争である。中でもベトナム戦争 (第2次インドシナ戦争) は、インドシナを共産主義勢力との対決の前線と位置づけたアメリカその他の自由主義諸国と、

---

[1] 本書では「モン族」と表記する。

中国・旧ソ連を後ろ盾にしたベトナム労働党による南ベトナム解放民族戦線（共産主義側）が全面衝突した戦いだった。1975年4月、南ベトナムの首都サイゴン（現在のホーチミン）が共産勢力側によって陥落させられ、その後アメリカが「名誉ある撤退」の名のもとにベトナムから兵を退くと、インドシナ情勢は一挙に混沌状態に陥ることになった。

　インドシナ情勢の悪化に伴い、1970年代中頃から1980年代初頭に発生したインドシナ難民は、総計300万人にも上るとされる。とりわけ、「ボート・ピープル」と呼ばれた、漁船などの小型船舶でインドネシア、シンガポール、マレーシアなどに漂着したベトナム難民は、世界各国のメディアに取り上げられて注目を浴び、これまでに多くのベトナム難民研究が行なわれてきた。一方、モン族については、その名称も、彼らがどこから来たのかも一般的に知られていない。

　モン族を巻き込んだラオス秘密戦争は、CIAが中心になって展開したアメリカの軍事行動の中でも最大規模でありながら、ベトナム戦争ほど注目を集めることはなかった。これは「ラオス」という国が地理も歴史も一般にほとんど知られていなかったことに加えて、アメリカ政府が1990年代半ばの「情報公開令」でラオス秘密戦争があったことを開示するまで、モン族を自由主義側の傭兵として戦線に投入したことを公表しなかったことに大きな原因があると考えられる。

　また、欧米諸国がモン族を難民として受け入れたのは、人道的な理由に加えて、実は戦争中にモン族が払った犠牲に対する補償だったことも知られていなかった。それゆえラオスの山奥でおよそ文明の利器の恩恵を受けることなく農

2　UNHCR編（2001）『世界難民白書：人道行動の50年史』時事通信社。
3　「ボート・ピープル」・「ボート難民」と呼ばれた人々の多くは、民族的には中国人であり、ベトナムの新政権によって差別されていた［ティレル 2010: 308］。
4　モン族はさまざまな時期に、フランス軍、アメリカのCIA、ベトミン軍、北ベトナム軍、パテート・ラーオ軍などに雇われ、部族が分裂して戦った。フランスのインドシナ撤退に伴い、共産勢力のドミノ現象を止めようと、1954年に South-East Asian Treaty Organization（SEATO）が編成された。
5　情報公開令（FOIA: Freedom of Information Act）などを通じて集められた機密文書は、インターネット上に公開されている。The National Security Archive がその一例である。http://www.gwu.edu/~nsarchiv （retrieved: November 20, 2011）。
6　フランスのインドシナ撤退で共産主義化がドミノ倒しのように隣接地域に及ぶことを止めようと、1954年に South-East Asian Treaty Organization（SEATO）が編成された。

耕や狩猟で生活をしていたモン族が、ある日突然言葉も生活環境も全く異なる西欧諸国に現れたことに、一般の人々は驚きを隠せなかった。現在でも、モン族が政治難民として移住してきたことが十分に知られていないため、東南アジアからの「ボート・ピープル」や「経済移民」と混同されることがある [Omoto 2002: 8]。

　歴史を通してモン族は国を持ったことがなく、長い間他民族との接触を避けて人里離れた土地や山奥に部族単位で住んできた。中国においては、漢民族に豊穣な低地を追われて次第に南西部の山地に移動し、ラオスにおいては低地に住むラオ族や他民族との摩擦を避けて山岳地帯に住むなど、いつも主流集団から離れた生活を選んで生きてきたエスニック・グループである[7] [Kou Yang 2003: 274]。モン族のエスニック・アイデンティ形成には、このようにまわりの集団と一線を画す独立した生活形態が少なからず影響を与えたのではないかと考えられる。

　モン族の歴史は史料が残っていないため諸説が存在する。近年、モン族研究において初期の頃に発表された文献の間違いが指摘され、研究者の間で盛んな論議が交わされている [Mai N. M. Lee 1998: 1-3; Entenmann 2005: 1, 6]。

　現在、西欧諸国に居住するモン族の多くは、タイの難民キャンプを経由して受け入れ国に渡った人々とその家族である。アメリカには推定で20万〜25万人、フランスには1万5000〜2万人、オーストラリアには1800〜2000人のモン族が居住する [Txong & Peifer 2009]。これにカナダ、ドイツ、アルゼンチン、南米のフランス領ギアナなどが加わり、モン族コミュニティは1975年以降の西欧諸国への移住により世界規模に拡大したと言えよう [C. Vang 2010: Map 2]。

　アメリカのワシントンDCのナショナル・モール内には、1982年に建立されたベトナム戦没者記念碑 (Vietnam Veterans Memorial)[8] の長い黒壁がある。ここにはベトナム戦争で戦死した5万8200人余りの兵士の名前が刻まれているが、その中にはアメリカの傭兵として戦ったモン族戦死者の名前は1人も含まれてい

7　鏡味は、日本語の「民族」で表されるような意味で特定の文化慣習を共有する人びとのまとまりという意味で、より限局的に言い表そうとすれば、エスニック・グループ (ethnic group) という近年社会学や文化人類学などの領域で使われる言い方になると述べている [鏡味 2010: 134]。
8　記念碑は1人のベトナム帰還兵の発案により、アメリカ合衆国から土地の提供を受け、帰還兵とその家族・友人、反戦派と愛国保守派などの賛同者からの募金により建立された [白井 2006: 172]。

ラオス退役軍人碑 (Lao Veterans' Memorial)。アーリントン国立墓地 (Grave#92, Section 2E)

ない。アメリカ政府が、長年ラオス秘密戦争があったこと自体を否定してきたことに対して、モン族退役軍人やモン族社会は「アメリカのために戦い、多大な犠牲を払ったにもかかわらず、なぜアメリカ政府から正当な扱いを受けないのか」と抗議運動を起こした。これを受けて、アメリカ政府はワシントンDCにあるアーリントン国立墓地にモン族退役軍人たちが費用を分担して記念碑を建立することを認めた。御影石製の小さな「ラオス退役軍人碑」(Lao Veterans' Memorial)[9]が建てられたのは、ベトナム戦没者記念碑の建立から15年後の1997年5月のことだった [Quincy 2012: 72]。

筆者と"Hmong"との出会いは偶然によるものだった。それは同志社大学アメリカ研究科に在学中に、修士論文の資料集めで訪れたアメリカのワシントンDCで、予定外の団体を訪れ、そこから *The New Face of Asian Pacific America* [10] とい

---

9 石碑には"dedicated to the U.S. Secret Army in the Kingdom of Laos 1961-1973"と刻まれている。
http://www.tragicmountains.org/id16.html
10 Eric Lai and Dennis Arguelles. (2003) *The New Face of Asian Pacific America: Numbers, Diversity & Change in the 21st Century*. p.209。[Berkeley: AsianWeek]

ケネディ元大統領の墓碑にほど近い場所に位置するラオス退役軍人碑

う本を入手したことに始まる。筆者が注目したのは、モン族女性のミー・モア (Mee Moua) がミネソタ州議会議事堂で宣誓式を終えて他の議員と握手している写真だった。当時筆者の関心は中国系アメリカ人女性政治家の活動にあり、モン族について全く知識がなかった。帰国後に、Hmongとはどこから来た人々で、なぜアメリカに移住してきたのか、また、男性優位の家父長社会でなぜ女性であるモアが選挙に立候補し当選できたのかという疑問をもとにリサーチを進めた結果、研究テーマを中国系アメリカ人からモン系アメリカ人に変更し修士論文を提出するに至った。

　ミー・モアの選挙戦 (2002) を分析する中で、モン族のクランや親族関係のつながりがアメリカに移住した後も強力なネットワークとして機能し、選挙資金やマンパワーの不足をカバーしたことが浮かび出てきた [Yoshikawa 2006a: 16]。またこの研究から、モン族のアイデンティティを表わす "Hmongness"（Hmoob

---

11　ミー・モアは、ミネソタ州議会議員を2期（2002〜2010）務めた後、2012年4月からワシントンDCにある Asian American Center for Advancing Justice の理事長の職に就いている。

議事堂で宣誓式を終えたモア議員

kev sib hlub)〔ゲェ シ フルー〕には、「モン族である」ことや「モン族として」という意味に加えて、移住によって新たに加わった複層的な意味合い[13]があることが判明した。

　ラオスの村落で部族単位の暮らしをしていたモン族は、戦争に巻き込まれて難民になり、はからずも生活環境が全く異なるアメリカなどのいわゆる「先進国」に住むことになったのであるが、それによりモン族のアイデンティティにいかなる変化が生じたのか、またその様相は地域や国により異なるのかという疑問を筆者は抱いた。そこで修士論文をもとに、さらに研究対象をアメリカ、フランス、オーストラリアの3ヵ国のモン族社会に広げ、文化や体制の異なる

12　「〜ネス」(-ness) は接尾語。本論では、「モン族的特性」や「モン族らしさ」の意味でモン族のアイデンティティを指す。同様に、永野は「チャイニーズネス」(Chineseness) という表現を「国民性」(nationality) との対比で、人々の「内側にある」意識、すなわち「中国人らしさ」という意味あいだけでなく、「中国人意識」や「中国人としての一体感」などの所属意識や集合体としての一体感を表す意味で用いている。[永野 2010: 15-16]。

13　ミー・モアは、Hmong と Hmong American としての「ダブル・アイデンティティ」を適宜に切り替えることで、"Hmongness" を大事にしながらも、アメリカ人としての個性 (individuality) を前面に打ち出し、自分の中のアイデンティティの重なり合う部分を媒体としてバランスをとることで、モン族コミュニティの代弁者であると同時に、選挙区に住む多彩な民族的背景を持つ選挙民の代表者として活動した。

国々に再構築されたモン族社会を横断的に考察するに至った。3ヵ国のモン族社会を比較考察することで、その共通性と差異性を見出し、時間と空間を超えて紡がれてきた絆がいかに人々を結びつけてきたかを本書で提示したい。

　移住から40年近くたったモン族についての研究は、世界的にも蓄積がまだ浅い。だが、移住したモン族人口が最も多いアメリカを中心に、International Conference on Hmong Studies（モン族研究の学術会議）、Hmong National Development Conference（モン族啓蒙団体による会議）などの学会・研究会の開催や啓発活動が活発化し、モン族に関する論文や書籍の出版（大半が英語文献）も近年増加している。

　日本ではモン族が一般的に知られていないため、モン族に関する文献や情報が非常に少ない。日本語による文献をいくつか挙げるならば、インドシナ戦争の史実や移住後の社会についてジャーナリストの視点で書かれた文献[14]、タイ北部やラオスに住むモン族について、農業・保健衛生・歴史・法学・社会学（人口動態調査）の観点からとりあげた論文などがある[15]。欧米で発表された文献については、続く先行研究の項で述べるのでここでは省くが、欧米の移民社会に生きるモン族についてアメリカ・フランス・オーストラリアの3ヵ国を横断的に考察した研究は、日本語でも英語でも発表されていない。それゆえ、本研究の直接の先行研究となるものはない[16]。

　本書において欧米諸国に移住したモン族の生活を描くことで、国の後ろ盾がない少数エスニック・グループが移住した地でその文化や慣習を脈々と紡ぎ続けている有り様を提示することができれば幸いである。なお本書は、学位論文「時空を超える絆――難民として移住した3ヵ国のモン族社会を事例に――」（博士・国際文化学。2011年3月法政大学から授与）を加筆、修正したものである。

14　竹内は、ラオスが社会主義国になった後も、唯一最後までラオス国内に留まったフォト・ジャーナリストである。戦争とモン族をテーマに写真を中心に綴った『ラオスは戦場だった』（1999）と、米国政府文書の研究をもとにまとめあげた『モンの悲劇』（2004）がある。
15　鈴木・安井（2002）はモン族の食料問題を、吉井（2004）は、タイの法制度に対するモン族の適応について、川村（2007）は、アメリカにおけるモン族難民の市民化について、モン・ヴェテラン帰化法の制定過程について論考を発表している。
16　モン族研究者（Dao Yang, Kou Yang, Gary Yia Lee）などの指摘による。

第2節 問題提起

　この節では、本研究の分析の切り口であるHmongnessとモン族の親族関係について、著者がなぜこの2つのキーワードに注目したかを論じ、次にHmongnessと親族関係がいかにモン族にとって重要な役割を果たしているかを、ディアスポラ概念から整理し、最後にモン族の文化的空間性が、現世・死・再生を一連のサイクルと考える宗教的概念とそれに基づいて行なわれる儀礼に強く影響されていることに言及する。

2-1　Hmongnessと親族関係

　モン族について研究を始めた当初、筆者はモン族がなぜそれほどまでに「モンであること」や家族／親族にこだわるのかという疑問を抱いた。ちょうどその頃、モートによる論考を読んでいてその疑問に答えてくれるかのような箇所を見つけて合点したことがある。それは、「モン族はまるでブドウの房のように現れ、グループと外れて1人だけでいるモンにお目にかかることはめったにない…」という文章だった [Mote 2004: 13]。

　モートによれば、これまでに出会った何百人というモン族の多くは、最初は自分を「個人」とはとらえていないという。筆者の経験においても、特に初対面の場合、まず自分の紹介ではなく、両親や祖父、兄弟姉妹、クランというように、円に譬えて言うならば外周から内周に向かって自分が属する集団について話を始めることが多く印象的だった。そしてモートが比喩した「ブドウの房」が集まるように、週末にはパーティを開いて親族や仲間内で過ごす姿を見てきた。

　研究の切り口として挙げたHmongnessと親族関係に注目したきっかけは、2005年から始めたフィールドワークにおいて「モンにとって大事なものは何か？」と質問すると、多くの人々が「モンであること」(Hmongness)と「親族」(relatives)を挙げたことによる。質問に答えた人々は、年齢の幅が10代から70

17　2005年3月から2012年3月にかけて、数次にわたりアメリカ、フランス・オーストラリア、タイ、ラオスで行なったフィールド調査。First Hmong Women's ConferenceやHmong Studies Conferenceのようなモン族研究の学会などにおいてもインタビューを行なった。

代までで、性別、学歴、職業、家庭環境などさまざまであったが、「親族なしにはモンとして生きてゆけない」「自分にとって一番大切なのは家族や親族である」というコメントから、人々が集団の中での位置づけを重要視し、集団の輪の中が居心地良いと感じていることが裏付けられる[18]。

「ブドウの房」の比喩が示すように、「モンであること」は、ある集団の「一員」であり、1人1人が「クランの一員、親族集団の一員、家族の一員」としてさまざまな場面や社会関係に応じて位置づけされる。つまり、モン族は誕生の時からモン族社会の一員として、家庭内だけでなく、より大きな集団の中に位置づけられていると言えよう [Hall 1990: 26]。また、親族とのつながりはモン族の生活に不可欠なものとされ、祖先を共有する男性親族を核に婚姻を通じて枝のように広がる [Keown-Bomar 2004: 10, 19]。本書の冒頭部分に掲げたヤングによる一節は、個人よりも集団を重んじる概念がモン族の精神構造に深く織り込まれていることを明確に示すものである。

個人よりも集団に重きを置く概念と同様に、モン族の精神構造に深く根付いているとされるHmongnessは、英語ではcare, respect and relationship（心遣い、敬意、血縁関係）の3つの語で表現される[19]。これらの要素が互いに関連しあい、アニミズム信仰に基づく祖先崇拝やモン語による各種の儀礼などを通じて、人々の精神面や価値観、思考、生き方などに影響を与えているとされる [Saykao 2004: 28]。

戦いなどで離散を繰り返してきたモン族の文化はまた、「モンだけが共有できるもの」「モンだけに理解できる」という言い方に示されるように、自集団とそれとは異なるものを区別する一面を持つ。たとえば、モン族のアイデンティティを語るときに用いられる英語の"What makes a person Hmong?"という表現や[20]、

18　"I cannot live without my kins or the network of kinship,""My family and my kins are most important for me."（原文のまま）。中根が指摘するように、kinshipは普通、日本語では「親族」と訳されるが、英語の「親族」に相当する語はkinあるいはrelativesで表される。kinshipは血縁・婚姻などによってつながる関係、そしてそれに付随する意味を織り込んだ抽象概念である。本論文では人をつなぐ絆の観点から論を進めるため、kinshipを「親族関係」と記す[中根2002: 78]。
19　筆者による訳。
20　モン族リーダーの1人であるオーストラリア在住のサイカオは、モンのアイデンティティを考えるにあたり、①自分が何者であるか、②人生で自分が果たす役割の2つのポイントをあげ、自分が何者であるかを知るならば、何を自分がしたいかがわかり、それにより自分の可能性を広げることができると述べている。

Hmongnessという言葉には、日本語の「本音と建前」のように、「内」(peb hmoob = us Hmong) と「外」(mab sua = strangers) を区別するニュアンスを含有しているとされる [Scott Jr. and Ng 1998: 147-155; Tomforde 2006: 251-252; G. Y. Lee 1996: 24-25]。

2-2 クランと親族関係を基盤にした社会

　ベトナム戦争後に発生した大量のインドシナ難民のうちで、モン族はとりわけユニークな存在である。なぜならば、同じように政治的迫害を受けて難民になったベトナム人 (Vietnamese) やカンボジア人 (Cambodian) という語は、彼らのエスニシティを表すと同時に、祖国ベトナムやカンボジアのナショナル・アイデンティティを表している [Haines 2007: 14]。アメリカに住むカンボジア難民について研究したモーランドも、カンボジア人のアイデンティティに「祖国カンボジア」が深く生き続けていることを指摘する [Mortland 1994: 5-6]。だが、モン族には「祖国」がないため、ナショナル・アイデンティティを持たない。この点が、モン族が「ディアスポラの民」に喩えられる由縁である [Kou Yang 2003b: 271]。

　この視点からHmongnessをVietnamesenessやCambodiannessと比較考察すると、ベトナム人やカンボジア人の意識には「国」が大きく存在し、アイデンティティに祖国のイメージが投影されていることがわかる。しかし祖国を持たず流浪を続けたモン族が、アイデンティティの拠り所とするのは、"Xeem"と呼ばれるクランと、父方親族を優先する「集団を基盤にした社会 (group-oriented society)」である [Kou Yang 2009: 80; Vang 2010: 7]。なぜならば、流浪を続けた生活の中でモン族が信頼できたのは、クランと親族のつながりだけだったからである。

　「親族関係にある人々に愛着を抱くのは、単に互いに結びついているというよりも、言いようのないほど大きな意味が血縁によるつながりにある」とシルズが主張するように [Shils1975: 122]、モン族にとって親族の存在は大きい。なぜならば、困難な状況にあっても変わることのない血縁でつながる親族を何よりも大事にすることで互いの絆を維持しようと努めてきたからである。

　また、ベトナム人が「難民」という言葉を「祖国から切り離された者」と否定的な意味にとらえるのに対し、モン族は一般的にこれを肯定的にとらえる [Hein

---

21　本論文では「クラン」と表記する。

1993: 51]。つまり、難民という言葉に肯定的な反応を示すモン族は、自分たちの国があるかないかということよりも、「モン」であることと、モン族同士で「1つ屋根の下に暮らす家族」(ib tsev neeg: one house people)［Cooper 1978: 309］であり続けることを最も大切にしているのである。[22]

2-3 「ディアスポラ」の民

　本書はディアスポラについて詳しく議論するものではないが、この節では、ディアスポラ概念を概観することで、モン族がベトナムやカンボジア難民とは異なる背景を持ち、アイデンティティを表象する Hmongness と親族関係がいかにモン族社会において重要な役割を果たしているかを述べたい。

　「ディアスポラ」(diaspora) という言葉は、ユダヤ人の離散を意味することに使われてきた。その語源はギリシャ語の「広める、蒔く、散らす」という動詞 speiro と前置詞 dia から成り立ち、さまざまに異なる方向に種をまき散らすということを意味する［戴 1999: 112-113］。しかし、ディアスポラの意味の拡散が生じているため、多くの解釈が存在する［ブルーベイカー 2005: 376］。近年では人の移動が頻繁になったことから、ユダヤ人だけを指すのではなく、民族の離散・分散や、散在した現象を表す語としてより広義に解釈されるようになった［コーエン 2001: 51; C. Vang 2010: 4-5; 陳 2001: 124］。モン族をユダヤ人に譬えるのはその一例である。

　ディアスポラの定義を最初に発表したのはサフランであるが、その定義に対してさまざまな議論が生じた［Safran 1991: 83-84］。たとえば、J.クリフォードは、サフランの定義が郷土との関係や、帰還の目的論に偏よった「古典的」なものであると批判した［ジェームズ・クリフォード 2002: 281-283］。また、コーエンはサフランの定義に修正を加え、自身の見解を基にディアスポラに共通する特徴として、

①祖国からの離散には衝撃的な痛ましい事件の記憶を伴うことが多いこと
②前者とは対照的に、仕事や貿易などの機会を求め、野望を達成するために自

---

[22]　「家族と一緒にいられることは幸せで、家族と離れることは道に迷うようなものである」というモン族の諺にあるように、家族の一員であることは非常に重要で、家族や親族の数が多いほど幸運と繁栄がもたらされると考えられている。
http://www.laofamily.org/pdfs/Hmong_Families.pdf (retrieved: September 6, 2010.

発的に母国を離れること
③祖国の場所、歴史、達成したことなどについて共通の記憶や神話を持ち続けていること
④ディアスポラとなった者のすべてが、祖国の維持、再建、繁栄に関わりを持つべきだと考えていること
⑤祖国への帰還について集団が賛成していること
⑥長期間にわたりエスニック・グループとして歴史や共通の心情などの意識が維持されていて、その根底にあるのは、自分たちは特別であるという確信を持っていること
⑦住んでいる国の社会との間に何らかの問題や複雑な感情が存在すること
⑧他の国に再定住した同じエスニック・グループである者たちの間に、同胞としての共感と連帯感を感じていること
⑨多元主義に寛容な受け入れ国において、創造的で裕福な生活をする能力と可能性を秘めていること

というように9つの特徴を挙げている［コーエン 2001: 53-54; 陳 2001: 127; Vang: 5］。

さらにコーエンは「時が経ってからでないと、移住したコミュニティが本当のディアスポラであるかどうかわからない」とするマリエンストラス［Marienstras 1989: 25］の主張に対し、ディアスポラ意識を起こす、あるいは維持していくためには、過去との強い絆（過去に対する強い執着）や同化することを阻止する障害物が存在するはずであると主張した［コーエン 2001: 55; 陳 2001: 132］。

K.ヤングもまた、モン族が
①2ヵ国以上の国々に離散を余儀なくされたこと
②祖国に対する集団的記憶を保持していること
③ラオスに戦後設立された政府に今でも抵抗していること
④民族意識（ethnic consciousness）を持ち続けていること
⑤受け入れ国の主流社会との関係で困難に直面していること
⑥他のエスニック・グループと連帯意識を分かち合い多元主義に順応していること

の6つの特徴を挙げ、コーエンが主張するディアスポラ定義のほとんどの条項をモン族が満たしていると主張する［Kou Yang 2003: 294］。このような論議を踏

まえて、著者はモン族のエスニック・アイデンティティの形成には少なからずディアスポラ概念が関与しているとする立場をとる。

前述したが、ディアスポラの適用範囲に移民、国外追放者、亡命共同体、宗教共同体などが含まれるようになったため、語の定義が曖昧になってきている。吉村はディアスポラの共通項を改めて見出す必要性があるとして、ブルーベイカーが主張する

①空間上の離散：トラウマ的な事件による離散や国境を横断する形の離散が標準だが、（中略）国境で分断された民族共同体ないし共同の外部に居住する人々といった定義もあること
②故郷志向：初期の議論では、故郷との文化的紐帯や「帰還」の目的論が強調されたが、近年ではこうした側面を強調することが批判される傾向にあること
③境界の維持：ホスト社会の同化への抵抗ないし社会的排除の結果としてこれに対置されたアイデンティティ上の差異が保持される

とする3つの特徴をディアスポラの中心的要素にしている［吉村 2009: 85］。こうした指摘をもとに、ディアスポラの定義は概念上の郷土に言及する「古典的」なディアスポラ概念から、意味論上および概念上の空間に拡散していると言えよう［ブルーベイカー 2009: 378, 382］。

同様にヴァンは、モン族は国籍のないエスニック・グループで、彼らの判断の基準は実在する国ではなく、同じ祖先を共有する人々に結びついていると主張する［C. Vang 2010: 7］。ヴァンの指摘に基づき、コーエンが主張するところの「ディアスポラ意識を維持するための過去との強い絆や、同化することを阻止する障害物の存在」は何かと考えると、モン族にとって、「ディアスポラ意識を維持するための過去との強い絆」にあたるものは、祖先崇拝を代表とするさまざまな儀礼や親族であり、「同化することを阻止する障害物の存在」にあたるものは、卑下され排斥を受け続けた集団が共通して抱くある種の「劣等感」に根ざす他者を排除する意識であると説明できよう。

たとえば、葬儀において死者に対して詠われるクアゲ（詠歌）の中の、皮肉を込めた表現に、漢民族に対してモン族が抱く優越感と劣等感の表裏一体の思い[23]

---

[23] モン族の世界観が、人間がけっして避けることのできない死と病の概念に根ざしていると、タップは「深い悲観論」(deep pessimism) という表現で表している。

を読み取ることができる[Tapp 1989a: 82]。クアゲは、死者が無事に祖先のもとへたどり着くことができるよう、道しるべとなるものである。ある一節には、「あの世へ向かって歩いている途中で道を選ばなければならない場所に来たら、モンが進めるのは中央にある簡素な泥だらけの道である」とし、漢民族が通る道を避けるよう諭している箇所がある[Tapp 2001: 12]。「中央にある道」と、「簡素な泥だらけの道」という表現は、コインの裏表のように、モン族が漢民族に引け目を感じながらも、彼らよりも実は自分たちのほうが優れているとする対抗的な感情を表していると言えよう。また、「モンだけにわかること」「モンだけが行なうことができる〜」という、モン族が良く使う表現においては、モン族の優位性が強調されている。筆者は、モン族がどの土地に行ってもHmongnessを維持し続けえたのは、こうした表現に見られる「エスニック・プライド」によるものと考える。

戦いや迫害、難民として移住した経験は、社会的記憶(social memories)としてモン族の間で共有されている[G. Y. Lee 2009: 95]。クアゲの例が示すように、モン族の文化には、異質なものを自集団とは区別する一面がある。たとえば、前述したように、モン族の集団的アイデンティティの包括性と排他性を表すとされる"What makes a person Hmong?"(人をモンにするのは何か?)[24]という表現や、Hmongnessという言葉からは、「国」という後ろ盾、すなわちナショナル・アイデンティティ(国民的アイデンティティ)[25]を持たずとも、モン族がエスニック・プライドのもとに一つの集団としてまとまってきたことが浮かびあがる。[26]

---

24 サイカオはモンのアイデンティティを考えるにあたり、①自分が何者であるか、②人生で自分が果たす役割、の2つの大まかな論点があると述べ、自分が何者であるかを知るならば、自分の望むことがわかり、可能性を広げると述べている。
25 「国民」とは「その国境が国際法で認められた領土に対する政治的主権である独立国家共同体と専ら結びついた合法性を取得し、またそれを熱望する民族・文化集団である」と定義される[ハーグリーブス 1997: 228]。
26 ピータース・ゴールデンは、モン族がラオスからタイへ逃げたのは、新しいナショナリティ(国籍)を得るためではなく、19世紀にモン族が断固として漢族同化政策に抵抗して「モンであること」を選んだ時と同様に、「巨大なメルティング・ポットの中で融合して姿を変えることへの抵抗」だったと主張する[Peters-Golden 1998: 92]。

2-4 過去、現在、未来を結ぶ儀礼

　第4章で詳しく述べるが、祖先崇拝を重要視するモン族の文化的空間性は、現世・死・再生（誕生）を一連のサイクルと考える宗教的概念と、それに基づく儀礼に関連する。つまり、モン族の文化では時間と空間（距離）は別々の領域にあるのではなく、過去、現在、未来、そして場所に線引きがない一元的な空間領域としてとらえられている[Tomforde 2006: 150, 188]。

　たとえば、人々は大きな集団の中の一員として、アニミズム信仰に基づく折々の儀礼において、祖先（死者）と子孫（生者）とのつながりを確認し、親族同士の「絆」を強め、各々が位置づけられる「社会空間」を認識する。ゆえに、「ディアスポラ」の民になぞらえられるモン族が、時空[27]を超えて絆を保ちえるのは、モンとしてのアイデンティティを表象するHmongnesと親族関係に負うところが大きいと考えられる[Leeprecha 2001: 81; Julian 2004: 1, 6; G. Y. Lee 2007: 1, 22]。

　なお、本書における「時間」を超える絆とは、過去に生きた人々（祖先）と現在に生きる人々、そして未来に生まれる人々を環のように結ぶ「つながり」を指す。また、「空間」を超える絆とは、物理的に離れた人々、すなわち異なる場所に住む人々を結びつけるつながりであり、モン族のアイデンティティに生き続ける「故郷－中国」のように、概念上で存在する結びつきを指すものと定義する。

第3節　先行研究

　この節では、本研究が関係する2つの領域であるアイデンティティ／エスニシティ研究と親族研究の系譜を概観し、モン族研究の先行研究を振り返ることで本研究の位置づけを試みる。なお、第5章においてモン族難民がどのような移民・難民政策のもとに受け入れられたかを国別に論じているが、本研究は上述の2つの領域を研究の枠組みとするため、本書では移民・難民研究の先行研究を提示しないことを断りおく。

27　時間と空間を指す。『広辞苑』第4版、1993年、岩波書店。

3-1 アイデンティティ／エスニシティ研究

　アイデンティティとエスニシティについては概念上重複する部分があり、特にエスニック・マイノリティの考察において、これらの概念を個別に分けて論じることは難しい。そこで本書では、アイデンティティ論とエスニシティ論にエスニック・アイデンティティ論を加えて研究史を振り返ることにする。

　「アイデンティティ」は精神分析学者のエリクソン（E.H. Erikson）が提唱した概念で、日本語では「自我同一性」、「同一性」と訳されている。アイデンティティのカテゴリーには個人的なアイデンティティと集団が共有するアイデンティティの2つがあり、後者は「社会的アイデンティティ」と称される。文化人類学ではアイデンティティは、「集団の成員に共通する身体的特徴、集団の起源と歴史、国籍、言語、宗教、価値観、地理的環境などの過去の総体と、他の集団との力関係や富、政治的、経済的、社会的な現在の条件などの要素により構成され、集団によりその中の特定要素が特に重要視される」と定義される［石川 1994: 2-3］。

　「エスニシティ」の概念は社会科学の諸分野で広く認識され受け入れられてきたが、研究者の見解により定義が異なる。エスニシティは「民族の」を意味するethnicから派生した名詞で、「民族性」あるいは「民族帰属」といった意味を持つ［鏡味 2010: 142］。エスニシティと関連深い概念としては、民族、部族、民族集団（エスニック・グループ）がある。綾部は、民族とエスニシティの定義が困難であると指摘し、古典的な民族という概念が「文化的共同性と我々意識」によって区切られた静的な集団を前提としているのに対して、エスニシティは国民国家内の民族集団の動的ありようを指している違いがあると述べている［綾部 1993: 26］。綾部はまた、エスニック・グループ（民族集団）を、「国民国家の枠組みの中で、他の同種の文化集団との相互行為的状況下に、出自意識と文化的属性を共有している人々による集団」のことと定義している［綾部 1993: 9］。

　このように、エスニシティはエスニック・グループの対概念であり、他の集団との相互行為的状況下にある民族集団が表出する性格の総体を指す。つまり、「民族集団やその成員の表出する性格やアイデンティティの総体」を指すので

28　「アイデンティティ」は、「自分は何者であり何をなすべきか」という個人の心の中に保持される概念と定義される［Erikson 1959; 小此木 1973］。

ある［綾部 1993: 12-13, 274］。それゆえ、行為現状の実体としての民族集団と、その性格やアイデンティティの有り様を指すエスニシティは使い分けなくてはならない［石川 1994: 103］。

　モン族出身の文化人類学者であるリーは、モン族のエスニシティには明確な「集団的モン・アイデンティティ」(collective Hmong identity) が存在すると主張する［G. Y. Lee 1996: 9］。これが顕著に表れる例としてリーは、前述した"peb Hmoob"(Us Hmong)（ペ モン）と"mab sua"(strangers)（マ シュア）という語が自他を区別する表現であると指摘する。また、「モンは血を分けたモンの面倒を見なければならない」(Hmoob yuav tsum hlub Hmoob.)（モン チュ フルー モン）という諺には、自集団を優先する意識が見られるとしている。この自他を区別する"per Hmoob/mab sua"の概念は、先に挙げた綾部の言う「表出する性格の総体」として、モン族のエスニシティを語る上で重要な要素であると考える。

　エスニシティの原動力となるエスニック・アイデンティティについて、その中心的な問いである「エスニシティに基礎をおく人間の紐帯は何に起因するのか」という命題において、文化人類学ではこれまで原初論 (primordial theory)、状況論 (circumstantial theory)、用具論 (instrumental theory) の3つの論が展開されてきた［江渕 2000: 276］。本書では、原書論と状況論の2つを提示する。

　原初論は、初めにシルズ (E. Shils) が「原初的愛着」(primordial attachment) という表現で提唱した概念で、以降、ギアーツ (C. Geertz) やアイザック (H. Isaacs) の論考に代表される考え方である。原初論派は、エスニシティの核を「原初的紐帯／本源的紐帯」(primordial bond) と表現した。ギアーツは原初的紐帯（エスニック・タイ）を、「社会的存在の'与件'とみなされるもの——から生じるもの、つまり主として直接的接触と血縁関係を意味するが、さらには特定の宗教集団に生まれたということ、特定の言語、場合によってはそのうち一方言をしゃべるということ、あるいは特定の社会慣習に従うといったことに由来する所与性を意味する。血や言語・慣習といったものを同じくするということはそれだけで、口では言い表せない、時には圧倒的な強制力を持っていると考えられている」と定義する［Geertz 1993; ギアーツ 1987: 118］。また、アイザックはエスニック・グループについて、「誕生した時に人間が獲得する原初的な親近感や愛着で成り立ち、(中略) それは人間が獲得する二次的・複合的なアイデンティティとは

別個のものである」と主張する [Isaacs 1975: 30-31]。つまり、エスニック・グループのメンバーとそれ以外のメンバーとを区別するエスニック・タイは、血縁、言語、そして宗教を媒体とするもので、本来的で超自然的なものとされる [Jenkins 1997: 45]。この点においてモン族が自他を区別する"per Hmoob"の概念が、原初論的見方のエスニック・タイに類似していると筆者は考える。

社会学の観点からは、シューマホーン (R. A. Schermerhorn) が、エスニック・グループを「実在の、または仮想された共通の祖先を持っており、歴史的過去についての記憶を共有、そして自分たちの文化を総括的に定義する1つかそれ以上の象徴的エレメント——たとえば、親族構造、宗教、言語、国籍などを持っている」と定義している [Schermerhorn 1970: 12]。

このように原初論的見方では、エスニシティに基づく人間のアイデンティティは、個人にとって最も重要な根源的なアイデンティティであり、生まれ育った文化を通して人々の内面に深く根付くことによって形成されるものであり、血縁や地縁のように「絆」から自然に形成されるものとしている [江渕 2000: 276]。すなわち、紐帯による結びつきは、「社会的相互作用から生まれるというよりは、むしろ自然な、人によっては精神的なとも言える親近感から生じる」とされる [ギアーツ 1987: 119]。

原初論派がエスニシティを基本的に不変なものと主張するのに対して、バルト (F. Barth) に代表される状況論派は、エスニシティを「社会相互作用の過程の中で現れるもので、社会環境の違いというよりむしろある特定の状況下で特定の形を表し、個人や集団レベルの両方において操作・変化しうるもの」と主張する [Jenkins 1997: 44]。バルトは、エスニック・グループの地理的かつ社会的孤立性は、文化の特殊性を維持する重要な要因とする原初論派の考えを、極度に単純化した見解として批判している [Barth 1998: 9, 15]。

バルトのエスニック・バウンダリー論の枠組みは、境界維持 (boundary maintenance) の考え方にあり、2つの隣接するエスニック集団を根源的に規定するのは、それぞれの集団または構成員の文化的社会的属性やその差異ではなく、両者の「関わり方」であり、両者がそれぞれどう「在る」かではなく、どのように相互に「関わり合う」か、どのように「行為するか」によるものとしている [前山 2003: 140]。

時代の移り変わりとともにエスニシティ研究は、ある特定の集団が持つエスニシティの文化的特質に関心を寄せていた原初論的エスニシティ研究から、ある特定の集団間の接触や相互作用を通して構築されるとする状況論、用具論的研究へとパラダイム・シフトした。バルトやコーエン以降のエスニシティ研究は、ニューエスニシティ学派と呼ばれ、エスニック・アイデンティティを基軸とした新しい研究が展開された [江渕 2000: 279]。近年、カルチュラル・スタディーズの分野では、文化人類学的見地のアイデンティティ概念を批判する傾向が出てきた。中でも著名なのはホール (S. Hall) である。ホールは、アイデンティティは統一されたものではなく、たえず変化や変形のプロセスの中にあるとし、アイデンティティを歴史的な関連からとらえる必要性を唱えている [ホール & ゲイ 2000: 11-12]。

3-2 親族研究

親族研究は、人類学的研究において中心的位置を占めてきたが、研究の分野によりさまざまな解釈がなされてきた。20世紀初頭には、アイデンティティの形成と社会的行動に親族が及ぼす役割について、イギリスのマリノフスキー (B. K. Malinowski)[29] やラドクリフ・ブラウン (A. R. Radcliffe-Brown) に代表される「構造機能主義」(structural functionalism) が広まった。

アメリカ合衆国東部に住むアメリカ・インディアンのイロコイ族との接触を通じて、親族名称の重要性を発見し、『人類の血縁と姻族の諸体系』で、親族名称を基に人間関係における類別と連帯の諸相を明らかにしたのはモルガン (L. H. Morgan) である [Morgan 1870]。彼は世界各地に存在する親族名称を集め、進化論に位置づけた理論を展開した [村武 1981: 274-275]。

20世紀半ばまでの親族研究は、社会経済的な観点を含まず、親族関係で決定される社会的地位や役割について論じられたものが大半だった [Leeprecha 2001: 7-8]。近年の親族研究は、フランスの社会学者ブルデュー (P. Bourdieu) やイギリスの社会学者ギデンス (A. Giddens) などにより展開され、家族の狭い対

---

29 マリノフスキーはそれまでの文化の進化や伝播を通しての思弁的な、経験によらず純粋な論理的思考だけで歴史的再構成を行なう試みではなく、文化の有機的連関（関わり合い）を参与観察に基づくフィールドワークの場で立証しようとした。

象領域を超えて、経済、政治、ジェンダー、権力、差別などに重点が置かれるようになってきた [Bourdieu 1977; Giddens 1984; 村武 1981: 289-290; Pelez 1995: 24]。

　モン族の親族研究では、ゲッズ（W. R. Geddes）やクーパー（R. G. Cooper）が、ホワイト・モンとグリーン・モンの社会構成と家族構成について行なった研究がある [Geddes 1976; Cooper 1984]。彼らの研究では、親族関係がモン族社会の中の資源管理と関連づけられている。モン族の伝統的な村の生活を舞台に彼らの文化と社会を描いた *The Hmong* は、インタビューや参与観察をもとにモン族出身研究者の監修を経て出版された [Cooper 1998]。クーパーは歴史的な観点よりも、モン族の社会構造について、過去、現在、未来を祖先との関係でとらえることに重点を置いている。その他に、モン族の親族を表す用語集としてリーによるホワイト・モンについての文献がある [G. Y. Lee 1986: 12-32]。

　これまでに挙げた文献はすべて男性研究者によるものであるが、シモンズ（P. V. Symonds）は、モン族社会ではアウトサイダーにあたる非モン族の女性研究者の視点から、モン族社会における女性の役割に焦点をあてた研究を行なった [Symonds 2003]。彼女は、それまで行なわれてきた多くのモン族研究において、モン族女性が男性よりも立場的に劣っていると指摘されてきた点を批判し、出産は女性の特権であるゆえ、モン族社会において女性は、過去、現在、未来をつなぐ重要な存在であると指摘する。この点がこれまでに挙げてきた研究の視点と異なっていてユニークである。

　アメリカのモン族の親族ネットワークを研究したものには、ケオン・ボマー（J. Keown-Bomar 2004）によるものがある。彼女はモン族の結婚式に参加した経験から、アメリカのモン族社会で親族関係がどのように人々を結びつけているかを、シモンズと同様にモン族社会のアウトサイダーの視点から、ジェンダー、結婚、家族に焦点をあてて考察している。これに対し、インサイダーの視点からモン族のアイデンティティと親族関係を研究したのがリープリチャ（P. Leepreecha）である。

　ここで、本研究で論じる「親族」が、主として「父系出自集団」内で互いの系譜関係がわかっている「リネージ」を指すことを断りおく。「親族」という言葉は、意味領域が広いためにその定義が困難とされる。キージング（R. M. Keesing）は、「親族」という用語が人類学では狭義と広義の2通りに使われているために

混乱を招きやすいと、指摘する［キージング 1982: 48］。狭義の親族とは、親と子の結びつきとそうした親子のつながりからできる関係のネットワークを指すが、広義で包括的な意味に使われる場合、親族関係、婚姻、出自に関連した概念的・社会的な全領域を指すこともある。英語では、親族と姻族 (affinity) は対で用いられ、親族には姻族が含まれない。両者を包括する語としては、ラドクリフ・ブラウンが親族体系 (kinship system) という語を用いている［石川 1994: 380］。

「出自」(descent) の概念は個人が帰属する集団を決定するため、非常に重要である。「出自」は、出生と同時に血縁に基づいて制度的に認知・規定されるもので、文化的に承認された親子の連鎖を通して1人の祖先と結合することにより規定される関係である［キージング 1982: 242］[30]。出自は常に集団の成員権の伝達に限って用いられ、出自の社会過程は常に単系的 (unilineal) である。出自の定義が最も厳密にあてはまる集団は、氏族 (clan) や半族 (moiety) で、それらを「出自集団」という。出自集団とはこのような系譜的基準に基づく排他的・閉鎖的な団体である［キージング 1982: 356］。

モン族社会では、人々は出自を手がかりに祖先を共有するか否かを判断する。その際、確認の指標となるものは、クラン名と儀礼の執り行ない方である。祖先とのつながりは、祖先崇拝などの儀礼における関わり方を決定する。なぜなら、出自により祖先崇拝の方法が異なり、同じ出自でなければ儀礼に関わることがまったくできないからである。また、同じ出自の男女は兄弟姉妹とみなされるため、結婚することができない。したがってモン族同士の結婚において、出自は結婚相手の選択を決定する重要な指標になる。

出自集団 (descent group) は、大別して次の4つの類型に分けられる。
①双系 (bilateral：キンドレッド)
②単系 (unilineal：リネージ・氏族・胞族・半族)
③重系 (duolineal/double descent)
④選系 (ambilineal/multilineal)［江渕 2000: 162-165］。

一般に、出自集団内で互いの系譜関係がわかっている場合には「リネージ」、わからなくなってしまっている場合は「氏族」という言葉を用いる［山下・船曳 1997: 141］。

30　父系出自は、父から息子、息子から息子へ、母系出自は、母から娘、娘から娘への関係を指す。

既に述べたが、モン族の親族組織は集団の男性全員を成員とする父系出自集団を核に、その配偶者を取り込んで形成されるため、一般的な夫と妻の両方の親族を含める「親戚」の概念とは異なる。したがって、本論文における「親族」は、血縁を通じて構成される父系出自集団（リネージ）に限定される。

3-3　モン族研究

19世紀後半から20世紀初期に行なわれたモン族についての研究は、その多くは宣教師や軍関係者が主に1ヵ所の地域を中心に行なったものである。「古典的」な例としては、ゲッズ（W. Geddes）によるグリーン・モンのアヘン製造についての研究 [Geddes 1976] や、ルモアン（J. Lemoine）による1972年以前のラオスのグリーン・モンの生活状況と慣習についての研究がある [Lemoine 1972]。ハサン（J. Hassoun）は、「文字を持たない、国のない人々」として、モン族を取り上げている [Hassoun 1997]。タップ（N. Tapp）によると、モン族出身の研究者による研究が初めて発表された1975年以前は、研究はすべて西欧の研究者によるものだった。タップはこれらが西欧の研究者の主観に基づいて記述された「歴史」であると批判している [Tapp 2004: 17-21]。

　モン族に関する研究は近年、さまざまな観点から欧米、オーストラリア、タイ、中国の研究者により取り組まれている。例を挙げると、モン族のG. Y. リーによるインサイダーの視点で行なったオーストラリアにおける研究や、ラオスやタイのモン族コミュニティなどの研究がある。リーの論考は、彼自身のインターネットのホーム・ページや、*Hmong Studies Journal* などで広く公開されている[31]。かねて出版された著書には、タップと共著の *The Hmong in Australia: Culture and Diaspora* [Tapp and G. Y. Lee 2004] と *Culture and Customs of the Hmong* [G. Y. Lee and Tapp 2010] がある。前者はオーストラリアのモン族を取り上げた最初の文献であり、後者はモン族の文化・社会・慣習について、リーが言うところのいわば「解説書」として位置づけられるものである。同じようにインサイダーの視点から、リープリチャは *Kinship and Identity Among Hmong in Thailand* でインサイダーの視点で、近代化とグローバリゼーションがタイのモン族コミュニテ

31　Gary's Homepage: http://www.garyyialee.com/; and *Hmong Studies Journal* : http://www.hmongstudies.org/HmongStudiesJournal.html（retrieved: October 22, 2009.）

ィにもたらした影響を親族関係から考証した [Leeprecha 2001]。

　モン系アメリカ人に関する文献は、Hmong Resource Centerのファイファー (M. E. Peifer) による分析では、ジェンダー、家族関係、オーラル・ヒストリーに関するものが多い[32]。たとえば、ドネリー (N. Donnelly) の *Changing Lives of Hmong Refugee Women* と、リー (S. J. Lee) の *"Transforming and Exploring the Landscape of Gender and Sexuality: Hmong-American Teenaged Girls." Race, Gender and Class* は、モン系アメリカ人女性のモン族社会における役割と、結婚・求愛について取り上げている [Donnelly 1994; Stacey J. Lee 2001]。

　オーラル・ヒストリーでは、ファダーマン (L. Faderman) の *I Begin My Life All Over: The Hmong and the American Immigrant Experience* と、チャン (S. Chan) の *Hmong Means Free: Life in Laos and America* が広く知られている [Faderman 1998; Chan 1994]。モン族に関する文献や論考はこの他にも *Hmong Studies Journal* に掲載され、Hmong Cultural Center/Hmong Resource Centerのウェブサイトでも閲覧できるものがある[33]。

　モン族研究は現在、アメリカを中心に多くの研究が発表されている。これはモン族の人口がアメリカに多いことから、セントポールのモン・カルチュラルセンター (Hmong Cultural Center)、ミネソタ州立大学 (University of Minnesota)、コンコーディア大学 (Concordia University) やフレスノのカリフォルニア州立大学フレスノ校 (California State University, Fresno) などの、モン族研究の中心となっている研究機関や団体がアメリカに多く存在することや、アメリカのモン族の第2世代から第3世代に、モン族を研究する人々が増えていることを反映している。

　また、出版や仕事の機会を求めてラオスやフランスからアメリカに移住した研究者も存在する。このような理由から、モン族に関する学術会議や研究集会の大半が、フランス、ドイツ、中国、オーストラリア、タイなどからの研究者の参加を集めてアメリカで開催され、発表される論文や出版物の大半が英語に

32　Mark E. Pfeifer. "The State of Hmong-American Studies." (A Bibliographic Essay) http://hmongstudies.com/Hmong-AmericanStudiesEssayRevisedforHSJ.pdf (retrieved: October 15, 2009.) モン族女性の意識は、移住で大きく変化しているが、家父長制度社会にあって男性が優位であることに変化はなく、意識と現実の狭間でジレンマに陥る女性について論じたものが増えている。

33　http://www.hmongstudies.org/HmongStudiesJournal

よるものである。

第4節　分析概念

　第3節では、エスニシティ概念の理解のためにさまざまな分析方法が提唱されてきたことを、先行研究を挙げて論じた。状況論派のバルトのエスニック・バウンダリー論が発表されてからは、エスニシティ研究において「境界」という概念が重要な位置づけを持つようになった。これにより、ギアーツやアイザックに代表された原初論派の研究は減少し、状況論派が多数を占めるようになった。また、ブラウン（D. Brown）は、原初論と状況論のそれぞれに欠点があると指摘し、2つの論を融合した折衷論を提唱した［Brown 1994: xviii］。

　前山は、原初論派と状況論派の論争に見られるような二項対立的分類は、エスニシティ研究において論旨の整理には有効だが、どちらか一方が正しく、他方が誤っているという性格のものではないと指摘する［前山 2003: 160］。これに基づき原初論派の見地で「モンであること」「モンだから」という表現に表されるHmongnessを考察すると、原初的紐帯が今も強くモン族を結びつけていることがわかる。他方、状況論派のバウンダリー論は、モン族が自集団と他集団を区別する「排他的」な一面を持つことを説明するのに有効な分析概念と言える。

　そこで本書では、どちらか一方の分析概念を用いるのではなく、折衷論的な観点からモン族の「時空を超える絆」を、さまざまな場を通して考察することで、アメリカ、フランス、オーストラリアに移り住んだモン族の生き様を浮かび上がらせることを試みる。

第5節　研究の方法

　アイデンティティや親族関係のあり方を可視的にとらえようとすることは困難である。そこで、Hmongnessと親族関係が人々を結びつける「紐帯／絆」と

していかにモン族社会で機能しているかを検証するため、本書では「空間」（スペース）の概念と、「多現場民族誌」（multi-sited ethnography）という2つの方法論を用いる。

5-1 空間(スペース)[34]の概念

[Kokot 2006; Massey 1994: 250; Tomforde 2006: 4-5]

　古典的な人類学を例にとると、研究者は村落や親族集団のような比較的小規模な単位をフィールド（調査地）にすることがどちらかといえば多かった。文化人類学では、前近代社会に特有とされるローカルで固有に意味づけされた「場所」が主に研究対象にされてきた。こうしたローカルな場所から抽出された「空間」の問題を扱うのが、社会学や経済学、政治学などの「近代社会」を対象にする分野で、研究領域の暗黙の棲み分けが長らく存在してきた[床呂 2006: 70]。

　「空間」は、感覚的なものを表す言葉や、メインテーマを述べるための背景としてとらえられ、理論や方法論的に分析・展開された研究概念としてはとらえられなかった[Hirsch 1995: 1-2; Geertz 1988: 4-5; 床呂 2006: 66]。しかし、人文・社会科学の分野では、ネットワーク社会、グローバリゼーション、サイバースペースなどの言葉に表される事柄が空間の問題として取りあげられるようになり、文化を空間性からとらえようとする「文化の空間性」（cultural spatiality）概念に基づいた研究が増加してきた。1990年代には、スペースと空間性に関する研究が、グローバリゼーション、トランスナショナリティなどのポストモダン研究と密接に関連して行なわれた。その中でもアパデュライ（A. Appadurai）の「グローバル・エスノスケープ」の考え方は、グローバリゼーション論争に大きな影響を及ぼした。

　アパデュライは、"scape"（地景）という言葉で、世界的に起こっている事象を、「テクノスケープ」、「ファイナンススケープ」、「メディアスケープ」、「イディオスケープ」そして「エスノスケープ」の5つのカテゴリーに分けて説明した。彼

34　分析の枠組みの1つである空間の概念は、英語では"space concept"と表される。日本語の「スペース」には、「空間」「空間性」という意味とは異なるニュアンスも存在するため、本論文では「空間」という表記に統一する。

は「エスノスケープ」を集団による文化の再生に関連づけ、文化の再生が今日では地域に限局したものではなく、世界規模で展開されている現象であると主張した［Appadurai 1991］。今日、アパデュライが主張するように、文化を個別の閉鎖的な体系でとらえることは世界的な流れにおいて不可能になりつつある［Yamashita 2003: 3］。

　次に空間の定義であるが、本来空間が意味するのは自然空間のことである。人間が社会の中で作りだすものは純粋な観念的なものを除いて、経験的に知覚される物質的な性質を持ち、したがって空間性を持つ。つまり、「社会空間」の定義は、人間の社会的行為または相互行為に帰着する。社会空間というとらえ方をすれば、場所や人やモノと、複数の意味やイメージが絡まり合う相互行為を通じてアイデンティティが生産され、再生産される過程をとらえることが可能になるとされる［今村 2006: 32, 35; 西井 2006: 2］。

　人々が持つ社会空間は、属する社会の特定の空間で何が正しく、何が求められているかを定める規律に基づいて位置づけされる。すなわち、社会的な関係は空間に織り込まれ、それ自体がまた空間を作りだすと言える［Lefebvre 1996: 182-183］。空間の概念のアプローチでさまざまな社会的な営みを「場面」に見ることで、マクロとミクロの両面から人々がどのように関連し影響しあっているのかを観察することが可能になるという［Tomforde 2006: 12, 9］。この考え方を世界中に離散したモン族に当てはめてみると、マクロ的（世界規模）にはモン族の宇宙観に基づいた文化や慣習やそのアイデンティティを象徴するHmongnessが、国や地域、過去と現在、未来などの時空の境界を超えて人々に共有されている様子を、そしてミクロ的（地域規模）には、移住先の国々で異なる属性を有する「アメリカのモン族」、「フランスのモン族」、「オーストラリアのモン族」というように、個別のコミュニティを構築している様子をとらえることができると考える。

　空間の概念には「人間の行動や認識に変化を及ぼす変数的な役割」があるとされる［Kokot 2006］。筆者が「空間」の概念に注目したのは、モン族社会では年齢や各人が持つ役割や義務により、それぞれの社会的空間が決定されることにある。個人よりも集団を優先するモン族文化にあっては、人々が持つ社会的空間がHmongnessに表されるモン族社会の「規範」に沿っているかが問われる。

たとえば、儀礼においてある人が「規範」に沿わぬ行動をとった場合、個人のみならず、その人物が属するクランにも非難が向けられクラン全体の「恥」とみなされる。それゆえモン族は、いつも自分の役割や置かれた状況でどのように行動すべきかを確認する。

　これを端的に表すのが、自分と相手の立場にふさわしい親族呼称をつけて呼ぶ慣習である。話す言葉が英語やフランス語でも、正しいモン語の呼称を名前の前につけて呼ばなければならない。呼称は自分が集団の中で有する空間と、相手が有する空間の位置関係で決まる。つまり、相手が自分の父方あるいは母方の目上か、同年齢か、自分よりも年下にあたるかで使うべき呼称がそれぞれ異なる。

　呼称のように「形」として表れる現象に注目することは、モン族社会のアウトサイダーである筆者が、人々のつながりや位置づけを観察するのに有益な方法である。次の表は、呼称が本人（自分）と相手それぞれが有する社会空間によって細かく定められていることを、ホワイト・モンとグリーン・モンそれぞれの言い方で示したものである。なお、本書の巻末に参考資料として、グリーン・モンが使う呼称のチャートを提示する。[35]

	White Hmong	Green Hmong
Paternal side of the family お父さんの親戚	グゥティー kwv tij	クゥティ kwv tij
Maternal side of the family お母さんの親戚	ネンチャ neej tsa	ネンチャ neej tsa
Paternal grandmother お父さんの母	ポー pog	ブゥ puj
Maternal grandmother お母さんの母	ニアタイ niam tais	タイ tais
Paternal aunt お父さんの姉	ポウ phauj	ニヤン nyaaj
Older Maternal Aunt's husband（uncle） お母さんの姉の夫（おじ）	ヨウツィー yawm txiv	ズィーラウ txiv laug

モン族の呼称の一例

35　チャートはグリーン・モンの呼称である。人により綴り方が異なることと、グリーン・モンとホワイト・モンの呼称には違いがあることを断りおく。（チャート作成者：アメリカ・セントポール在住 Viva Yang）

モン族社会で呼称の使い分けが求められるのは、単に礼儀上の理由だけではない。リープリチャは、呼称の使用は親族ベースで成り立つ社会的空間に個人を位置づけし、個人同士に親密な感情を引き起こさせる方法であると主張する［Leeprecha 2001］。マシー（D. Massey）もまた、空間の概念を地理や空間的な意味だけでとらえず、社会的・文化的な関係を含めることで、
①人々が行なうあらゆる慣習
②あらゆる現実の地と想像の地、人々と土地の相互関係、過去と未来の関連、生者と死者とのやりとり
③人間の経験や慣習で成り立つ地理的・空間的な構造
の3つのアプローチが可能になると主張する［Massey 1994: 2; Tomforde 2006: 4-5］。
　後の章で論じるが、モン族の葬儀では
①この世の人々
②天上界にいる祖先との中渡しをする「シャーマン」
③「葬儀における船頭役」（funeral voyager）
のそれぞれが決まった役割に位置づけられ、三位一体となって死者を「いのちのサイクル」に送り出すとされている［Culas 2004: 109-112］。モン族の宇宙観（Cosmology）の中でも、特にさまざまな儀礼で最も重要とされる葬儀の概念は、マシーが主張する「地理や空間的な側面に限らず、社会的・文化的な側面からも考察しうる」という考えに通じると筆者は考える。
　なお、ここで筆者は方法論として空間の概念に言及しているが、この研究において社会空間の概念を用いる理由は、モン族がいかに社会空間を知覚・経験しアイデンティティが形成されているかを儀礼や集まりなどのさまざまな「場」において考察するためであり、本書が社会空間論について議論するものではないことを断りおく。

5-2　多現場民族誌（Multi-sited ethnography）［Marchus 1995: 95-117］

　先に述べたように、文化人類学的研究ではフィールドに長期間滞在してその土地の言語を習得し研究を進める場合が多かった。しかし、モン族のように世界中に離散した人々を横断的にとらえようとすると、従来の1ヵ所に長期滞在する方法（single-sited ethnography）では現実的に無理が生じる［Marchus 1995: 5］。そ

こで筆者は、マーカス（G. E. Marcus）が提唱した多現場民族誌や、ミャオ族の参与観察でシェン（L. Schein）が採用した、いろいろな場所において、あるいは移動しながら観察を行なう"itinerant ethnography"の方法［Schein 2004: 276-277］と、ブラウンが主張する「民族に関する事項は、個別の事象だけでなく世界的なスケールで考察すべき」という視座が、アメリカ、フランス、オーストラリアの3大陸に離散したモン族を考察するのに有効な方法と考えた［Brown 2001: 1］。本書では、多元的に事象を考察する多現場民族誌の分析方法を用いて「モン族」という共通の属性を持つ人々の社会を複数の土地で検証することにより、歴史上重要な役割を果たしながら近年までなかなか表舞台に登場することがなかったモン族の過去と現在を浮かび上がらせることを試みる。

　研究対象を3ヵ国に住むモン族に定めた理由は、これらの国々がモン族と歴史的な接点や移民受け入れ国として、
①インドシナ戦争・ベトナム戦争時にモン族を傭兵にするなどモン族との関わりから、戦後に共産軍に命を狙われて行き場を失った人々を受け入れる道義的責任があったこと
②移民大国で多民族国家であり、それぞれに異なった移民政策を展開していること
③主流社会がキリスト教を基盤にして成り立つキリスト教国（Christian country）[36]である
というようにいくつかの共通点を有するからである。

　本研究のフィールドは、大きなモン族コミュニティが存在するか、または一定のモン族人口が存在する場所で、アメリカ、フランス、オーストラリアそれぞれに、「都市部のコミュニティ」と「農村地域のコミュニティ」に大別して選んだ。調査地を2つのグループに分けた理由は、居住環境、社会経済状態、職業などの違いが人の結びつきのあり方やアイデンティティに影響を与えるのではないかと考えたことによる。なお、「農村地域のコミュニティ」には、必ずし

36　キリスト教は、いわゆる「クリスチャン」と呼ばれるプロテスタントと、カトリックの2つの教派に大きく分かれる。アメリカ・オーストラリアはプロテスタント教徒が多く、フランスはカトリック教徒が多い。3ヵ国のモン族を横断的に考察する上で、教義による違いや、どちらかの教派が多いことで社会がどのようにモン族を受け入れしてきたか、またどのような影響がモン族社会にもたらされてきたかというようなことは、それぞれの国のモン族社会を考察する上で重要なポイントと考える。

も農業地域に限らず、都市部に比べてスペース的にゆったりした地方都市にあるコミュニティが含まれる。

　本書では、フィールドワークで話を聞いた人々を事例で取り上げることで、今を生きるモン族の有り様を提示することを試みているが、登場する人々の意見がモン族の多数の意見とは限らない。また、本書で取り上げたモン族コミュニティがその典型とは限らないことを断りおく。特に明記しない限り、本書に含まれるエスノグラフィは、筆者によるインタビューや不特定多数の人々から得た内容に基づく。インタビューにおいては、本研究の趣旨を伝え、巻末の協力者の氏名一覧には名前のイニシャルは表示しているが、居住地域が判明しにくいよう地名別に提示していない。

　以上、本書で展開する2つの方法論について述べた。なお文中では、訳によって言葉のニュアンスが変わってしまうのを避けるため、Hmongness、やHmoobを日本語に訳さずに英語あるいはモン語で表記している。

5-3　フィールドワーク

　3ヵ国のフィールドでは、研究の目的を明確に伝え、筆者個人のバックグランドを知ってもらうことで信頼関係を培うことに努めた。幸い筆者は、初めてモン族女性が主体となって公の場でジェンダー問題を中心に取りあげた The First Hmong Women's National Conference（2005年）での発表や、モン族識者による査読が課されている Hmong Studies Journal（2006年）への寄稿を通して、多くのモン族研究者や一般の人々から批評やフィードバックを受ける機会に恵まれてきた。こうした経験がフィールドワークでモン族の信頼を得るのに大いに役立つことになった。また、アウトサイダーである筆者の信用を高めるために、モン族社会でリーダー的なポジションを持つ人々と知り合うことを心がけた。これは研究当初、特に重要なことであった。

　その一方で筆者はインタビューで困難を感じることがあった。たとえば、時間と場所をあらかじめ設定したインタビューで、人々が思っていることをなかなか話してくれない場合がそうである。インタビューがスムーズに運べるまで同じ人を数回訪ねる必要があったこともある。質問の内容にもよるが、時には本人の口から直接聞くことができず、他の人から遠回しに情報を得たこともあ

った。オーストラリアのモン族を研究したダウマン（S. A. Dowman）もまた、一般的にモン族コミュニティは、アウトサイダーに対して用心深いため、個人的な事や彼ら外部の人間に話す必要がないと判断した場合、必要な情報を得ることができないことがあると述べている［Dowman 2004: 10］。

　このような経験から筆者は、前述したシェンが実践した、インタビューの設定を限らず、移動しながら話を聞く方法を意識的に取り入れ、フィールドワークではなるべく多くの家を訪問した。また、日時を設定したインタビューだけでなく、結婚式や葬儀、パーティや会合、マーケットへの買い出しや子どもの学校への送り迎えなどの合間に話を聞いたり、時には一緒に料理をしながらなど、気兼ねない状況でも話を聞くように努めた。シェンの言葉を借りるならば、この方法は「たとえ時間が短くても、インフォーマントと共に行動しながら調査を行なう」という "multi-sited ethnography"（多現場民族誌）の考え方に通じるものである［Schein 2004: 276-277］。

　さらに、モン族がこれまで味わってきた苦労をいくらかでも理解し、彼らの心にある原風景を共有したいと考え、タイ北部とラオスのルアンパバーンのモン族の村や、多くのモン族の出身地であるシエンクアーンを数回にわたって訪れた。ラオスへの旅は、その後モン族との親近感を高めるのに非常に役立った。こうしてモン族の研究を始めてから7年間の間に、フィールドワーク、結婚式や葬儀・誕生の祝いなどの儀礼への参列、モン族に関する学会や会議への参加、旅行などでアメリカ、フランス、オーストラリア、ラオス、中国を数次にわたって訪問した。[37]

　一般的にフィールドワークでは、対象地域の言語をある一定レベル習得することが望まれている。しかし、本研究ではフィールドが3ヵ国にわたり、使用する言語も相手によりモン語、フランス語あるいは英語だけに限られたり、英語で筆者と会話はできるが細かな質問に答えるには英語力が充分でない人々などさまざまに異なった。特に50代以上の人々でモン語のほうが話し易い状況では、家族や友人に通訳に入ってもらったが、基本的に英語でインタビューを

---

[37] "From a Refugee Camp to the Minnesota State Senate: A Case Study of the First Hmong-American State Legislator, Mee Moua"（修士論文）執筆のために、セントポールのモン族コミュニティを訪問した期間を含む。

行なった。これは、言語取得（モン語やフランス語）にかかる時間的な制約があったことや、表現の間違いから誤解が生じることを避けるためだった。

　アウトサイダーである筆者が限られた状況で3ヵ国のモン族について研究を行なうには、各地のモン族からさまざまな力添えを受けなければ到底なし得ることではなかった。デメリットを時に感じながらも、研究の全体像を客観的にとらえることができるのがアウトサイダーのメリットだと筆者は考える。タップもまた同じように、アウトサイダーとインサイダーの解釈に違いがあることを認めながらも、アウトサイダーによる解釈にはそれ相応に意義があるとしている。

　タップはまた、モン族の若い研究者の中に、インサイダー的な観点ではなく、敢えてアウトサイダー的な観点から研究を行なう人々がいることを指摘し、モン族ではない研究者の解釈が必ずしも間違っていたり不完全であると決めつけることはできないと主張する［Tapp 2004: 21］。

第6節　モン（Hmong）族の定義と表記方法

6-1　モン族の定義

　モン族は1950年代になるまで文字を持たなかったため、その名前の由来を史実に求めることができない。モン族の最初の母国と考えられている中国には、現在300万人以上の「ミャオ」(Miao)族が住む。「ミャオ」の呼び名は、古くは中国南部に住む「漢民族以外の人々」を総称的に指すのに使われていた。100万人近くが住むベトナム、タイ、ミャンマー、ラオスなどの東南アジア大陸部においては、Hmong、Meo、Meauなど数種類の呼び名が用いられている［G. Y. Lee and Tapp 2010: 4; Leeprecha 2001: 25］。

　モン語の表記方法には4～5種類あるが、本書では、現在西欧諸国、タイ、ラオスなどで最も広く使用されている「RPAシステム」(Romanized Popular Alpha-

---

[38] モン族以外の民族、たとえばフランス人に通訳を依頼すると、モンが実情を語らず、ナイーブな話題についてコメントを避けたり、無難な答えに終始すると聞いていたので、モン語やフランス語の通訳はモン族に依頼した。

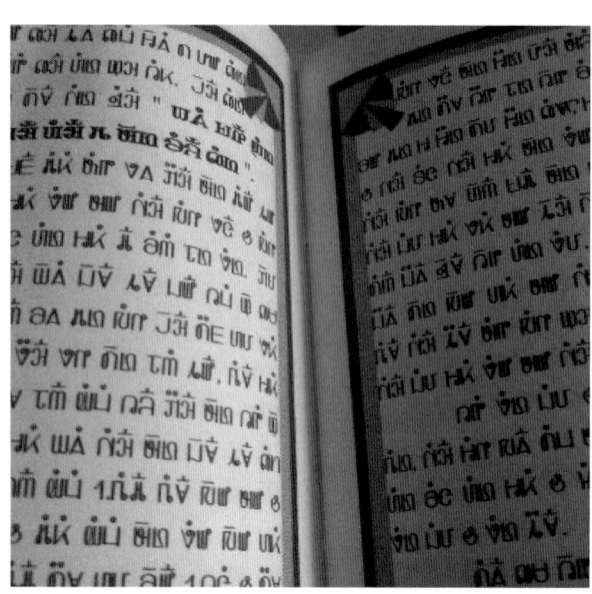

霊的指導者だったション・ルー・ヤング (Shong Lue Yang) が考案したモン語の半音節文字（アルファベットと音節が部分的に入り交じっている）。ヤングは、モン語文字の「発明の母」と呼ばれている。（フランス・ショーレにて）

bet）で表している。RPAシステムにおいて"Hmong"は"Hmoob"と表される。このシステムは、3人の西洋の宣教師、言語学者とモン族の共同作業で1953年に創られたものである [Leeprecha 2001: vi; G. Y. Lee and Tapp 2010: 60-61]。後にキリスト教の聖書や祈祷書などがモン語で書かれるようになると、キリスト教はモン族の間に急速に広まり、ラオスのモン族の読み書き能力の向上に貢献したという。[39]

6-2 表記方法

中国国外に住むモン族は、ホワイト・モン (Hmoob Dawb) とグリーン（ブルー）・モン (Moob Lees/Moob Ntsuab) に大別され、それぞれ英語では"Hmong Daw/Der"、"Mong Leng"と表される。"Hmong"は世界的に用いられている名称であるが、分類の方法をめぐって2003年頃にアメリカの研究者を中心に議論が

---

[39] The Cultural Orientation Project. "Literacy and Education." *The Hmong – An Introduction to Their History and Culture.*
http://www.cal.org/co/hmong/hlit.html（retrieved: May 4, 2010.）

巻き起こった。

　ある研究者グループは、グリーン（ブルー）・モンの言語には"Hmong"の"Hm"の前帯気音が存在しないため、"Moob/Mong"の名称が正しく、総括的に"Hmong"の名称を用いるのは間違いだと主張した。これに対して別のグループは、既に30数年以上、国際的に"Hmong"の名称が通用していることや、鼻音などの発音の違いなどは存在するものの、両グループには共通点が多く、異なる名称を用いることは混乱を招くことになると主張した [G. Y. Lee and Tapp 2010: xvii]。これ以外にも「ブルー・モン」か「グリーン・モン」のどちらの名称を使うべきか研究者の間で意見が分かれている。本書では、インタビューした人々の多くが用いた「グリーン・モン」を用いることにする。

　モン族の中には1975年にラオスに社会政権が樹立された後も国内に残った人々や、タイ北部やベトナム北部に移動した人々も多数存在する。そこで本書で論じるモン族は、「ラオス国内から直接あるいはタイの難民キャンプを経由して、受け入れ国に政治難民として移住した人々」と定義する。なお、ハリプンチャイ王国を建てたモン族 (Mon) は、"Hmong"とは全く異なる言語集団（モン・クメール語族）に属する民族である。

第1章

インドシナ戦争・ベトナム戦争

　漢民族との戦いに敗れたモン族は追われて中国を南下し続け、やがてインドシナ半島に至った。彼らがラオスに最初に現れたのは18世紀後半から19世紀初頭とされる［Christian and Jean 2004: 72］。ラオスへの移住はその後のモン族の運命を大きく変えることになった。どれほどの数のモン族が中国から東南アジアへ移り住んだかは、100年以上にわたって移住が散発的に繰り返され、記録も現存しないため具体的に把握することが困難である［C. Vang 2010: 17］。ラオス国内の移住先は、1893年にラオスがフランスの保護国の仲間入りをした頃はシエンクアーンが多かったが、モン族の移住人口の増加とともにルアンプラバーン（ルアンパバーン）やポンサーリーへと広がっていった。

第1節　フランスのインドシナ統治

　フランスは1887年頃にはベトナムとカンボジアを併合し、6年後の1893年に、シャム（タイ）が支配していたメコン川左岸のすべてを譲り受け、ついでラオスをフランスの支配下においた［Faderman 1998: 4］。インドシナには、文化的に多様な人々を統治し、植民地支配権を強化する目的で仏領総督府（l' Union Indochinoise）が設置された。植民地感情の高まりに伴い、総督府は植民地の存在がフランスの偉大さを示すのに貢献するだけでなく、植民地が自立していることを国民に立証することを余儀なくされた。総督府の財源の大部分は植民地の人々への重い課税とアヘンの独占的生産や販売により賄われた。これによりフランス国民の負担は必然的に軽減され、結果的に反植民地主義者の発言を静めることになった［C. Vang 2010: 20］。

　ラオスは行政上の目的で定められた11の県と、保護下にあった北部のルア

ンパバーン王国によって構成され、各県はフランスの理事官および弁務官（ルアンパバーン）により管轄された。フランスの統治は実質的には間接的で、直接統治の県においてもフランス人官吏の数は非常に少なく、ベトナム人が上中級官吏のほとんどを占め、ラオス人は下級官吏として通訳、見習い事務官、「クーリー」などの仕事を担った。汚職、強制労働、税に対する不満は、フランスにではなく、1つ上の階層に向けられる傾向にあったため、フランスが作り上げたこうした民族的ヒエラルキーは統治に都合が良かった［スチュアート・フォックス 1997: 52-54］。

　総督府は、モン族のように山岳地帯に住むエスニック・マイノリティを、税の取り立てなど、さまざまな面において疎外した［Hillmer 2010: 41］。[1]モン族よりも民族的ヒエラルキーが上位にあったプアン族やタイ族の仲介人は、モン族に対して税を割り増して徴収し私腹を肥やした。モン族は現金と労務を提供することで税を納めたが、フランスが課した税に加えて、プアン族の首長に納める貢納が上乗せされたため、納税額は公定基準の3倍にも達したという［スチュアート・フォックス 1997: 65］。

　1940年の初め頃は、1世帯あたりアメリカドルで年間70ドル相当を"Kis"と呼ばれたフランスのコインで支払うことが課されていた。しかし、中には現金ではなくアヘンや米で支払う世帯もあったという。男性は19歳になると、フランス人の指示で総督府のオフィスや、フランス人役人の家で雑用をしたり、道路整備などの土木工事をするなど15日間の労務を無償ですることが課された［Lo 2001: 43］。

　腐敗した仲介人たちはエスニック・マイノリティを不法に搾取したため、時に暴動が起こった。モン族が初めて反旗を翻したのは1896年のことだった。この暴動後に北部地域に住むモア（Moua）クランから「キアトン」（"kiatong"＝首長）が選任され、暴動は鎮静化された［C. Vang 2010: 21］。しかし、約20年後、ラオス国内および周辺地域で再びモン族による蜂起が起きた。その一例は、暴動の首謀者とされるパーチャイ（Pachay）が起こした反乱で、フランスはこれを「狂人の反乱」（"Guerre du fou/Mad Men's War"）と呼んだ。これは、シャーマンだった

1　フランス総督府は、税の取り立てにラオス人役人を使った。役人の中には、必要額以上の税をモン族から取り立て私腹を肥やす者も存在した。

第1章　インドシナ戦争・ベトナム戦争

税金の支払いに実際に用いられていた銀製のコイン。現在は飾りとして民族衣装に縫いつけられている。銀は富を誇示するために用いられることもあった。(フランス・オビニーシュールネール)

パーチャイがラオスとベトナムからフランスを追い出してモン族の独立王国を作るというメサイア的なことを公言したため、フランスから「魔術師」や「狂人」と呼ばれたことによる [Lo 2001: 43]。フランスは反乱分子を分離、植民地化する手法で、1918年から1921年の間続いた反乱を終結させ、フランスに協力した者たちに報償を与えた [C. Vang 2010: 21; スチュアート・フォックス 2010: 64-65]。

　パーチャイの反乱後、モン族の首長「キアトン」がターセン（"tasseng" ＝区または郡）の長に任命された。ラオスで戦略上、最も重要なターセンであったベトナム国境のノーンヘート地区の長には、ローブリヤオ／ロー・ブリアヨー (Blia Yao Lor) が任命され、モン族の利害を代表する役を務めた。地方の長に選ばれることは、モン族社会では非常に名誉なこととされていた [Lo 2001: 42-43]。かくしてロー家は、1900年代初頭、インドシナに住むモン族の中で最も裕福な一族となった [C. Vang 2010: 21]。

　植民地政府とのつながりで巨万の富を築いたロー一族に対し、政治・経済的な利権獲得でライバル関係にあったのがリー一族 (Ly) である。1938年にフランスが、ターセンの地位をローブリヤオの長男から、ローブリヤオの秘書で彼

の義理の息子だったリー族のトゥビー・リーフォン（Touby Lyfoung）に与えたために、ロー一族は名誉を傷つけられる結果になった。この人事をめぐり、以降、ロー一族とリー一族の確執が深まることになる［C. Vang 2010: 22; Lo 2001: 42; スチュアート・フォックス 2010: 65; Hillmer 2010: 41-42］。

　今で言うラオスという国は、フランスの統治以前は、北部のルアンプラバーン（ルアンパバーン）、中央のヴィエンチャン、南部のチャムパーサックの3つの地域に分かれ、それぞれに異なる王族が統治していた。そのため、当時ラオスにはナショナル・アイデンティティが存在していなかったとされる［C. Vang 2010: 22］。有力一族間の政治権力を巡る闘争は、エリートによる派閥主義や地方主義を助長し、人々がラオスという国家アイデンティティを持つことや、ラオスの国民であると自覚することを遅らせる原因になった［スチュアート・フォックス 2010: 107-108］。

　第2次世界大戦は、第三世界のほとんどの地域で反植民地主義の流れを加速化させた。フランスは高まる反植民地運動を抑えこみ、ラオスの鎮圧をめざして、親仏派でラオス王国軍を支持するモン族グループと、共産勢力側に味方しフランスからラオスを奪回して独立を目指すグループに分裂したモン族の闘争[2]を利用しようとした［C. Vang 2010: 21; G.Y. Lee 2007: 3; Hillmer 2010: 41][3]。

　氏族間の闘争によりモン族はほぼ二分されることにはなったが、その反面他民族から疎外され続けたモン族に、またとないチャンスがもたらされた。たとえば、第2次世界大戦後のラオスの国造りにモン族が諸派と手を組んで協力するいう、戦争前にはあり得なかった機会をモン族は獲得したのである［C. Vang 2010: 22］。しかし、フランスとの関わり方の違いから生じた亀裂や、前述したロー一族とリー一族の争いのように、クラン間の不和は20世紀を通してモン族の分裂を招く原因となった［C. Vang 2010: 21］。

2　ファイダーン・ローブリヤオ（Faydang Lobliayao－反フランス側）とトゥビー・リーフォン（Touby Lyfoung－親フランス側）の間の個人的な私怨に根ざす。
3　フランス総督府との協調で利益を得ることを知った一部の人々の出現が、モン族のクラン間の抗争激化を後押しすることになった。トゥビーは植民地政府によりアヘンの売買を行なっていた"Opium Purchasing Board"に任命され、彼の親族とクランは巨万の富と利権を手にした［Vang 2010: 22］。

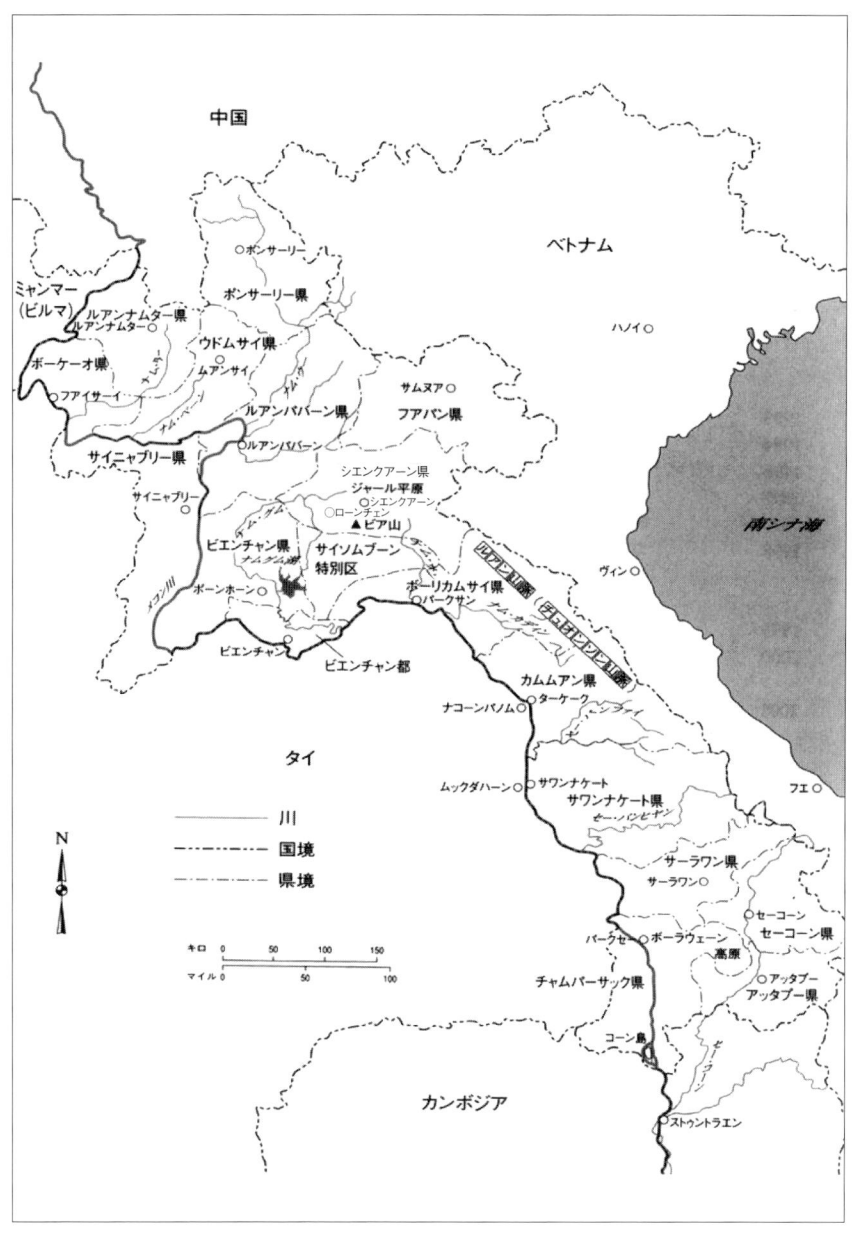

第1章 インドシナ戦争・ベトナム戦争

ラオス人民民主共和国地図（2005年）

第2節　ラオス秘密戦争

　1893年、ラオスはフランスの支配下に入った。フランスがモン族をベトナム共産軍と日本との戦いに投入したことは、モン族が西欧諸国と接点をもつきっかけとなった [Faderman 1998: 4]。長い間ラオスに対するフランスの関心は、アヘンの栽培だけに限られていた。しかし、モン族がフランスから受けた影響は多大で、フランスの高度な戦力、政治的駆け引き、教育や宗教はモン族社会に著しい変化をもたらした。

　1953年10月22日にラオス王国はフランスから正式に独立を果たした。だが、フランスとの交渉でラオスの完全独立を獲得しようとした王国派と、徹底抗戦でフランスから完全独立を勝ち取ろうとした左派のパテート・ラーオが対立し、ラオスはほどなく内戦状態に陥った。王国派はフランスの援助を、パテート・ラーオはベトミン（Viet Minh: ベトナム独立同盟会の略称。インドシナ共産党が結成）の援助をそれぞれ受けていた。アメリカは、ソビエトを後ろ盾に持つベトミンがラオスを支配した場合、ドミノ倒しのように共産主義がインドシナ全体に広がり、次第にアメリカの国家安全保障が脅かされるようになるのではないかと恐れ、1950年頃には既にベトナム・ラオス・カンボジアの民主主義を志す勢力に支援を始めていた。しかしフランスがアメリカの直接介入を嫌ったため、ラオスでのアメリカの関与は王国派への軍事的援助に限られた [Lo 2001: 42, 46]。

　1953年から1954年半ばにかけて、ベトナムはベトミンによる猛攻に晒された。1954年5月7日、アメリカの支援も空しく、フランスは北部ベトナムのラオス国境に近い山岳部の重要拠点ディエンビエンフーでベトミンとの戦闘に破れて壊滅状態に陥り、その後ラオスからも撤退した。ラオスの中立を定めたジュネーブ協定が、1954年7月に王国派とパテート・ラーオとの間で調印され、戦闘の停止と1962年10月7日の期限を持って外国軍はラオスから撤退するこ

---

[4] インドシナをフランスが掌握したのは1945年よりも前であったが、当時日本もインドシナの支配をめざしていた。
[5] 第1次インドシナ戦争を終結させるために結ばれた休戦協定。ベトナムが南北に分断される原因となった（捕虜の扱いに関する条約は、「ジュネーブ条約」である）。

とが定められた［スチュアート・フォックス 2010: 132-133; Hillmer 2010: 99］。これを受けて停戦状況を監視する国際機関（国際監視委員会）が設置された。しかし停戦から間もなく北ベトナムは、ラオス・カンボジアを経由して南ベトナムの「南ベトナム解放民族戦線」に物資を送る補給線（ホーチミン・ルート）をさらに強化し、パテート・ラーオに対する支援を増強し始めた。

　ジュネーブ協定はラオスを中立国として位置づけ、諸外国がラオスの内政に直接的に干渉することを禁じた［Chippewa Valley Museum 1995: 34］。フランスと同盟関係にあったアメリカは、共産主義の広がりを恐れたものの、ジュネーブ協定でラオスに直接派兵することができなかった。そこで、アメリカ中央情報局（Central Intelligence Agency：以下CIA）のレアー（James W. Lair）は、モン族などの山岳地帯に住むエスニック・マイノリティを傭兵に採用することを議会に提案した［C. Vang 2010: 24］。この提案は莫大に膨れあがっていた戦費を抑えることにつながると歓迎された。また、アメリカが直接介入するとなると、空軍の支援のもとに少なくとも6万もの部隊の派遣を必要としたため、これほど大規模な軍隊を動かすことは中国、さらにソビエトを刺激することになりかねないと参謀総本部が部隊の投入に反対したからだった［Chippewa Valley Museum 1995: 38］。

　士気が低下した王国派がアメリカの役に立ちそうもないと判断した、当時のアメリカ大統領ケネディ（John F. Kennedy）は、アイゼンハワー（Dwight D. Eisenhower）が始めた隠密作戦を拡大して、ラオスに住む高地人、特にシエンクアーンに住んでいたモン族を徴募し訓練するため特別部隊を指揮した［Chippewa Valley Museum 1995: 39］。集められた傭兵の中から選抜された部隊がタイ東北部のウドーン基地に送られ、火砲、爆発物の扱い、地図の判読、無線通信などの訓練を受けた後、武器を与えられ戦線に投入された［Kou Yang 2003b: 276-277; 竹内 1999: 116-119; Chippewa Valley Museum 1995: 42］。

　戦争が長引くにつれ、16歳や17歳の少年でさえも、カービン銃ほどの身長があれば、騎銃兵（carbine soldiers）の名のもとに徴兵され、身長が足りなかったり年齢が低すぎる場合は、軍の施設でコックの手伝いや滑走路の整備などに駆り出された。クランのリーダーは各家を廻り、男性を見つけると兵に志願するよう圧力をかけてまで説得した。そのため、1971年頃にはモン族の家庭に男

1961年当時のバン・パオ中尉（左）とエアー・アメリカのパイロット、フレッド・サス

性の姿を見つけることはほぼ不可能になったという[6][Hillmer 2010: 142]。

　秘密戦争でモン族を率いた指導者は、王国軍の中佐だったバン・パオ（Van Pao）だった。彼はモン族が多く住んでいたシエンクアーンの出身で貧しい家の出ではあったが、トゥビー・リーフォンの隊で主にフランスなどの外国勢力に協力することで力を増していった。フランスがベトミンに敗北すると、バン・パオは植民地政府からそれまでのような援助を受けることができなくなったが、なお彼はフランスやアメリカなどの自由主義勢力側に味方してベトミンとの戦いを続けた。

　1950年代後半を通してバン・パオは王国軍の一員としてパテート・ラーオと戦ったが、芳しい戦果をあげることができずにいた。熱烈な反共産主義者である彼は、エスニック・マイノリティの出身であるために軍の中で限られた権力しか与えられなかったが、モン族が多く住んでいたラオス北東部を死守しよ

6　モン族の文化には、本来「青年期」は存在していなかった。ラオスでは子どもが10歳・11歳になると大人として扱われ、年長者を敬い責任のある行動をとることが求められていた。この点が西欧人がカービン兵について理解するのに困難であると指摘する。同様に、女性が13歳・14歳で結婚するのも法的には認められないが、モン族社会では夫婦として認知される。

第1章　インドシナ戦争・ベトナム戦争

武器の使い方を習うモン族男性と少年たち

うとしていた。それゆえ、モン族や他のエスニック・マイノリティを武装させるというCIAのレアーの提案をバン・パオが受け入れたのは、けっして意外なことではなかった。彼とアメリカがどのような取り決めを交わしたかは文書が残っていないため定かではないが、双方の会合後から、アメリカはバン・パオと彼が率いるモン族に対して、見返りとして武器、経済的・人道的援助を提供し始めた。

　モン族が秘密戦争に巻き込まれたのは、はからずも彼らが戦闘地域に住んでいたからである。一般のモン族は政治的なことも、自分たちがどのような状況に置かれていたのかも知らなかった。貧しいながらも平和に暮らしていたモン族の生活は戦争で一変し、戦闘が激しさを増すと、人々は畑を耕すことも狩猟に出ることもできなくなり、絶えず逃げ回る生活で畑は放棄された。

　物資の輸送を担ったエアー・アメリカ（民間の航空会社だが、実質的にアメリカの軍事作戦の一翼を担っていた）は、米、薬品、毛布や生きた豚までパラシュートを使ってモン族に供給した。この時期に子ども時代を過ごしたモン族の人たちは、畑から獲れる米よりも、「空から降ってくる米」のほうをよく知っているという

[Chippewa Valley Museum 1995: 45]。食料や生活必需品をアメリカ軍が投下する物資に頼る生活が6〜7年間も続いたため、モン族の自給自足の生活は完全に崩壊した。男性の大部分がいなくなった家々には、女性や老人、子どもたちだけが残された。

アメリカの援助は名前が登録されている人だけを対象にしていた。子どもが女の子だけで名前が登録される男の子が世帯にいない場合や、夫が軍に雇われていない場合などは、支給を受けることができず、残された家族の生活は非常に厳しかった [Hillmer 2010: 122]。

CIAの力がラオスで増すにつれバン・パオの地位も上がり、彼はCIAにより将軍に格上げされた。兵士たちは48部隊の歩兵組織で統率され、この中からCIAの指導の下にゲリラ戦を戦うモン特殊攻撃部隊（HSGU）が編成された。[7] モン族兵士たちは負傷したアメリカ人パイロットの救助や、敵の動向を見張るなどの地上戦を戦った。こうして、ラオスに住む約30万人のモン族のうち約6割が共産軍と戦ったとされ、ピーク時にはモン族兵士の数は4万人近くに達した [Jacobs 1996: 142]。

しかし、実質的に秘密戦争の指揮をとったのはラオスのアメリカ大使館とCIAで、モン族に供給された食料や医薬品の運搬は、本来は難民支援の目的で設立されたアメリカ国際開発庁（U.S. Agency for International Development：以下USAID）が担ったのである [C. Vang 2010: 28]。

アメリカは人道支援だけだと見せかけるために、バン・パオの軍隊の本拠地が置かれていたローンチェンからわずか12マイル（50キロ）ほどのサムトーンに病院と学校を建設し、USAIDはここを隠れ蓑にして活動を行なった。病院や学校のような施設は、アメリカの要人が視察でラオスを訪問した時に備えて造られたのだった [C. Vang 2010: 28-29]。ヴィエンチャンの北に位置するローンチェンは、時に「最初のモンの町」と呼ばれるほど多くのモン族が居住し、戦

---

7 "HSGU" はHmong Special Guerrilla Unitを指す。インドシナ戦争におけるモン族の関わりについては諸説が存在し、モン族が実際に戦闘に加わった場所や役割などについて議論を呼んでいる。たとえば歴史学者のヒルマーは、バン・パオの指揮下でモン族が戦った地域はラオス北部のRegion 2と呼ばれたシエンクアーン・サムヌア一帯であり、ホーチミン・トレイル（ホーチミン・ルート）はそれよりもはるか南に位置するので、モン族がホーチミン・トレイルで共産軍と戦ったという説は間違いだと主張する (Hillmer 2010: 89)。筆者がインタビューした元HSGU隊員も同様に、ホーチミン・トレイルでの戦いを否定した（インタビュー：L.Yang、フレスノ、2010年3月9日）。

第1章　インドシナ戦争・ベトナム戦争

Lima Site 20Aとも呼ばれたローンチェン秘密基地。米、機材、"hard rice"（「硬質米」：武器を意味する）が、ヴィエンチャンやタイのウドーンからローンチェンへの定期便で運ばれた。[8]

争末期には最大で5万人の人口を有したとされる [G.Y. Lee and Tapp 2010: 15]。

　ローンチェン基地はタイのウドーン基地との複合基地として機能し、ホーチミン・ルートを南下する北ベトナム軍とそれを支援するパテート・ラーオの基地への地上攻撃や空爆の発進基地になっていた [竹内 1999: 121]。物資輸送を請け負ったのは、1959年にコンチネンタル・エアー・トランスポートから社名変更した民間請負業者のエアー・アメリカで、単発小型機Helio Courierのエンジンを増強して、山岳地帯の平坦でない地形用に開発した短距離滑走離着機（STOL）を就航させていた [Hillmer 2010: 73]。

　こうして、アメリカ議会の承認を得ることもなく、一般の人々が知らぬまま、アメリカから遠く離れた場所で秘密戦争が繰り広げられた。だが、公の発表はなかったものの、アメリカ議会の委員会は何がラオスで起きていたかを把握していたという。上院議員たちは、アメリカ兵を東南アジアに送らずに、代わりにモン族を傭兵に雇うことで戦費を抑えられると考えたのである [C. Vang 2010: 30]。

8　Chippewa Valley Museum Press.（1995）. *Hmong in America: Journey from a Secret War.*

年間200億ドルもの戦費がつぎ込まれたベトナム戦争と比較すると、CIAとUSAIDを通して秘密部隊に支払われた戦費は、5億ドルに過ぎなかった。ラオス戦争が「コスト・パフォーマンスが高い」と称されたのは、充分な休息や食事も与えられずに、死ぬまで飛び続けたモン族パイロットや兵士のおかげだったと、当時の状況を語る証言が1971年にアメリカ上院軍事委員会でなされている［Fadiman 1997: 128］。

　8年間に及ぶラオス秘密戦争において、アメリカの戦闘部隊の姿がないままCIAのアドバイザーだけが駐留した事実は、1970年にタイム／ライフ誌記者のオールマン（T. Allman）がフランス人記者と共に無許可でローンチェンに入って初めて世に知られることになったのである［C. Vang 2010: 30］。

第3節 「モン掃討作戦」

　1975年4月にサイゴンが陥落し、10月に社会主義政権がラオスに樹立されると、戦争中に自由主義勢力側に荷担したモン族の多くが、「モン掃討作戦」の名のもとに共産兵（ラオスで政権を握ったのは「ラオス人民革命党」だが、戦時中モン族との戦いで多大な損害を被った「ベトナム共産党」がこの作戦に深く関与したと言われている）に殺害された。多くの人々が家を焼かれて、ジャングルに逃れ、命からがらラオスを脱出した。自由主義勢力側についたモン族が払った代償は莫大だった。ベトナム戦争でアメリカが派兵した300万人のうち、戦闘で死亡したアメリカ兵が約5万8000人だったのに対し、戦争前に約35万人いたとされるモン族兵士のうち、約1万7000人が死亡し、負傷者の数にいたっては計り知れない。一般人は約5万人が死亡あるいは負傷したとされるが、この数字には、1975年から1990年代までにラオスからの脱出時やタイに行き着くまでに死亡した人数は含まれていない［C. Vang 2008: 7］。

　老人や子どもを抱えながら家を守った女性の中には、ラオスから逃げ出したくとも身動きできなかった人々が多数存在する。軍関係者とその家族をアメリカ軍が飛行機でラオスから脱出させるという噂が流れると、ローンチェン近辺は共産党の報復を恐れてパニック状態になった人々で大混乱に陥った。誰もが

大勢の人々が持てるだけの荷物を持ってローンチェンの滑走路近くまで押し寄せ、行列を作って次の飛行機を待っている。

　先を争った中で搭乗が優先されたのは、バン・パオをはじめとするアメリカ軍に関わりがあったラオス軍関係者や医療関係者とその家族だった。
　1975年5月12日、最初のグループを乗せた飛行機がラオスを離れた。飛行機の席を争ってローンチェンに殺到したモン族の数は約4万人とされる。しかし、空路で脱出したのはわずか2500人ほどに過ぎなかったため、集まった人々のほとんどが最後のアメリカ軍のC-130機がローンチェンから離陸するのを呆然と見送る結果となった［C. Vang 2010: 37; Morrison 1999: 161］。
　明日の命をも知れない混沌とした状況で、頼みにしていたバン・パオを始めとするモンの指導者が一般のモン族を置き去りにした事実を知り、飛行場は人々の怒りに満ちたという［Hillmer 2010: 164-165］。飛行機による脱出を望んで何日間もローンチェンで家族と共に搭乗のチャンスを待っていた元HSGU兵士のルーは、その時の気持ちを次のように語った。

　　　飛行機が出るという噂をおじが聞いてきて、彼の家族と一緒に丸2日かけて山を越えてローンチェンにたどり着いた。今考えると、ローンチェンはパテート・ラーオの手に落ちる寸前だったから、アメリカ軍が時間をかけてモンを飛行機で救い出すなんてあり得なかった。ローンチェンが人で埋まるほど、モンがあちこちから集まってきて、私は毎日のように飛行場に出かけては来るあてのない飛行機を待っていた。
　　　あとになってアメリカの裏切りを知ったが、それよりもショックだったのは、バン・パオがほとんどのモンを残したまま先頭を切ってラオス

から逃げ出したことだった。リーダーがいなくなって、もうモンは絶滅すると思った。

（Lue: 50後半男性、アメリカ・フレスノにて）[9]

搭乗リストなど存在しない大混乱の中で人々が機体に殺到したため、人の流れに押されて運良く乗り込めたとしても、多くの人々は行き先はおろか、家族が一緒に乗ったかどうかを確認することもできないまま飛び立つことになった。混乱した人々の様子をモン族の脱出用に差し向けられたC-46機のパイロットは次のように語った。

最小限の荷物を抱えた人々は、泣き叫びながら互いの手を取り合い、とにかく飛行機に乗り込もうと必死だった。最大40人のところを65人を乗せた機内はすし詰め状態だった。椅子を折りたたんで人々が離着陸の時に体をロープで支えられるように、機内にロープを張り巡らした［Hillmer 2010: 164］。

ルーは、おじの家族と一緒だったためローンチェンへの到着が遅れたという。彼がもし1人で飛行場に行っていたならば、彼だけは乗れたかもしれなかった。だが、家族同様の存在だった叔父たちを置き去りにして1人で脱出することなどルーは考えもつかなかったという。ルーたちは飛行機を待つ人々の行列の中で数日間を過ごしたが、結局空路での脱出をあきらめ、徒歩でタイを目指した。このように大半のモン族は、家や田畑、財産のすべてを捨てて自力でメコン川を渡ってタイに逃げるしかなかった［Lo 2001: 61, 69］。

ラオスを脱出した人々、ラオスに残り村や田畑を再建することを選択した人々、そしてジャングルに逃げ込んで戦闘を続けることを選んだ人々……こうして多くの家族がばらばらになった。1975年から1992年の間に、25万人近くのラオ族およびラオスの高地民と、10万人以上のモン族がタイに渡り、約20万人のモン族がラオスに残ったとされる［Chippewa Valley Museum Press 1995: 49］。

ラオス社会主義政権は自由主義勢力側に協力した者をすべて抹殺すると公表

9　インタビュー：L. Yang（2010年3月10日、フレスノ、List U-17）。

し、しらみつぶしにモン族を探し出しては収容所や「サマナー」と呼ばれた強制収容所に送った［竹内 1999: 147-150］。また、国内に留まったモン族の警戒心を緩めることで、バン・パオと共に戦った兵士の居場所を聞きだそうとした［Faderman 1998: 43］。フランス植民地時代にモン族のリーダーだったトゥビー・リーフォン（Touby Lyfoung）も、政府に捕らえられて収容所に送られた。収容所に送られた者のほとんどはそこで亡くなるか、あるいは逃げようとして処刑され、生きて戻れる者は少なかった。そのため多くの妻たちが夫を亡くし、子どもたちは父親を失うことになった［Lo 2001: 61］。

　CIAは当初、戦争に負けてもモン族を共産兵から守ると約束していたが、ベトナム戦争と違って秘密裏に展開されたラオスの戦争では、アメリカは彼らを表だって助けることができなかった。結果的にモン族はベトナム難民とは異なる扱いを受け、アメリカに置き去りにされる形になった。たとえば、ベトナムではサイゴン陥落後にアメリカ軍が13万人近くものベトナム人をヘリコプターや輸送機で運んだのに対して、ローンチェンから空路で脱出したモン族の数は2500人とあまりに少なく、ラオスでの軍事行動がいかに極秘にされていたかを物語る［C. Vang 2010: 38］。

　ローンチェンから脱出した人々もラオスに残った人々も、双方とも非常に苦しい生活を強いられることになった。戦後は共産党（ラオス人民革命党）がモン族を公平に扱ってくれるだろうと期待して、国内に留まったモン族の中には、ラオスで学校を修了し、政府関係の仕事に就いた成功者も存在するが、それは少数だった。大半の人々は砲弾で穴だらけの土地を耕す貧しい生活を送り、ラオ族とは比較にならないほど教育・経済面で不利な扱いを受けた［Hillmer 2010: 182］。働き手を失ったにもかかわらず、なぜ多くのモン族が戦時中にラオスを脱出しなかったのだろうか。その理由の1つとして考えられるのが、アメリカが空中から落とした物資と、モン族兵士に支払われる給料だったとされる。ファダーマンによると、アメリカ軍はモン族兵士にラオス王国軍兵士が受け取っていた給料の6倍の額を支払っていたという。

　しかし、金銭や物質的な理由だけでモン族が命を懸けてラオスに留まったわけではない。当時のモン族は大半が共産主義や資本主義などのイデオロギーについて理解していたわけではない。けれども自分たちが戦わなければいつか北

ベトナム兵がやってきて、自分たちの家を奪うのではないかという恐怖感を持っていたという。また、モン族は長い間ラオ族から「国を持たない居候」と蔑まれ、"Meo"と呼ばれていた。中国語の"Miao"という語には蔑視する意味合いはないが、ラオ語の"Meo"には「奴隷」の意味合いが含まれる。モン族は、ラオスを共産主義から救う戦いに参加すれば、今までとは違ってラオ族から蔑視されなくなるのではないかと考えたのだった [Faderman 1998: 6-7]。

ラオス人民革命党はラオスに残ったモン族に対してラオ族と同じような名前を名乗ることを強制したため、姓を手がかりにクランを判別することが困難になった。加えてシャーマニズムが禁じられるなど、モン族はこれまで行なってきた慣習の多くを放棄しなければならなかった。それでも再び農業ができた人々は幸運だったが、多くのモン族は米に加算された重税にあえぎ、日々逮捕・拷問・虐殺などの恐怖に怯えて過ごした。そのため次第にラオスに留まるよりも死を覚悟で脱出するほうがましだと考える人々が増えた。

だが、国境を越えて命からがらタイ側にたどり着いても、タイの兵士と北ベトナム兵士の挟み撃ちで虐殺された人々もあり、難民キャンプまでたどり着けずに死んだ人々が多数存在した [Kao Kalia Yang 2008: 40]。またたとえ難民キャンプにたどり着いても、家族が別々のキャンプに収容されたため、互いの生死も行方も知らぬまま、別々の国に移住したケースもあり、モン族の社会組織は壊滅的な状態になった。

フランスに1970年代後半に移住したチャイは、タイへの命がけの逃避行について次のように語った。

> 私の父は旧ラオス王国軍の関係の仕事をしていた。ベトミンの攻勢が激しくなってきた頃から、共産党がモン族の殲滅を目指して人々を虐殺し、村に火を放っていることを聞いて逃げることになった。大人数では目につきやすいので、父の弟の家に住んでいた祖母たちとは別に、うちの家族8人で夜になるのを待って村を離れた。当時、私は10歳で、末の弟と妹は6ヵ月と1歳半くらいだった。ジャングルの中を逃げている最中に共産兵に出くわしたことがあった。子どもの泣き声が共産兵に聞こえたら皆殺しになるからと、父は弟と妹にアヘンを吸わせて

眠らせた。[10]

　幾度も見つかりそうになったが、なんとかメコン川までたどり着くことができた。私たちは泳ぐことができなかったので、父が交渉して、夜明けを待ってタイ人の船で川を渡った。あとから、タイ人がとんでもない額の渡り賃を父に要求したと聞いたが、川の真ん中で船をひっくり返されなかっただけましだった。途中で溺れ死ぬ人たちを何人も見かけたが、自分たちのことだけで精一杯で、助けることができなかった。

　タイに着くと、私たちはバンビナイ・キャンプに送られた。後から聞くと祖母やおじの家族も無事に脱出したらしいが、違うキャンプに送られたためしばらくたってからその消息を知ることができた。父がフランス語が少々できたのが幸いして、私たちはキャンプに入ってから比較的早く1年ぐらいでフランスに移住が決まった。私たちは、パリを経由して、南フランスのマルセイユ近くの難民収容センターに送られ、そこでフランス語とフランスのことを6ヵ月ほど勉強した。父はセンターを出てから自動車工場で働くようになった。

　ラオスを出る時に別行動をした祖母やおじの家族は、私たちよりも長い期間を難民キャンプで過ごしたのち、アメリカのデトロイトに移住した。祖母やおじ、おば、いとこたちみんなで一緒に住めないことは悲しいが、ともかく命があって元気に暮らせることを幸せに思う。フランスのほうが他の国々よりも休暇をまとめてとりやすいので、こちらから数年毎に家族が代わる代わるアメリカの祖母や親族を訪ねている。

（Chai（仮名）：50代男性、フランス、パリ郊外にて）[11]

　命からがら逃げる途中で、人々は、空からの爆撃やナパーム弾・化学兵器による攻撃を受けた。また、地雷による爆発や饑餓で多くが命を失った。チャイの父のように子どもを静かにさせるためにアヘンを与えたものの、量が多すぎて子どもを死なせてしまった人々や、メコン川の急流を渡る時に溺れて亡くな

10　眠らせるために用いたアヘンの量が多すぎて亡くなる子どもが多数出たが、チャイは「家族全員の生き残りに必要な方法だった」と述べている。［Sucheng 1994: 226.］
11　インタビュー：C. V.（2006年8月8日、パリ、List F-14）。

る人々も多数いたとされる [Lo 2001: 71-72; Livo and Cha 1991: 2]。

　チャイは現在パリに住んでいるが、共産兵の怖さをけっして忘れることができないと語り、一見して自分がモン族であることがわからないように電話帳や名簿に載せる名前を変えている。自分のバックグランドを名前から推測できないようにしているのは「単なる気休め」と笑いながらも、今も彼は恐怖心からラオスを訪れることができずにいる。そのため、2008年8月にインドシナに旅行した際も、ラオス入りはせず、タイのバンコクに親族に来てもらって会ったという[12]。彼のように戦争のトラウマを抱えるモン族は、インドシナ戦争で戦闘に加わった第1世代や、両親から戦争時の話を繰り返し聞いて育った第2世代に見られる。第3世代以降になると、ラオスを自分たちのルーツがある土地としてとらえる人々が多くなる。

第4節　難民キャンプ

4-1　難民キャンプの設立

　インドシナでは30年間（1945年～1975年）にわたり、共産主義抵抗勢力のベトミン、パテート・ラーオ、クメール・ルージュと、欧米諸国の支援を受けた南ベトナム、ラオス、カンボジア政権が戦いを繰り広げた。1954年のジュネーブ条約締結後、多くの難民が北ベトナムから南ベトナムへ逃れた。3ヵ国では、1960年代に続いた戦争で何十万人もの人々が移動を強いられたが、大部分の人々が実質的に国境を越えなかったため、1951年の条約上では「難民」としてみなされなかった [Long 1993: 32]。

　難民の急増を受け、食料支援や保健・教育活動などを行なうために、ワールド・ビジョン (World Vision)、クリスチャン・ミショナリー・アライアンス (Christian Missionary Alliance)、YWCA (Young Women's Christian Association)、カトリック救援事業会 (Catholic Relief Services) などのキリスト教系のボランタリー機関

---

[12]　2007年には、ラオスを旅行で訪れていたアメリカのモン族2人がラオス軍と公安委員会により身柄を拘束され刑務所に収容された事件が起きている。ラオスとの行き来ができるようになった現在でも、共産党への恐怖心からラオスを直接訪れることをためらう人々が存在する。http://www.hmongtimes.com/main.asp?SectionID=31&SubSectionID=190&ArticleID=894 (retrieved: August 20, 2010.)

や、国際的な援助機関が設立された［Long 2003: 32; G. Y. Lee and Tapp 2010: 17］。初期にこのような機関で難民救済にあたっていた人々は、ラオス、カンボジア、ベトナムで仕事をしていたが共産主義新政権により追放された宣教師、開発従事者や元兵士などが大半だった［Long 1993: 38］。

ラオスとタイの国境付近には5ヵ所の難民キャンプが設立され、ラオスから逃れてきたモン族、ヤオ族などを収容した。公式にはUnited Nations High Commissioner for Refugees（以下、UNHCR）がタイ政府と連携して運営していたが、実際はタイ政府の管理下に置かれていた。モン族難民の多くはラオス北東部のシエンクアーン地方の出身で、大半がノーンカーイやバンビナイのキャンプに収容された［Long 1993: 37; G. Y. Lee and Tapp 2010: 16］。

1980年3月、タイの難民キャンプに収容されたモン族難民の総数は、4万8937人だった。他国への再定住がUNHCRにより推進されたが、UNHCRの1980年3月から1981年2月までの統計によると、タイ北部の5ヵ所のキャンプにはそれでも4万6218人のモン族が収容されていた。1987年では、タイのラオス難民7万5000人のうち5万4095人は山岳民族で、その大半がモン族で占められていた［G. Y. Lee 1990］。

難民キャンプに収容されるということは、人々がこれまでに持っていた社会的地位やアイデンティティ、自主性を失うことを意味した［Stein 1981: 324］。命からがら脱出したモン族は生活を粉々に打ち砕かれ、ラオス人でもタイ人でもない自分たちがどこへ行くのか、これからどうなるのかが全く予測できない「宙ぶらりん」の状態だった。こうした茫然自失状態の難民を、タイ政府は「許可なく入国した不法移民」として扱い、今後はアメリカと西欧諸国が責任をとるべきだと主張した［Lo 2001: 70-71］。

貧しく紛争が絶え間ない国々に四方を囲まれているタイは、自国の国境を守ることと、周辺国から流れこむ難民をこれ以上増やさないことに腐心していた。当時のタイは、UNHCRの1951年協定と1967年の議定書を批准しておらず、「難民」のカテゴリーはタイの移民法には存在していなかった［Long 1993: 37］。だが、難民に冷淡だったのはタイに限らず、この時期世界中どこでも同様のことが行なわれていた［Quincy 2012: 70］。

キャンプに収容されたモン族は、人により数年、長い人では10数年をキャ

ンプで過ごした後、アメリカ、フランス、オーストラリアなどの引き受け国に移住した。しかし、脱出の時期や収容されたキャンプの場所、家族構成や言語能力などの諸条件により、家族が同じ国や地域に一緒に移住できないということが起きた。1977年にフランスに移住したある男性は、家族や親族がばらばらになった経緯を次のように語った。

　よその国に行くということはどういうことなのか、最初は全く見当もつかなかった。アメリカと比べてフランスは小さい国だからビザの発行数が限られているという噂があった。当時アメリカのビザ枠も同様に少なかったが、アメリカの対応が変わってからは多くのモンが受け入れられるようになった。どちらにせよ、どこへ移住するかは急いで決めることではなかった。それは、モンがどこかに移動する場合、まず家族や親族がそれぞれ違う場所に住んでみて、その場所が良ければ後からみんなでそこへ移るということをしてきたからだ。だからほとんどの家族が、まずは違う国に行ってみようと決めていた。
　父の兄が既にフランスに行っていたので、両親、上の兄と私はフランスに行くことを決めた。アメリカへの移住申請もしていたが、フランスのビザのほうが早く下りた。この頃、父の弟たちと私の上の兄は、フランスではなくアメリカに家族全員で移住した。
　一番上の兄は、アルゼンチンからのビザが届くと、自分が行きたいと移住を希望した。私たちがアルゼンチンの名前も聞いたことがないし、どこにある国かもわからないと反対すると、兄は妻と2人の娘を残して行ってしまった。アルゼンチンはアメリカからそう遠くないと彼は言っていたが、実は苦労しているようだ。まだ結婚していなかった彼の息子3人と、キャンプ内で既に結婚していた2人の息子は、全員アメリカに移住した。
　両親はフランスからビザが出ても最初は私たちと一緒に移住しなかった。私たちが落ち着き、生活できると知ってからフランスに来ようとした。だが、彼らにとってひとつ気がかりだったのは、父の妹たちが新しい政権下での生活を選んでラオスに残ったことだった。それでも私たち

は、みんながばらばらになったけれども、あちこち違う場所を試してみてもいいことだと考えていた。

　そうこうしているうちに、タイ政府が急に外国人を国外退去させることを決めたため、どこかへともかく移住しなければならなくなった。同じクランの3人の女性は、2人はフランス領ギアナへ、1人はカナダに行くことになった。

（D. Lor: : 50代後半男性、フランス・オビニーシュールネールにて）[13]

　この事例が示すように、当時フランスは移住してくるモン族ができるだけ早くフランス社会に順応することを求めていた。そのため、身内が既にフランスにいる人やフランス語が少しでも話せる人、また軍や公務員関係の仕事をしていた人たちへのビザが優先的に発行された［Hillmer 2010: 243］。モン族を最も多く受け入れたのはアメリカで、数次にわたる受け入れをしてきたが、2006年にタイのタムクラボック寺院付近で避難生活をしていたグループ（1万5000人）を最後に、公的なモン族難民の受け入れは事実上終了している［G. Y. Lee 2007; G. Y. Lee and Tapp 2010: 18］。

4-2　難民キャンプの生活

　当局が24時間管理するなか、人々は鉄条網に囲まれた閉ざされた空間で受け入れ国が決まるまでの長い日々を送っていた。1986年の数字では、バンビナイ・キャンプの平均居住期間は7年間だった。各人に割り当てられた空間は狭く、キャンプはすし詰め状態だったという。キャンプがいかに過密状態だったかをバンビナイ・キャンプを例に説明すると、282エーカーの敷地は8つのセンターで仕切られ、各センターは4つに分けられ、さらに区画が細分化され部屋が造られていた。1984年当時、210の区画に4万2000人以上が不衛生な状態で何年も収容されていたとされる［Lo 2001: 76, 78］。

　キャンプ内の年間出生数は約2000人で、キャンプの人口の25%が5歳以下だった［Long 1993: 55］。キャンプで割り当てられた食事は、ほとんどが野菜粥に時折肉類がほんの少し混ざっただけの貧弱なものだった。それゆえ難民がま

13　インタビュー：M. Hue（2010年1月29日、オビニーシュールネール、List F-23）。

ともな食べ物を口にするには、キャンプに隣接した店で買うしか方法がなかった。銀の装身具を持っていた人々は、それを金銭に換えて食べ物の購入に充てたという［Quincy 2012: 70］。

　こうした苦しい生活では、ほとんどの家族がいくらかでも食料の足しにしようと、キャンプ内の狭い空間を利用して野菜類を栽培していた。この慣習は移住後にも続いている。たとえば筆者がフィールドワークで訪れたカリフォルニア州フレスノのある家では、玄関横の植木鉢にたくさんのネギを植えていた。これを不思議に思った筆者に主人のルーは次のように説明した。

> 　難民キャンプの生活は配給される食糧が足りなくて、いつもみんなお腹が空いていた。それで地面があればどこでも野菜を植えていくらかの足しにしていた。野菜だけでは足りないので、時々タイ人の守衛にお金を渡して外に出してもらった。すべて金次第で規則はないに等しかった。自分は狩りが得意だったので、ゴムを使って鳥を捕った。鳥を食べていたおかげで、4年間をなんとか生き延びることができたと思う。
> 　アメリカに来ても、野菜をマーケットで買わずに家の空き地で育てている人々は結構いる。アパート住まいの人でも、うちのように玄関前の鉢やベランダでネギのようなちょっとした野菜を育てている。モンにとって野菜作りはいつも生活と共にあって欠かせない。
> 　　　　　　　　　　　　　（Lue: 50代後半男性、アメリカ、フレスノにて）[14]

　オーストラリアのブリスベンに住む男性も、同じように難民キャンプの配給食糧が十分でなかった思い出を語った。彼がいたキャンプでは年齢が高いほど食料を多く受け取ることができたため、彼の母親は、子どもたちの年齢を2歳から3歳水増ししていた。男性は、自分の本当の年齢が実は2歳「若い」ことを、受け入れ国への移住手続きをした時に初めて知ってとても驚いたという。[15]

　バンビナイ・キャンプとノーンカーイ・キャンプでは、キャンプの外のタイ人が経営する農場で一時的に働いたり、刃物研ぎをして賃金を得た難民もいた

14　インタビュー：L. Yang（2010年3月10日、既出）。
15　インタビュー：C. Lee（2008年3月18日、ブリスベン、List A-17）。

第1章　インドシナ戦争・ベトナム戦争

「象の足」をモチーフにした伝統的な幾何学模様のパ・ンダウ（フラワー・クロス）。象の足は家族を象徴する。

ラオスの村の生活を描いたパ・ンダウ（ストーリー・クロス）

が、得られた額はほんのわずかなものだった。それゆえ難民たちは、月に1度か2度キャンプに届けられるアメリカ政府やタイ政府からの限られた援助に頼らざるをえず、いつも食べ物に飢えていた。[Lo 2001: 81]。

モン族男性はこれまで一家の長として権限を持ち、優先的な立場に置かれてきた。しかし、キャンプ内では畑を耕すことも狩りに出ることもできず、さらに男性ができる仕事が限られていたため、精神的な病に陥る者が続出した。キャンプではある一定の仕事を除いて、労働で賃金を得ることは違法とされたため、働きたくても仕事のない多くの男性は何もせずに一日中、「何か」が起こることを待ってぼんやりと時を過ごすことが多かったという。国際機関の職員たちはこうした何もする気力がなく行き場のない人々を、"warehousing"（お蔵入り状態）と呼んでいたという [Long 1993: 93]。

環境の変化についていくことができなかった男性と違って、女性は、家事や家族の世話などで毎日を忙しく過ごしていた。第3章で詳しく論じるが、「パ・ンダウ」(paj ntaub) と呼ばれる布は、1965年以前は家族の衣装を飾る目的で作られ、母親お手製の手の込んだ刺繍入りの衣装を着ることは人々の誇りだった [G. Y. Lee and Tapp 2010: 103]。しかし、難民キャンプの生活で、他のエスニック・

16　"warehousing" という表現は、人々が荷物のようにあちこちに動かされ、移動がスムーズにいかずに倉庫で立ち往生していることを意味している。

街中の貴金属店で販売されている銀のバー。銀のバーは現在もモン族の結婚の時の婚資 (2〜3本) として世界各地で使われている。(ラオス・シエンクアーン)

グループや西洋人と接触するうちに、従来のモンの刺繍文化には存在していなかった絵柄が加わるようになった。パ・ンダウが売れると知った女性たちは、競い合うように針仕事に励むようになり、タイや海外への販売ルートができ始めると、「ストーリー・クロス」と後に呼ばれる、外国人が好む絵柄や明るい色調のストーリー性のある刺繍製品を作るようになった [Livo and Cha 1991: 11; E. Cohen 2000: 136]。ストーリー・クロスを初めて市場に出したのは、多い時で4万人もの難民を収容していたバンビナイ・キャンプのモン族だとされている[17]。キャンプで作られた品物を製品としてタイやアメリカのマーケットに流す仕組みを作ったのは、1970年代後半頃に難民キャンプで活動していた外国人宣教師団体や人道的援助を行なっていたNGOの人々だった [E. Cohen 2000: 38]。

　モン族社会では、男性は外で働き、女性は家の中の仕事をするというように役割分担がはっきりと定められていたため、家庭の中だけで生活してきた女性にとって、自分の手でお金を稼ぐことは全く新しい経験だった。女性がパ・ンダウ作りに活路を見出したことにより、男性も女性に協力してパ・ンダウや銀

17　インタビュー：M. Yangsao (2008年4月8日、ミネアポリス、List U-4)。

製品を作るようになった。伝統的にラオスではネックレスに代表される銀製品は男性銀細工師により製作されてきた。モン族にとって銀は象徴的な意味合いと同時に金銭的な重要性を持ち、一家の財産は銀の延べ棒（バー）で蓄えられ、婚資や取引などに用いられた。

　難民キャンプでは、銀が手に入らなかったため、アルミニウムを使ったネックレスが作られた［Livo and Cha 1991: 9］。ネックレスの買い手は大方がモン族だったため、外国人のお土産用に重宝がられて販路が拡大したパ・ンダウほど売り上げは伸びなかった。しかし、どちらも現金が得られる貴重な手段であったため、キャンプ内のほとんどの家庭でパ・ンダウとネックレス作りが行なわれた［Lo 2001: 83］。

4-3 新しいリーダーの出現

　ラオスの頃のゆったりとした暮らしからは想像できないほど過密状態にあった難民キャンプは、衛生的にも劣悪な環境で、人々は将来が見えぬまま長期間を過ごさなければならない悲惨な状態にあった。だが、ある一面ではキャンプ生活は伝統的なモン族の生活に大きな変革をもたらしたと言える。たとえば、これまでのクランを中心とした生活では、結婚相手は村からアクセスしうる近隣の別のクランの人に限られていた。しかし、難民キャンプという狭く限られた空間にクランが異なる人々が共同生活をしたことで、結婚相手の選択の幅が広がり、親族ネットワークが広がる結果となった［Koltyk 1988: 26］。村の生活では、人々は「A村のヤング・クランのロー」というように、住んでいる土地（村）で認識されていたが、区画で区切られた難民キャンプにおいては、部屋番号がその役目を果たした。区画毎にリーダー（男性）が決められ、食料の配給やキャンプ内のでき事を掌握していた［Lo 2001: 84］。

　キャンプ生活が作り出したもう1つの変化はクランの機能に見られる。キャンプで交渉役としてリーダーを務めるようになったのは、これまで影響力を持っていた長老たちではなく、軍隊経験を持ちモン族以外の当局者とタイ語やラオ語で話せる若い男性たちだった。長老たちは権威を失い、すっかり影が薄い存在になった。クランの影響力を受けることなく、新しいリーダーが選出されたことは、キャンプ内で出身によるクランや村の区分が曖昧になったことを表

す。つまり、人々はエスニック・グループの「モン」として1つにまとまって苦境から抜けだそうと、クランの違いを超えて助け合ったのである。しかし、欧米諸国に移住してから生活が安定すると、再びクラン同士で固まるようになり、互いをクランで区別するという以前からの慣習が復活した［Lo 2001: 83-85］。

第5節　終わらぬ逃避行

　タイに逃げ出さずラオスに残ったモン族は、現在大半が静かな暮らしを送っているが、中には共産党の報復を恐れてジャングルや、ラオスで一番高いとされるプー・ビア（ビア山）一帯の海抜2800メートルを超える険しい山岳地域に逃げ込み、今もラオス政府に抵抗を続ける人々がいる［竹内1999: 223］。戦争終結から40年近く経過した現在も、山に立て籠もるモン族の数は約3000人から5000人とされ、政府による空爆や枯葉剤の散布などによる攻撃が続いている。

　食料のルートを絶たれ、飢えに苦しむモン族の様子を、西欧諸国のメディア[18]が報道したことから、このような人々を攻撃するラオス政府を容認することは国連人権規約に反すると、アムネスティなどの国際的人権擁護団体やアメリカのモン族が中心になって抗議運動が起きた［Fuller 2007: 3-4］。しかし、ラオス政府はモン族への攻撃の事実を公式に認めていない。

　ジャングルに籠もるモン族への攻撃については、情報の出所とその真偽は研究者の間で論争されている問題である［Hillmer 2010: 298］。本書はこの問題を詳しく取り上げるものではないが、筆者が2010年2月、フランス西部のショーレ（Cholet）で会った、元ラオス国王軍兵士の話をここに記すことにする。

　男性は元モン族リーダーで、ラオスのジャングルに立て籠もる生活を18年間続けた後にタイに脱出したという。男性のいとこも反政府分子として追われ続け、後に殺害された。いとこと協力関係にあった彼も、同じように命を狙われ、ジャングルを出てからは2日と同じ場所に留まることができず、暗くなる

---

[18] Thomas Fuller. (2007). "Old U.S. Allies, Still Hiding in Laos." *The New York Times*. http://www.nytimes.com/2007/12/17/world/asia/17laos.html?pagewanted=all （retrieved: February 27, 2012.）

のを待っては移動し続けた。男性は8ヵ月間、タイ各地を転々と移動した後に、妻と自分の2人分の偽造パスポートを9000ユーロで購入してフランスにやってきた。[19] 彼は、山に籠もるモン族への攻撃がメディアが伝えるように実際行なわれていると証言し、約2000人が饑餓状態にあるにもかかわらず、アメリカやフランス政府、国連がなかなか行動を起こさないことを厳しく批判した。

この元兵士のように降伏してジャングルから出てきた人々の中には、ラオス政府に拘束され、3年から5年の間「セミナー・キャンプ（サマナー）」に送られたまま行方不明になった人々が存在する。近年、このような噂を聞いて身の危険を感じたモン族がラオスを逃れてタイに行き、第三国への移住を求めているが、タイ政府の見解は、こうした人々は経済的難民で不法滞在者であるとし、ラオス政府との合議でラオスに強制送還している。[20] フアイ・ナムカオ（Huay Nam Khao）に2004年頃から滞在する4000人以上のモン族をラオスに送還しているのがその一例である。

モン族が収容されているフアイ・ナムカオの施設を2007年に訪れたヒルマーによると、施設に入ることを許可されていたのは、「国境なき医師団」のみで、他の人権擁護団体やプレス関係の人々は原則入ることができない状態だった。施設には大勢の子どもたちがいたが、学校が少ないため、7歳から15歳までの子どもたちが授業を受けられるのは、ヒルマーの滞在期間中には週に1回の状態だった。

タイ政府がどのような姿勢でモン族を扱っていたかは、次に挙げる張り紙（英語の原文）の内容から読み取れよう。[21]

ACTIVITIES NOT TO BE DONE
　　1. No more immigration

19　当時、一緒に居住している男女は「夫婦」として扱われたため、男性は第2夫人とフランスに移住することができた。第1夫人とその子どもたちは今もラオスに住んでいる。
20　「モン族がまた泣いている」Sankei Express、2009年12月29日。；
"Thailand says Hmong repatriation imminent". Reuters. December 27, 2009.
http://www.reuters.com/article/idUSTRE5BQ0FH20091227（retrieved: April 28, 2010.）；
"Medics close Hmong refugee camp". BBC News, Bangkok. May 21, 2009.
http://news.bbc.co.uk/2/hi/asia-pacific/8061040.stm（retrieved: March 10, 2012）.
21　注意事項は、タイ語、ラオ語、英語の3ヵ国語で書かれていた。

    2. No permanent residence in Thailand
    3. No transfer to third countries

   ACTIVITIES TO BE DONE
    1. Provide basic living utilities
    2. Strict（obedience）to Thai law
    3. Obey Khao Kho Combined Task Force's regulations
    4. Return to original residence

　タイがモン族に対してこうした強行な措置をとる理由の1つとしては、「タイへ行けば、第三国に再定住できる」という噂で、難民の流入がさらに加速化するのではないかと恐れているからである。

　西欧諸国に移住したモン族の多くは、今も多くの親族がラオスに住む。前述した山に立て籠もるモン族グループについては、アメリカに住むモン族とラオスに住むモン族とでは、この問題に対する反応に顕著な違いが見られる。アメリカのモン族社会ではこの問題に対して行動を起こさないアメリカ政府やアムネスティに対して抗議行動が起こるほど関心が高いが、ラオスでモン族やモン族と親交のある日本人などに状況を聞いても、抵抗グループがいるのは高山地帯で一般の人々が住む場所からは遠く離れているためか、この問題に対するモン族の反応は（私が聞いた限りでは）鈍かった[22]。両親が18年前にアメリカ・ミネソタ州に移住したというある男性は、「山に立て籠もる人々にラオス政府が攻撃しているという話はアメリカの親類から聞いた情報で、自分の知る範囲ではラオス国内メディアに取り上げられていない」と語った[23]。

　近年、中国やタイ、ラオスを訪れるモン族が増えているが、筆者がこれまでインタビューした西欧諸国に住む40代以降のモン族の中には、少なからず社会主義政権に畏れを持つ人々がいる。たとえば、アメリカに住むモン族男性は、今は自由にラオスと行き来できるようになったが、まだラオスに入るのが怖いので、代わりにタイ北部の山間に行って「ラオス気分」に浸ると語った。その

22　インタビュー：K. Yasui（2012年2月10日、ラオス・ヴィエンチャン、List L-1）。
23　インタビュー：Y. Yang（2012年2月12日、ラオス・シエンクアーン、List L-2）。

第1章　インドシナ戦争・ベトナム戦争　　　73

シエンクアーンのジャール平原と石壺の遺跡群。
インドシナ戦争中、ジャール平原は戦略拠点として攻防が繰り返された。現在は500基近い石壺の遺跡群が観光名所となって、多くの旅行者が訪れる。

ラオスの秘密戦争では、アメリカが多くの地雷を投下し、今も無数の地雷が埋まっている。現在、MAG（Mines Advisory Group）の協力の下、地雷の撤去作業がラオス全土で行なわれている。MAGのプレートは、半分が白く塗られている場合は周辺の地雷が処理され安全であることを示し、赤色は未処理であることを示す。

他にも、親族が今もラオスに住んでいるため、自分が話すことで親族に何らかの影響が及ぶことを恐れて共産党の話を避ける人々もいた。多くの人々が戦争で受けたトラウマは未だ消えることがない。

まとめ

　モン族はフランス統治下で重税を課せられ、仏領総督府の下で働くラオス人役人からさまざまな面で疎外された。フランスのインドシナからの撤退に伴い、アメリカは共産勢力の拡大阻止をめざして秘密裏にインドシナに介入した。ジュネーブ協定による制限で戦闘部隊をインドシナに派遣できなかったアメリカは、モン族の中から傭兵を雇い、その見返りとして食料や医薬品を空中投下してモン族に対する補給を行なった。

　アメリカをはじめとする自由勢力側についたモン族が払った犠牲は莫大だった。戦争後に共産勢力に報復で命を狙われたモン族の多くがラオスを脱出しタ

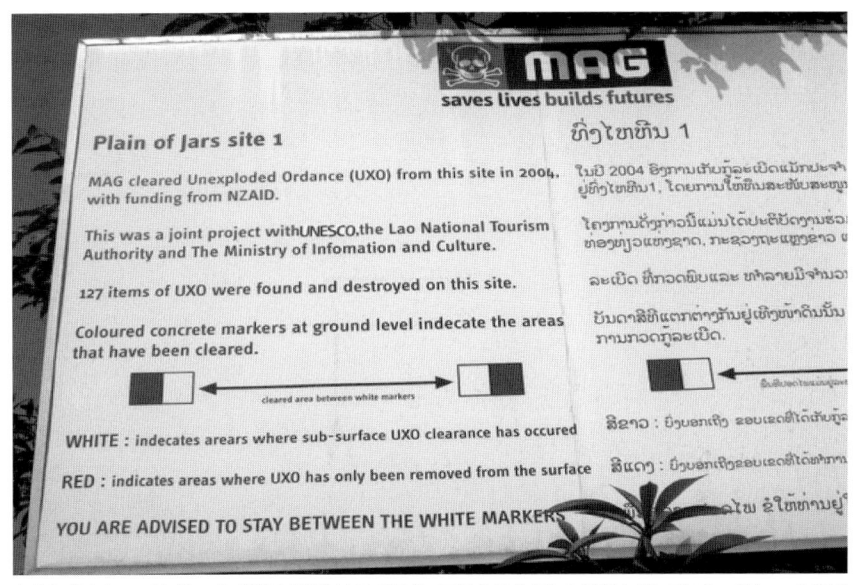

第1章　インドシナ戦争・ベトナム戦争

赤色に塗られているプレートが残る地域はMAGスタッフ以外の立ち入りが禁止されている。(ジャール平原 Site 1)

イに逃れたため、多くの人々が家族や親族と離れ離れになり、モン族の社会組織は粉々になった。

　タイの難民キャンプは溢れかえる難民で満杯状態だった。居住状況や食料・衛生状態も悪い環境で、人々は数年から長い場合には10数年をキャンプの狭い空間で過ごした後に、欧米諸国に移住した。難民キャンプはタイ国内に数ヵ所作られたため、ラオスを脱出した時の混乱で家族や親族と会えないまま、互いの行き先も知らずに違う国に移住するということが起きた。こうしてモン族は、アメリカ、フランス、オーストラリア、アルゼンチン、カナダなど、世界各地で難民として新しい生活を始めることになったのである。[24]

　モン族の苦闘は1970年代から1980年代をピークとする西欧諸国への移住で終わったわけではない。ショーレで筆者が会った元ラオス反政府分子の親族の

[24] 以下に挙げる2つのインターネット・サイトでは、モン族がどのようにアメリカと関わり合いを持つようになったか、また移住前後の生活の様子やシャーマンによる祈禱などが映像に収められている。
- "Witness to a Secret War"(英語)
  http://www.snagfilms.com/films/title/witnesses_to_a_secret_war/
- 30年目の戦後処理：アメリカと共に戦った民族──ベトナム戦争とモン族1〜3(日本語)
  http://www.youtube.com/view_play_list?p=AD3A95939216E096

話に示されるように、山に立て籠もるモン族に対して今もなお、ラオス政府は攻撃を続けている。また、立て籠もっていた人々がジャングルから出てきてタイ側に身の安全確保を求めても、ラオスへ強制送還されるという問題が起きている。これはラオスとの経済取引で不利益となるモン族難民の処遇にタイ政府がおよび腰で、人道よりも経済を優先しているためだと言われている。タイとラオスの二国間協定は既に既成事実として発効しており、強制送還問題は今後大きな社会問題に発展する可能性があると考えられる。[25]

---

25 「タイ、モン族4000人の強制送還開始　欧米諸国は批判」『朝日新聞』2009年12月28日。

第2章

モン(Hmong)族

　モン族の文化は、アニミズム信仰と密接な関わりを持つ。なぜならば、家父長制度やクラン、親族関係などのモン族社会を形作る構造の大部分が、アニミズム信仰に基づく宗教儀礼に根ざしているからである。モン族社会における個人やクランの社会的地位は、祖先崇拝の儀礼における役割や親族関係などに関連して決まる。それゆえ、「モン」として生きるためには、儀礼について豊富な知識を持つことと、親族同士の密接な助け合いが必要とされる。

　モン族は初対面で互いのクラン名を尋ねあい、相手と自分が祖先崇拝の儀礼の方法を共有しているか否かを必ず確認する。なぜならば、属する集団によって互いの関わり合い方に違いが生じるからである [G. Y. Lee 2005]。「モン」として生きるには、集団の一員としての関わり合いが重要であることは勿論であるが、1人1人が、モン族社会で複雑にリンクするさまざまな場面で相応の義務を果たすことや、モン族社会の道徳的規範に沿った日常生活を送ることが求められる。つまり、モン族の社会構造は、構成員の絆を支え強化する働きを有すると同時に、広範囲な社会システムの中で1人1人に役割を割り当てていると言えよう。

　1970年代後半から始まったモン族の西欧諸国への移住から40年近くが経過した。当時、多くのモン族は、タイの難民キャンプから第三国へすぐには出国できなかったため、大半の人々が数年間を難民キャンプで過ごした。すし詰め状態だったキャンプでは、ラオスで行っていた儀礼をそのままの形では行なうことができず、そのため若い世代に儀礼の方法を詳しく伝えるのが困難だった。また、西欧諸国に移住してからは大多数が都市に住むようになったため、スペースなどの制限で儀礼の形に変化が見られるようになった [Livo and Cha 1991: 3]。文化も言葉も全く異なる国に住むという劇的な変化を短期間で経験したモン族社会は、今後、移民三世や四世の時代にはどのような様相を呈するのだろうか。

この章の目的は、まずモン族を歴史的背景から分析し、次にモン族社会の骨組みを論じることにより、"Hmongness"で表される"care, respect, relationship"（心遣い　敬意　血縁関係）がどのように「時空を超える絆」としてモン族を結びつけているかを浮かび上がらせることにある。

第1節　モン族の起源と移動の歴史

1-1　中国

　モン族は約4000年以上前に中国に住んでいたとされるが、その歴史は曖昧で不明な部分が多い [Hillmer 2010: 14]。これはモン族が文字を持たず、他民族が記した「歴史」の中だけで彼らの存在が語られていることによる [Cooper 1998: 13-14; Fadiman 1997: 1]。モン族の昔話には、何千年も前にモンゴル、シベリア、メソポタミアで暮らしていたという言説があり、「祖国」と呼ばれていた"ntuj khaib huab"（ンドゥ カイ フア）については、「1年の半分が昼間で残りの半分は夜が続き、木々はほとんどなく、人々は毛皮を着ている。」と描写されている [Jadgozinski 2005: 23; Cooper 1998: 14]。しかし、このような昔話は根拠があいまいで推測の域を出ていないとされ、その信憑性について研究者の間で論議を呼んでいる [Culas and Michaud 2004: 64, 214; Cooper 1998: 14; G. Y. Lee 2008: 4]。

　中国初期の紀元前5世紀か6世紀頃に記された記録（『書経』）に、モン族の祖先と思われる人々が含まれた"Miao"（ミャオ）についての記載が残っている。実際、「ミャオ」がどの民族を指しているのかは不明であるが、彼らが漢民族と接触を持ち、少なからず影響を受けていたことが窺える。たとえば、新年に若い男女の間で交わされる恋歌など、中国初期の時代の記録に残されている慣習とモン族の慣習に多くの類似点があることを初期の西欧植民地時代の作家やモン族研究のエソノグラファー（民族誌学者）たちが指摘している [G. Y. Lee and Tapp 2010: 4-6]。

　しかし、モン族をめぐる説の多くが推測の域を出ていないとする考えが今も根強く支持されている [Culas and Michaud 2004: 64;]。その理由としてリープリチャは、モン族が1950年代まで書き言葉を持たず、歌、物語、伝説や儀礼のほとんどすべてを口伝えで伝えてきたからであるとする [Leeprecha 2001: 70]。だが、

書き言葉では残っていないものの、先に述べた恋歌のように口伝えで伝えられてきた歌や物語は、「語り部」を通してシャーマンの祈禱や儀礼などにおいて日常的に披露されている。そのため多くのモン族研究者は、昔話や口伝えの話の意義を限定的ではあるが認めている [G. Y. Lee and Tapp 2010: 47]。

　口頭伝承の1つに、葬儀で死者に向かって唄う「祖先への道しるべ (qhuab ke: showing the way)」がある。葬儀の詳細は後の章で述べるが、この口承詩は、死者が生前に通過した地点 (住んでいた場所) を辿り、自分の胎盤が埋められている場所を訪ね、胎盤を携えて祖先のいる中国へ戻ることを死者に説示するものである。口承詩は数日間にわたる葬儀において、物語を語るように昼夜を通して詠われる。あるクアゲは、死者が現世を離れて祖先のもとへ戻る道すがら、進む方向を選ばなくてはいけない場所に来たら、右にも左にも曲がらず、高い所でも低い所でもなく「中央にある道」を選ぶことを示唆している [Tapp 2001: 12]。つまり、モンが進むべき中央の泥だらけの道以外は漢民族が通る道であるとして、自分たちと漢民族を区別しているのである。

　このような口承詩は、モン族が漢民族に卑下されていた歴史を映し出すと共に、「モン族が通るべき道は中央にある」という表現には、自分たちのほうが漢民族よりも優位にあることを誇示しようとした意識を見ることができる。タップは、口頭伝承がモン族文化とアイデンティティの維持に重要な役割を担ってきたとし、高度に発達した書記体系と文字文化を持つ漢民族と文字を持たない自分たちとの違いをモン族が絶えず意識していたに違いないと主張する [Tapp 2001: 35]。

　モン族の歴史は漢民族との血みどろの戦いと絶え間ない移動の連続だった [Fadiman 1997: 13]。彼らは漢民族の慣習を取り入れようとせず、自分たちだけで固まって住み、モン族同士で結婚し、固有の言語、伝統的衣装、楽器、宗教を遵守しようとしたとされる [Fadiman 1997: 14]。漢民族は、こうした主流社会と相容れない人々のことを総称して「ミャオ」と呼んだ。

　「ミャオ」の呼び名は、古くは秦朝以前 (pre-Quin) の時代に、中国南西部に居住していた漢民族以外の人々全般を指していた [Culas and Michaud 2004: 2143; G. Y. Lee and Tapp 2010: 4]。「ミャオ」の呼び名の他には「苗民」、「有苗」、「三苗」の呼び名が存在していた。12・13世紀には、「南蛮」という「南に住む野蛮人」の意味

を持つ呼び名も使われていた。現在の「苗族」(Miao-Tseu) の呼び名は、明朝時代になって登場したもので、中国に56ある民族のうちの1つを表す公的名称として使われている [G. Y. Lee and Tapp 2010: 4-5; G. Y. Lee 1996: 2][1]。

中国以外の国々に住むモン族は、「ミャオ」の呼び名に「野蛮人」「いなか者」というような侮辱的なニュアンスが含まれ、発音が猫の鳴き声に似ているという理由から、"Hmong"（モン）の呼び名のほうを好んで用いる傾向がある。しかし、中国内では「ミャオ」の発音が問題にされることはほとんどない。「ミャオ」と"Hmong"の呼び名についてはさまざまな解釈があり、研究者の間で意見の分かれる問題である [G. Y. Lee 2008: 4; Lee and Tapp 2010: 4]。なお、「ミャオ」や「メオ」の呼び名は中国やタイでも用いられているが、"Hmong"（モン）の呼び名も世界的に認識されてきたため、「ミャオ／モン」と併記されることがある。

1-2 中国から東南アジアへ

16世紀に中国に新世界（アメリカ大陸）からトウモロコシとジャガイモが持ち込まれると、中国南部の人口は無秩序に膨れあがった。人口の増加に伴い土地や水などの天然資源が不足するようになると、漢民族とミャオ族の対立が激化した [Lee and Tapp 2010: 4]。漢民族との戦いに敗れたミャオ族は次第に中国南方の地域や山岳地帯に移動していった [Duffy et al 2004: 4; Cooper 1998: 14]。両者の関係がさらに悪化すると、ミャオ族はインドシナ半島に南下して、ベトナムには18世紀初めに、ラオスには18世紀後半から19世紀初めに到達したとされる [Kou Yang 2008: 2; Cooper 1998: 15]。

ラオスは、北に中華人民共和国、西にミャンマー・タイ、東にベトナム、南にカンボジア・タイと国境を接する内陸国で、国土の多くを山岳地帯が占める。人々は居住する地域の高度により、低地ラオ（ラオ・ルム：70%）、丘陵地ラオ族（ラオ・トゥン：20%）、高地ラオ族（ラオ・スーン：10%）に分類される。ラオス政府は、ラオス国籍を持つ者を一様にラオス人と定義しているため、少数民族の数はラオスの公式の人口統計には現れない。

モン族がラオスに移り住んだ頃、ラオスには既に約60の異なるエスニック・

---

[1] ミャオ族のように少数民族として認められると、教育や就業、「1人っ子政策」からの除外などのような優遇措置の恩恵を受けることができる。

グループが住み、80もの異なる言語や方言が用いられていた。その中でも一番大きなエスニック・グループで仏教を信仰するラオ族は、アニミズム信仰のモン族を「侵入者」とみなして差別したとされる［Faderman 1998: 2-3］。モン族が資源の乏しい標高約1000メートルから1500メートル以上の山岳地帯に住むようになったのは、低地に住んでいたラオ族との争いを避けるためだった。また、山に住むことでモン族は、彼らを忌み嫌う他民族との接触を避けることができたとされる。さらに山岳地帯は、低地特有の熱帯性気候から生じる疾病が少なく、灌漑の必要がない焼畑農業や狩猟で生活をしていたモン族にとって移動しやすい実用的な環境だった［Quincy 1988: 72-74］。[2]

　モン族の村はクランを中心とする数世帯から20〜30、多くても50の世帯（家族）ほどで成り立っていた。所有者がいない山あいの土地で、焼畑で土地が痩せてくると数年おきにすべてを取り壊して移動する生活をしてきたモン族は、土地を所有するという概念を持つことがなかったとされる。

　だが、彼らが移住した欧米諸国では、アメリカのように、個人の敷地に他人が理由なく立ち入ることが禁じられており、事情が全く違っていた。2004年にモン族がウィスコンシン州で起こした死傷事件は、土地に対する所有概念が欠落していたために起きたのではないかと論争が巻き起こった。皮肉にも、モン族の存在すら知らなかったアメリカ社会は、この事件をきっかけに彼らの存在を知ることになったのである。[3]

第2節　モン族の人口

　何世紀もの間、移動生活を続けてきたモン族は、近代まで文字を持たなかっ

---

[2] この頃のモン族は焼畑農業でいつも移動を繰り返していたため、永続的な住居を作る概念に乏しかったとされる。簡単に住居を移すことができるように、造りは一時的なものだった。
[3] 2004年にウィスコンシン州の私有地で起きたモン族ハンターによる8人の殺傷事件をきっかけに、モン族社会は全米から注目されると同時に非難を浴びた。他のアジア系民族の中にもモン族と同様にはっきりとした土地の所有概念を持たない人々がいるが、モン族の動向が問題視された一因として、彼らがどこから来たのか、どのような集団なのか知られていなかったことで、余計に社会的不安が広がったと考えられている。なお、ミネソタとウィスコンシン両州では、アジア系バックグラウンドを持つ保全管理官がハンティング初心者向けに法規制について教育活動を行なっている。
http://news.minnesota.publicradio.org/features/2004/11/22_williamsb_hmongreax/（retrieved: July 30, 2010.）

たため人口を把握していなかったとされる。今日、その人口は、東南アジアにおいてはベトナム (約56万人)、ラオス (約32万人)、タイ (約12万人) の人口調査や、西欧諸国に移住したモン族人口からおおよその数を把握することが可能である [T. P. Lee and Pfeifer 2009]。しかし、中国に住むモン族 (ミャオ族) については、どの言語集団をモン族人口として含めるかで数が大きく異なり、中国の研究者と西欧の研究者の見解が異なっているのが現状である [Lemoine 2005: 1-2]。

中華人民共和国の成立後、中国政府は1950年代初めに専門家によるすべての民族グループおよび少数民族を対象に民族識別調査を実施した。その結果、ミャオ族は言語識別区分上、1つの言語集団として認識された。1990年の人口調査では、739万8035人のミャオ族が中国に居住していた。3大人口集中地は、貴州省 (368万6900人)、湖南省 (155万7073人)、そして雲南省 (89万6712人) である[4] [Zhang 1996]。

ミャオ族グループには、
① "Qho Xiong"──西部湖南省の集団
② "Hmub", "Gha Ne", "Hmu"──同じ方言を話す貴州省南東の集団
③ "A Hmao"──貴州省北西部および雲南省北西部の集団
④ "Hmong"──四川省南部、貴州省西部および雲南省南部
の4つの言語集団が含まれる。互いに言葉が通じない集団をひとまとめにした「ミャオ族」は、中国政府が政治的統制上、「創設した民族」と言える。こうした中国の人口調査のあり方にはさまざまな問題点があると、研究者は指摘する [Schein 2000: 70]。

モン族の人口は、ラオスから移住した人口が最も多いアメリカにおいても正しく把握されていない。これは、
①言葉の問題で人口調査のフォームに正しく記入できない家族がいる
②人口調査でエスニシティを問う欄にHmongと書き入れるのは、個人のイニシアティブに任されているため、書き入れてない場合はHmongとして計上されない
③ラオスやタイで暮らした少数民族としての過去の経験から、多くの家族が政府に個人情報を提供したがらない

---

4 諸説の中から、Hmong Cultural Center (St. Paul) が編纂した数字を提示する。

ことによる。こうした理由から、モン族の人口は実際よりも少なく計上されている可能性があるという指摘がある［Txong P. Lee and Peifer 2009］。

　西欧諸国に住むモン族の人口を以下の表に挙げたが、調査の実施方法や記載の仕方が国により異なるため、ここに示した数字より増減が生じる場合がある。

アメリカ合衆国	20万～25万
フランス	1万5000
オーストラリア	1860
カナダ	640
フランス領ギアナ	1800
アルゼンチン	250

西欧諸国のモン族人口

第3節　モン族社会

3-1　個人より集団を優先する社会

　モン族社会は家父長社会を基盤として成り立ち、人々は家族、親族、クランなどを通じて互いに密接に結びついている。かつてモン族は、山に部族単位で住み、狩猟や焼畑農業を行なって自給自足の生活をしていた。土地を転々と移動する不安定な環境にあっても変化することがなかったのは、クランや親族による人の結びつきだった［Lemoine 2008: 11］。漢民族やラオ族などの他民族から排斥を受けながらも、モン族が今日までまとまったエスニック・グループとして存在するのは、クランや親族による人の結びつきに因るところが大きいとされている［G. Y. Lee and Tapp 2010: 8］。

　モン族の生活の大半は、家族が食べる米や作物の栽培に当てられた。人々は、祖先の庇護の下に豊かな収穫が得られるよう、儀礼を行ない、土地の霊に捧げ物をして、豊作を祈った。モン族の慣習や宗教的信念の多くは、自給自足の生活により形作られたとされる［G. Y. Lee and Tapp 2010: 102］。自給自足の生活では、気候の変動に応じて土地を移動する必要があった。集団が一体となって移動する生活では、個人の利益よりも集団全体の利益が優先された。欧米諸国への移住

で、生活形態が自給自足生活から労働で賃金を得る生活に変化しても、集団を優先する意識は今もモン族社会で生き続けている。これは、人々が生まれた時から人間関係が複雑に絡み合う社会に日常的に置かれているためと考えられる。

　自給自足生活において、家長として家族を養う責任を持っていた男性は一般的に家事には関わらず、女性が子どもや老人の世話、家畜の世話などの細々としたことを一手に担っていた。移住後は、男女が家事を分担して行なう家庭もあるが、一般的にモン族社会では、男性と女性では立場や役割に明確な違いが存在する。すなわち、結婚により「他の人の女性」(other people's women)になる女性に比べて、男性は祖先の霊を受け継ぐ者として発言権と決定権を持ち、女性よりも優遇されるのである［G. Y. Lee and Tapp 2010: 192］。

　コーエンは、「人々は自分たちが必要な事物を満たすために、社会的に定められた期待のもとに成り立つ関係に互いに組み入れられる」と述べている［Yehudi A. Cohen 1968: 2］。

　今日、モン族の生活は昔のように生きるために集団の利益を優先しなければならない状況にはないが、コーエンが言うように、モン族社会で定められた決まり事を守らないというような、一族の「面目を潰す」行為が何よりも嫌われる。つまり、モン族社会では、クランの一員である自分が発する言動や行動が、時にクラン全体の名を汚す結果となりうるのである[5]。家族関係や親族関係に対する考えは年齢や性別で異なるが、モン族社会には集団における個人の責任について共通の認識が存在する。すなわち、一個人の言動が集団全体に影響を及ぼす社会にあっては、1人1人が権利と義務の両方を守ることが求められている［Keown-Bomar 2004: 10; Lee and Tapp 2010: 197］。

　集団内の結びつきが強いモン族社会では、困ったことがある場合、家の隣に住む人（アメリカ人など）に頼むよりも、むしろ車で数分の距離に住む親族のところに出かけて助けてもらうほうが良いというように、モン族同士の付き合いが非常に密接である。しかし、モン族同士ではあっても、まず自分のクランやリネージ内の関係が他のクランとのつながりよりも優先される［Koltyk 1998: 61］。

5　筆者が各地で行なったインタビューで、「自分の親・家族・クランの名を汚さない行動をとることを常日頃心がけている」という答えがほぼ全員から得られた。また、たとえばパーティで招待する客の顔ぶれを年長者の意向に沿ったものにすること、自分が何かについて発言する場合にその発言が及ぼす影響を考慮して言動に注意することなど特に気遣いすると述べた人々がいた。

こうした自他の区別を英語の"us and them"の概念でとらえるならば、"us"はモン族を、"them"はモン族以外を指す。さらに、"us"は自分のクラン、"them"はそれ以外のクランを指すと考えられる。この例から、モン族はいつも自分たちと、それとは異なるものを概念上で区別していると言える［Lo 2001: 25-26］。

3-2　家父長社会

　家族はモン族社会において最も重要で一番小さい単位である。次に重要とされるのが拡大家族（extended family）で、これにはおじ、おば、いとこや祖父母が含まれる。儀礼を行なうのは男性だけであり、女性は儀礼を行なうことができない。モン族のリネージは、同じ姓を名乗る父系の男性親族とその家族を核にして成り立つ。リネージの一員には、既知の祖先へ家系を辿ることができる男性子孫のすべてとその妻たち、そして未婚の娘たちが含まれる。同じ父方の祖先（親の霊）を引き継ぐ者が「リネージ」と限定され、妻側の親族はリネージとは区別される。この点が一般的な「親戚」の概念と異なる。

　後述するが、リネージの一員はドアの霊の儀礼や雄牛の霊の儀礼において、手順や使う皿の枚数などが完全に一致しなければならない。たとえば、あるリネージでは生け贄の肉を入れる皿が5枚であるのに対して、別のリネージでは7枚というような違いや、葬儀の折に死者を安置する場所や方法など、さまざまな違いが存在する［G. Y. Lee and Tapp 2010: 194］。

　家族の中では、最も年上の男性が発言力を持ち、家族内の決め事で最終決定権を持つ。一族の儀礼を継承する男性は、未来に血縁をつなぐ者とされる。つまり一族の安泰は、儀礼を執り行なう男性が存在することで永続しうると考えられている。女性は祖先の霊を受け継ぐことができないため、娘だけを持つ家族はこの点において一族に貢献することができない［G. Y. Lee: 1997; Saykao 1997］。それゆえ、男の子が生まれるか否かは家族にとって一大事であり、男の子を授かるまで女性にかかるプレッシャーは大きい[6]。

　5人の娘を持つフレスノに住むジャスミンの元夫（50代）は、息子がいなければ自分の系譜が途絶えてしまうとして、毎年のように東南アジアに出かけ、タ

6　インタビュー：J. Yang（2011年7月25日、フレスノ、List U-17）。

イで自分の娘と同年齢の若い女性と複婚した[7]。これが原因となって2人は離婚した。ジャスミンは州政府関係の職場に勤めていたおかげで安定した収入があり、離婚訴訟を有利に進めることができ、5人の娘の親権も獲得することができた。しかし、この離婚はモン族社会では稀な「女性側の申し立て」によるものだったため、彼女は中傷を受けるなどさまざまな問題に悩まされたという。

　ジャスミンの元夫のように、男子の出生を強く望む男性は多い。息子が生まれるのを待ち望んだチャールズには、12人の娘がいる。彼は息子のいない寂しさを次のように語った。

> 上の娘たちが嫁いで義理の息子たちが家族に加わったことは素直にうれしい。しかし、自分のクランの儀礼をこの家族の誰にも引き継ぐことができないのは悲しい。自分は長男なので特に男の子が生まれなかったことに責任を感じる。
>
> 　　　　　　　　　　　　　（Charles: 60代男性、フランス・パリにて。）[8]

　チャールズとほぼ同年代のトゥアは、7人目にしてやっと息子が生まれた時の気持ちを次のように語った。

> 子ども6人が女の子だったので、やっと息子を授かった時は、あまりに嬉しくて名前をMon Rêve = My Dream（私の夢）とつけた。妻も私もうちに男の子が生まれることをほとんどあきらめかけていたので、とても嬉しかった。これで自分のクランは安泰だと思った。
>
> 　　　　　　　　　　（Toua: 60代男性、フランス・ル・メシュールセンヌにて。）[9]

　トゥアが長男の出生で安堵したように、モン族の伝統的な家父長制度と親族関係は父系クランを優先して成り立つため、男子の出生が不可欠である。モンの人々はたとえば同じクランだというだけで初対面でも便宜をはかるなど、クラン

7　インタビュー：同上。
8　インタビュー：C. V.（2006年8月8日、既出）。
9　インタビュー：T. Yang（2010年2月1日、ル・メシュールセンヌ、List F-9）。

の一員であることでの便益を享受するが、同時に義務も負う。モン族社会が構造的であることは、人々を年齢や性別で分類して表す親族関係に端的に表れる [G. Y. Lee 1986: 10, 15]。これを空間の概念で表すと、次の8つの項目に分類される。
①自分と同年代か、違った年代（年齢ベース）
②直系の親族か、直系でない親族か
③同じ世代内の相対年代
④関係のある人・親戚の性別
⑤当人（話し手）の性別
⑥1人の親族と他の人を結びつける人の性別
⑦血縁家族か婚姻で繋がった人
⑧つながりのある人が生きている、あるいは既に死亡している
に分けられる [G. Y. Lee 1986: 15]。

このように、年齢やその人が直系かあるいは婚姻による親族かの違いが語彙に反映される。女性親族を表す語彙は男性親族のそれと比較して数が少ない [G. Y. Lee 1986: 10]。前述したが、年上の姉妹あるいは年下の姉妹を表現する言葉は、"vivncaus"（ウィンジャウ）だけである。女性は結婚で家を離れると、両親の家に宿る霊の支配から切り離される [G. Y. Lee and Tapp: 2010 164]。結婚すると、たとえ夫と死別や離婚をした場合でも、女性は実家のクランの霊の下には戻ることができない。男の子を産んだ女性は亡くなると、その子を通して夫の祖先の霊に加わり、祖先の1人として祀られる。

空間の概念で考察すると、女性の立場がいかに結婚で変化するかがわかる。実家の霊の支配を離れた女性は、夫の祖先の霊の下、儀礼を共有する"ib tus dab qhuas"（イトゥダクァ）(one ceremonial household) に入る。旧姓である親のクランをミドル・ネームに残すのが一般的であるが（例：Mei Lee Yang）、通常、モン族社会の公的な場では、特に夫側の親族からは、夫の名前をつけて「〜の妻」という表現で呼ばれ、女性を個人の名前で呼ぶことは家族や友人の間だけに限られるという。[10] モン族コミュニティにおいて結婚後の女性の公的な社会空間は、女性の社会的な地位や職業に関係なく、あくまで夫の存在を前提に表されるというのが、筆者

---

10 インタビュー：P. Q. Txiachaheu (2010年2月9日、ショーレ、List F-20)；Gauliyin T. C. Heu (2010年2月9日、ショーレ、List F-25)。

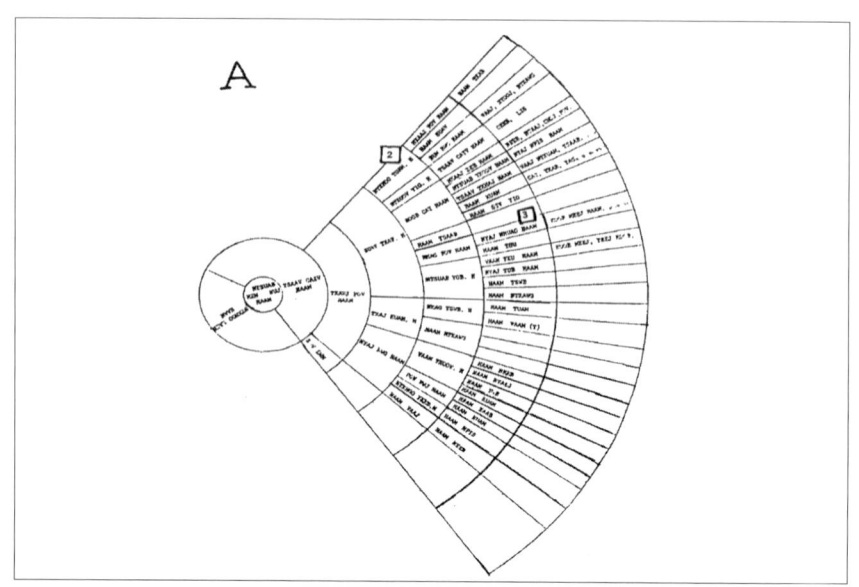

円形チャートで表されたある一家の系譜

のインタビューした3ヵ国のモン族女性から共通して得られた結果である。
　上に挙げる図は、円形チャートに表されたある一家の家譜（家系図）の一部分である[11]。
　中心（遠い祖父）から放射状に広がった円の中に、家系を継承する男性の名前が記されている。この図の作者の名前は、第6世代にあたる（3）に記されている。なお、「・・・」で表されるのは、名前が判別できない男性が他にも数人いることを示し、空欄は現段階では情報がないことを示す。
　家系をつなぐために女性は重要な存在ではあるが、その存在は「木の葉や花」のように結婚により変化するため、木の幹のように強くて生涯けっして変化することのない男性の名前だけが家譜に入れられている [Hang 1986: 37]。これは一例ではあるが、モン族の家父長制度において男性がいかに尊重されるかが、女性（娘）の名前が家譜に記載されないことに表されている。

11　引用元の図の精度が良くないため、図の中に書かれている文字がはっきり表れていないことを断りおく。ここではモン族が家系を表す方法として、こうした図を用いて次の世代に伝えていることを紹介するに留める。

第2章　モン (Hmong) 族

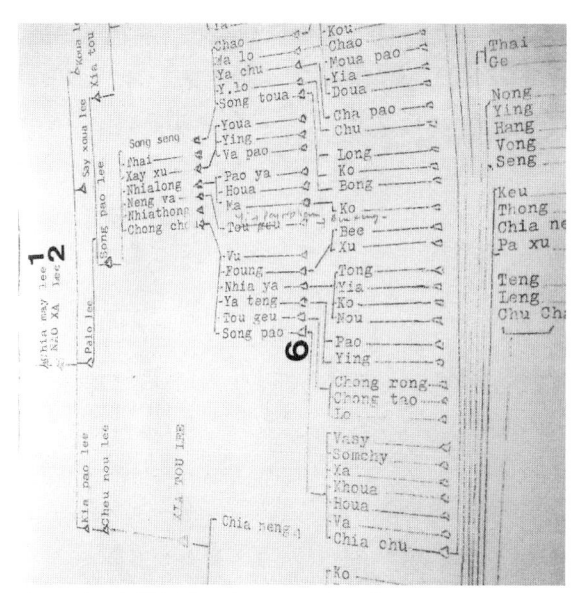

ある一家の家系図（オーストラリア・シドニー）

　上の写真は、ある家の親族関係を1代目から7代目までチャートで表したものである。このようなチャートを有する家庭は多く、儀礼の時などに役割分担を決める時に利用されるという。ここに各人の位置づけが明確に表される。

3-3 "Xeem"(クラン)
セン

　家族とクランには大きな違いがある。家族は離婚や移住などでその構成が柔軟に変化するのに対して、クランは構成が固定していて結びつきは永続する。出生において個人は父方のクランを名乗り終生クランの名前を保持する。クランは固定した永続する結びつきであるが、その一部に変更が生じるのは娘が結婚でクランを離れる時である。モン族社会では、たとえ離婚や移住などで家族がばらばらになっても、クランによる結びつきは不変である。西洋社会では、遠い親類のいとこ関係は実際に機能していないことがあるが、モン族社会ではたとえかなりの遠縁であっても家族の一員として扱われるのである [D. Yang 1993: 23]。

　筆者がこれまでに出会った多くのモンは「クランがなければ生きていけない」

12　インタビュー：A. Lee (2008年3月8日、オーストラリア・シドニー、A-36)。

と語った。人々の大半がモン族コミュニティに住んでいるか日常的にモンと関わりを持ち、クランは生活のほぼすべての活動の中心になっている。たとえば、オーストラリアのブリスベンに住むアヒダ (10代後半) は、モン族以外の友人と遊びに行くよりも、従姉妹たちと過ごすほうが楽しいので、週末はほとんど一緒に過ごしていると語った[13]。フィールド・ワークの結果から、アヒダのようにモン族の友人や親族と過ごすことを好む人々が、国の違いや世代に関係なく、3ヵ国いずれの場所においても確認することができた。

　人々がクランやサブ・クランを通じて共通して抱く思いについてリープリチャは、ギアーツが言う「原初的な愛着」(primordial attachments) の言説を引用し、人々が互いに感じる親近感は、人や社会、また時代により異なるものの、社会的相互作用から生まれるというよりは、むしろ自然な、人により精神的なと言うであろう、親近感から生じる愛着 (attachment) によると述べている。[Leeprecha 2001: 71]。

　モン語の表記方法であるRPAシステムで表される"Xeem"は、"seng"と発音し、クランを意味する。中国語の姓を表す"shing/xing"と音が似ているため、中国語の影響を受けたのではないかと考えられている。センの数やその由来ははっきりせず、いくつかの説が存在する。センはモン族の昔話や神話の中にも登場するが、世代を超えて人々に語り継がれてきたことで、いつしか「本当の話」としてモン族の概念に定着し、人々の考え方や社会的な規範に影響を与えた可能性があるとされる。以下に、センができた由来をモン族の神話から一部紹介する。

> 昔々、雨が降り続いたために地球が洪水に120日間見舞われたことがあった。人間も動物も息絶えた中で助かった兄妹がいた。神の力で洪水は収まったが、2人の他には人間も動物も生存していなかった。(中略) 兄は妹に夫婦になることを提案したが、そのような結婚はできないと妹は断った。しかし兄が催促するので、妹は「山の上からそれぞれが石を投げ、次の日に2個とも揃って山の頂に戻っているならば結婚してもいい」と提案した。
> 　結局、兄は妹をだまして一緒になるが、2人の間に生まれた子どもは

13　インタビュー：A. Hang (2008年3月17日、ブリスベン、List A-14)。

石のように丸く、頭も手足もなかった。神の命令で、子どもはばらばらにされ、家の近くの木々に肉片が結びつけられた。(中略) 次の日には、肉片からいくつも小さな小屋ができてきて、どの小屋にも中に夫婦がいてそれぞれが違う名前を名乗った。こうしてクランは生まれた[Leeprecha 2001: 54; G.Y. Lee 2010: 51]。

　神話にはモン族のクランの成り立ちと、アダムとイブの話のように人類の起源にもたらされた悲劇が描かれ、けっして同じクラン同士で結婚してはならないと戒めている。なぜならば、同じクランを名乗る男女は兄弟姉妹とみなされるからである。クランの確認が重要なのは結婚に限らない。同じクラン名を持つ父方の親族だけが祖先崇拝を行なうことが可能であるため、クランの異なる者はよそのクランの儀礼に関与することはできない。それゆえ、人々は初対面でまずクラン名を尋ね、互いの関係を確認するのである。
　互いの関係を確認するには配偶者や祖父母の親族関係、主要な儀礼のやり方など、年齢や親族関係を基準にして細目を尋ねあう。互いの関係に相応する正しい呼称を使うことが求められるモン族社会では、自分にとって相手が目上にあたるか目下にあたるかを知ることが非常に重要である[Keown-Bomar 2004: 10]。たとえば、ある人が父親の兄であるTong Gerに話しかける場合、"tzee hlaw Tong Ger"と言う。英語の直訳では"old father Tong Ger"となり、自分と相手の関係に加えて、相手が持つ社会的な空間や年齢が呼称に反映される[Ya Cha: 2010: 34-35]。
　人々は、男性対女性、親対子ども、従兄対従姉などの関係において、その時々に置かれた自分の立場や役割を判断する。親族同士の結びつきは、一般に女性親族よりも男性親族同士のほうがはるかに強いとされる[Leepreecha 2001: 63]。先に述べたように、互いの役割や属性をクランやサブ・クランを共有するか否かで確認するのは、先祖代々の霊を共有する人を見分けるためである。なお、直系の同年代の男性親族は、「いとこ」とはみなさず、すべて"kwv tij"（グゥティ）(brothers: 兄弟)の呼び名を用いる。
　一方、直接的なつながりのない異なるクランに属する相手とは、「モン族である」という大きなカテゴリーにおいて、年齢などを基準にその人の立場（社会的空間）を確認する。たとえ面識がなくても同じモン族同士で助けあう慣習が

今も残るのは、モン族同士のつながりを何よりも大事と考えるからである。このため、時には全く見知らぬ訪問者に泊まる場所を提供したり、必要な場合には経済的な援助をすることが求められる。

<u>クラン名</u>

　クランの名前やその数は、研究者により見解が異なりいくつかの説が存在する。以下に代表的な18クランを挙げ、それぞれを英語、ホワイト・モン語、グリーン・モン語で示す。

代表的なクラン名 英語表記	White Hmong (Hmoob Dawb・ ホワイト・モン)	Green Hmong (Hmoob Lees/Hmoob Ntsuab・ グリーン・モン)
① Chang（チャン）	Tsab	Tsaab
② Chue（チュー）	Tswb	Tswb
③ Cheng/Chieng（チェン）	Tsheej	Tsheej
④ Fang（ファン）	Faj	Faaj
⑤ Her（ハー）	Hawj	Hawj
⑥ Hang（ハン）	Ham	Haam
⑦ Khang（カン）	Khab	Khaab
⑧ Kong（コン）	Koo	Koo
⑨ Kue（クー）	Kwm	Kwm
⑩ Lee（リー）	Lis	Lis
⑪ Lor/Lo（ロー）	Lauj	Lauj
⑫ Moua（モア）	Muas	Muas
⑬ Pha（パ）	Phab	Phab
⑭ Thao/Thor（タオ）	Thoj	Thoj
⑮ Vang（ファン）	Vaj	Vaaj
⑯ Vue（ブー）	Vwj	Vwj
⑰ Xiong（ション）	Xyooj	Xyooj
⑱ Yang（ヤン）	Yaj	Yaaj

第2章　モン（Hmong）族

正装した女性（英語雑誌 *18 Xeem* の表紙[14]より）

　1970年代以降になると、複数音節のクラン名が出現する。複数音節のクラン名には、祖父や曾祖父など祖先にあたる人々のファーストネームが加わっている。また、オーストラリアの"Saykao"（サイカオ）というクランは、祖先である"Thao"（タオ）クランと今では全く違う名前になっているが、この2つは同じクランと見なされている。このようにたとえ名称が変わっても、祖先が同じクラン同士の結婚はタブーとされる［Kao-Ly Yang 2002］。

　複数音節のクラン例としては、Lyfoung（リフォン）（Leeクラン：フランス・アメリカ）、Mounoutoua（ムートゥア）（Mouaクラン：フランス・アメリカ）、Mouapacheu（モアパシュ）（Mouaクラン：アメリカ）、Bilatout（ビラトゥー）（Thaoクラン：アメリカ）、Jalao（ジャラオ）（Leeクラン：フランス）、Leepreecha（リープリチャ）（Leeクラン：タイ）、Lobliyao（ロブリヤオ）（Loクラン：ラオス）などがある。

14　英語雑誌、*18 XEEM*（18クラン）は、モン族の啓蒙活動を主眼としてその文化的変遷、歴史、コミュニティの出来事、イベント、音楽やアート、アンケート調査など、毎回特集を組んでモン族に関するさまざまな記事を掲載している。たとえば、クランの現状、モン族の伝統的な民族衣装と現代的な民族衣装、結婚の儀礼の移り変わり、ジェンダー概念・男女間の平等問題など、現代にあってモン族の伝統的なしきたりや慣習はどうあるべきかというような視点で特集記事が組まれている。

3-4 "cum ib tug dabqhuas"（サブ・クラン）

　リープリチャによると、モン語には「サブ・クラン」を表す語はなく、「グループ」（cum）と「儀礼のグループ」（tug dabquas）という互換性のある2つの語を合わせて表している［Leeprecha 2001: 61］。ただし、同じクランに属していても、現代においては祖先との詳細な繋がりをさかのぼることが困難な場合がある。そのため、クラン名だけでなく儀礼の執り行ない方でサブ・クランを問うのが一般的な識別方法になっている。

　モン族社会には多くの儀礼があるが、次に挙げる4つの方法を問うことで、祖先にさかのぼって同じクランに属するか否かを知ることができる。

①ドアの霊の儀礼（dab qhov rooj : the door spirit ritual）
②雄牛の霊の儀礼（nyujdab: the ox spirit ritual）
③葬儀（kev pamtuag: the funeral ritual）
④墓の様式（tojntxa: the type of grave）

　ドアの霊の儀礼と雄牛の霊の儀礼では、生け贄に捧げるものを入れる椀の数と貢ぎ物の数でサブ・クランを区別する。これまでに述べたように、この他、供物の置き方や使用する皿の枚数（5枚・7枚・9枚）などの儀礼の細目が一致した場合に、同じサブ・クランに属するとみなされる［Leeprecha 2001: 61-62］。

　互いが同じクラン名である場合は、このような細目まで普通は確認を必要としないが、異なるクランの場合はそれぞれの妻の出身クランを尋ね、妻の出身クランにおいても共通の親族関係が見出せない場合は、誰かモン族の知り合いがいないか互いの関係性を探り、年代を基準におじ、おば、兄、姉にあたるふさわしい呼称をつけて話をすることが求められる。

3-5 親族関係

　クランに基づく親族関係はモン族社会の基盤である。この基盤をもとに社会的、政治的、経済的な関係が結婚を通して人々を結びつける。モン族社会では住む場所、家や車の購入、病気の時、子どもの学校などさまざまな事柄が親族関係の絆で決定されることが多い。このように、難民になった人々にとって人の絆は重要である。なぜならば、人がなぜ移動するのか、また再定住先の居心地をどう感じるかは、しばしば人のつながり方に影響されると言えるからであ

る［Keown-Bomar 2004: 19］。

　アメリカに移住したモン族は当初、全米各州に分散して受け入れられた。そのため、多くが家族や親族でまとまって1ヵ所に住むことができなくなり、親族関係が分断されることになった。後に、最初に指定された居住地から親族が多く集まる地域に移動する国内移動が数次にわたり発生した。その結果、カリフォルニア州のフレスノ、ミネソタ州のセントポールに大きなモン族コミュニティが形成された。人々は親族関係のネットワークの中にいることで、1人1人が良き存在であるべく、権利と義務の両方を持つ。個人の役割は年齢や性別などの変数に影響されるが、人とのつながり方や、そのつながりが個人として、またモン族社会においてどのような意味を持つかは共通の認識として人々に共有されている。

　前述したが、父系の系譜をたどるリネージは、婚姻による親族と区別される。つまり、モン族社会で言う「親族」は、父方の血縁でつながる親族集団だけを指す。ゆえに、父親が亡くなり母親が再婚した場合でも、子どもは血縁でつながった親族集団の成員であり続ける［Keown-Bomar 2004: 10］。

　クランやサブ・クランのカテゴリーがリネージよりも包括的な概念で用いられるのに対し、リネージによるつながりはより厳密な意味を持つ。それは、互いがリネージでつながる間柄なのか否かにより、祖先の霊（koom ib tug dabqhuas）を崇拝する儀礼を共有できるかが決定されるからである。つまり、「兄弟集団」（ib cuab kwv tij）で成り立つリネージは、厳密に同じ祖先を共有する者だけを指す。

　同じ祖先を共有するか否かは、非常時においても厳密に守られている。たとえば、家には祖先の霊が宿っていると信じられているため、同じリネージのメンバーが他からやってきて、万が一訪問先の家で死亡した場合は、その家から葬儀を出すことが可能である。しかし、リネージのメンバーでない、単に同じクランやサブ・クランのメンバーが亡くなった場合は、通常とは異なる対応が求められとむらうことができない。

　また、モン族は死者の霊が祖先のもとに戻ると信じているため、よその祖先の霊に守られているリネージの異なる人がある人の家で病気になった場合、病人であってもそこに居続けることはできず、自分のリネージの家に移動しなけ

ればならない。この原則は、子どもの誕生の時にも当てはまり、出産は父親のリネージのメンバーの家か、子どもの両親の家で行なわれなければならない[G. Y. Lee and Tapp 2010: 195]。

　互いが血縁関係にあるか否かは重要な意味を持つと述べてきたが、人間関係は血縁関係と婚姻関係の両方から確認される。前述したが、個人がどのような社会的空間を相手との間に持つか、つまり、相手と自分の位置づけを知ることが必須とされる[Keown-Bomar 10-11]。それは、互いのつながり方で儀礼などにおいて取るべき行動や役割、呼称に代表される相手への配慮の仕方が決定されるからである。

　リネージのつながりよりも柔軟な関係ではあるが、同じクランを名乗る者同士はどの土地においても互いに助けあうことがモン族社会では義務づけられている。つまり、クラン名は識別票の役割を持つと言える。たとえばモン族は「世界中どこへ行っても、泊まる所に困らない」とされる。全く面識のない人から突然の電話で家に泊めてほしいと頼まれた場合でも同様である。まず電話口で互いの関係を確認しあい、たとえ互いの関係がうまく確認できなくても、特に同じクランの人であれば通常は頼みを断ることがないという。また、モン族の数が少ない土地では、「モン族」であることを共通項によそから来たモンを迎え入れるという。実際、空港に着いてから電話帳を見て自分のクランや関係の深いクランを探し出して電話をかけてくる人もいるという。このような習わしは次のような日常生活の一コマにも表れる。

　　　旅行で大都市に泊まった時、事前に親族に連絡していなかったので、ホテルに泊まったが、人づてにそのことを知った親族に後からひどく責められた。次の日の朝が早かったので迷惑をかけたくなかったし、効率を考えてとった行動だった。それからは、ホテルに宿泊する場合は、敢えてモンの誰にも会わないようにしている。

　　　　　　　　　　　　　　　（Kou: 50代男性、アメリカ・ターロックにて）

15　G. Yia Lee. "The Relationship of the Hmong."
http://www.hmongnet.org/hmong-au/lineage.htm（retrieved: January 10, 2010.）
16　インタビュー：K. Yang（2010年3月7日、ターロック、List U-1）。

配偶者がモン族でない場合、これはたいていの場合女性であるが、見ず知らずの人が突然現れて家に泊まることに少なからず抵抗感を感じ、時に騒動に発展することがあるという。

> 中国人のジャネットは、噂で聞いていた「Hmongであれば知らない人でも家に泊める」ことを結婚間もない頃に体験した。たった1本の電話で夫が空港まで迎えに出向いて家に連れてきた男性は、夫の母親の親族にあたる人で、タイから到着したばかりで両替もしていなかった。夫が当座に必要な少額の現金を男性に手渡すのを見て正直驚いた。金額はたいしたものではないにせよ、見ず知らずの人間を家に入れ、家族同様に扱うことに抵抗感が非常にあった。
> （Janet: 40代女性、オーストラリア・キャンベラにて）[17]

クーやジャネットの話から、モン族同士のつながりがいかに尊重されるかがわかる。見知らぬ人をもてなすことはホスピタリティの表れではあるが、クランの面子や評判を気にかけながら対応しなければならないことも現実にはある。人のネットワークが緊密であるがゆえに、対応を誤るとあっという間に悪い噂が広まるために対応が難しいという。

一般的にモン族は大家族で、平均して5人から7人の子どもを持つ家庭が多い。一夫多妻は欧米のほとんどの国で法律で禁止されているが、移住後もモン族社会では婚外に複数の妻を持つ男性がいる。乳児死亡率が高かったラオスでは、農作業の労働力を確保するために大勢の子どもがいる家庭が一般的だったが、欧米のモン族が今でも婚外婚をする最大の理由は男の子の出生を望むためである。現代ではこうした慣習が少しずつ変化してきているが、モン族社会では、女の子よりも男の子が圧倒的に望まれる。なぜならば、祖先の霊を受け継ぐことができない女の子は、いずれ結婚して家を離れ、霊的にはけっして実家のクランに戻ることが許されないからである。また、前述したが、女性は婚家で男の子を産むことで死後にその家の祖先の1人として祀られるが、男の子

---

[17] インタビュー：J. Lee（2008年3月10日、キャンベラ、List A-34）。

を産まない女性は「行き場のない霊」になるという。それゆえ、息子のいない女性が夫と死別すると、霊的な行き場を確保するために再婚する慣習がモン族社会には残る。

　男性には儀礼を執り行ない、労働力を提供し、跡継ぎの男の子を得ること、老いた両親の世話をすることなどが求められる。跡継ぎをもうけることがこれほどまでに重要であるため、男の子が生まれるまで出産を繰り返し、いつの間にか大家族になるケースが今でもある[18]。

　モン族社会には、先祖とこの世に生きる人々は血縁を通じて結びつき、儀礼を通して親族集団の維持・結束を図り、モン族の慣習を次世代に伝えることを最大の関心事ととらえる人々が、今も多数存在する。親族関係が人々の日常生活に密接に結びついていることは、筆者がこれまでに出会ったモン族の多くが、国の違いや老若男女を問わずに「モンとして生きること」、「モン以外の友人よりも、親戚の人と出かけて一緒に時間を過ごすほうがいい」と述べたことからも示されよう。

　モン語が流暢でなく、煩雑な儀礼について簡略化や廃止を望むモンの若者が増えている一方で、Hmongとしてのアイデンティティを持つプロセスは人によって異なるものの、総じて、家族やモン族社会の利益に鑑みて自分が何者であるか、どうあらねばならないかと考える人々が非常に多い [Keown-Bomar 2004: 148-149]。モン族の親族関係は、「モンとして」の生き方 (Hmongness) に深く結びつき、世帯、リネージ、クラン、サブ・クランなどのカテゴリー別に定められている儀礼を通して、人々をつないでいると言える [G. Y. Lee 1997; Kao-Ly Yang 2001]。

まとめ

　モン族は文字を持たず史実を残していないためにその起源が曖昧である。しかしモン族の民話や中国の歴史の中に彼らについての記載があることや、モン

---

[18] 事例に挙げたパリに住むチャールズ夫婦も、男子が誕生することを望んで子だくさんになったという。

ある年のミス・モンコンテスト優勝者（英語雑誌 18 Xeem の表紙より。）

族文化に漢文化の影響が残っていることから、その起源は中国にあると考えられている。

　モン族は漢民族に同化しようとせず抵抗を続けたため、平地を追われ次第に中国南部の山岳地帯に移動したが、絶え間なく続く漢民族の弾圧から逃れるために更に南下を続けてインドシナ半島に到達した。ラオスでは低地に住むラオ族との諍いを避けるため、山岳地帯にクランを中心に住み、焼畑農業や狩猟で生活していた。

　モン族の人口については、その起源と同様にさまざまな説が存在する。800万人近いミャオ族人口を有する中国においては、言語の異なる3つのグループが「ミャオ族」として政策上分類されている。また、「ミャオ」か、世界的に用いられている"Hmong"の呼び名のどちらを用いるべきかについても、意見の分かれるところである。

　モン族社会は父系親族優先の家父長社会を基盤に成り立ち、アニミズム信仰に基づく儀礼を通して人々は血縁で結びつく。モン族社会における親族概念は、同じ父方の祖先の霊を引き継ぐリネージでつながる者だけを指すため、婚姻に

よる妻側の親族は、モン族の言うところの「親族」とはみなされない。
　同じ儀礼を共有できるか否かは、祖先の霊を引き継ぐ者同士かで決まるため、互いの関係をクランやサブ・クランなどの分類で確認することが非常に重要視される。人々は生まれた時からクランの成員として集団の中で位置づけされ、血縁を通じて互いが結びつく親族関係の中で規範に沿った生き方を求められる。

第3章
Hmongness (Hmoob kev sib hlub)
モンゲシフルー

　モン族のアイデンティティを表すとされる"Hmongness"という概念は、人々の考え方や生き方に深く根付いている。たとえば、モン族社会の規範は、人々にHmongnessに沿った生活をすることで「モンらしく」生きることを求めている。この章では、第1節においてHmongnessが何を意味するかを検討し、第2節と第3節においてHmongnessが概念としてだけではなく、目に見える形でモン族に共有されていることを、"paj ntaub"と呼ばれる布、ビデオテープ・DVD、"noj peb caug"(新年の祝い)を通して考察し、現代において「モンであること」がどのようにとらえられているかを考察する。

第1節 Hmongness ("To be Hmong")

　これまでに述べてきたように、モン族は中国では漢民族の文化を取り入れずに固有の慣習や宗教を守り、他民族との結婚を避け、モン語を使い、モンの衣装を身につけるという生き方を貫こうとしたため、漢民族に追われてやがては中国南部の山岳地帯に居住するようになった。その後モン族は更にインドシナ半島を南下してラオス、ベトナム、タイへ移動したが、中国にいる時と同じように他の民族とは距離を置いた生活を送った [Hillmer 2010: 15]。今日、モン族が際だって同質なエスニック・グループとして言語や慣習を維持することができたのは、クランとリネージによる強い結束と、他民族からの干渉や影響を受けることが少ない生活形態を続けたことによると考えられている [Fadiman 1997: 14-15, 208]。

　しかし、欧米諸国に移住後のモン族の生活は、主流社会の影響を受けラオスにいた頃とは様変わりしている。中国系や日系移民と同様に、族外婚は増加の

傾向にあるが、今もモン族同士の結婚を望む傾向が強い。そのおかげで、複雑な結婚の手続きを経て婚資（bride price）を交わし、大家族を持つという昔からの慣習が移住後も受け継がれている。

　こうしたモン族の密接なつながりを見ることができるのは、儀礼の場である。筆者が参列したフランスのパリ郊外で行なわれた結婚式には、1000人を超す人々が世界中から集まり、離れて暮らす家族や親族との再会を明け方まで楽しんだ。また、アメリカのセントポールで行なわれた4日間にわたる葬儀は、24時間一般公開され、真夜中でも弔問に訪れる人々の車で葬儀場の駐車場が満杯になるほど、アメリカ国内のみならず世界各地から多くの弔問客が訪れていた。

　このような機会に葬儀に参列した人々に、筆者は伝統的なモン族の葬儀について意見を聞く機会があった[1]。最も多く聞かれたのは、「葬儀はモンとしての生き方を表す集大成であり最も重要な儀礼ではあるが、今の社会のスピードに合わせて、現在行なわれている数日間にわたる長い葬儀を短縮する必要があるのではないか」という意見だった。

　こうしたモン族が大勢集まる場において、筆者が観察した限りではあるが、欧米人の姿を目にすることは少なく、大多数をモン族が占めている。また、人々が"Hmongnes"や"Being Hmong"という表現で、「モンであること」の大切さを表現し、「モン」であることで家族や親族、モンの友達と楽しい時も苦しい時も過ごすことができると語っていたことが印象的だった。

　なぜ人々は「モンであること」を普段から意識するのだろうか。モン族リーダーの1人であるサイカオは、Hmongnessは「モンがモンであるために」必須の要素であり、英語の"care, respect and relationship"の3つのキーワードに凝縮されると主張する。3つのキーワードには、生涯を通じて家族、クラン、親族、そして世界中に散らばるモン族と関わり合う上で果たすべき役割が示されているという。サイカオはHmongnessを

①家族と親族を大切にし世話をすること
②亡くなった家族を大切にすること
③これから生まれてくる人々を大切にし、将来生まれる人々に負の遺産を残さぬよう努めること

1　Sai Yangの葬儀にて（2009年7月19日、アメリカ・セントポール）。

④尊敬の念を持つことが家族のあり方に不可欠な要素であるとし、年上から物事を教えてもらい、良い点を自分のものにし、自分より先に行く者を越えるようたゆまず努力すること

⑤クラン・システムと世界に広がるモンのネットワークを守ることは、個人の幸福に不可欠であると同時に、クランとコミュニティ全体の幸福につながるという、5つの項目を挙げて説明している [Saykao 2002:]。

　それでは概念上のHmongnessはどのように表されるのだろうか。フォーク（C. Falk）によると、モン語には他の人びとにはわからない、モン族だけが理解できる意味合いが含有されているという [Falk 1994: 19-24]。また、サイカオはモン語にはモンの世界観や文化が包含されているとし、「本来のモン」として役目を果たすには、モン語を正しく理解できていなければならないと、モン語の重要性を強調する。だが、若い世代の中には、英語やフランス語に秀でるほうが将来的に有利になるとして、モン語の習得に意欲を示さない人々が増えている。このため特にモンのコミュニティの外に住んでいて、子どもが日常的にモン語に接する環境にない家庭の親たちは、自分の子どもの世代でモン語が消失するのではないかと不安を抱き、この状態が更に進むとクラン・システムに基づくモン族社会さえも崩れかねないと心配する。親世代はモン語の未来を心配するが、特にアメリカでは、筆者がインタビューした若者の多くが、Hmongnessは自分のアイデンティティを表す言葉であるととらえ、他の言語ではHmongnessの本当の意味を表すことが難しいと、モン語を維持し前向きに次の世代に伝えることに意欲を示した。[2]

　人が持つ概念の違いを外面から判別することは難しい。しかしタイ北部のモン族を研究するトムフォードは、モン族の歩き方や動作に他のグループとは違う点を見出すことが可能であると主張する [Tomforde 2006: 240-241]。ある日彼女はモン族のインフォーマントの1人から、タイのチェンマイの町中で歩く人々が、モンかモンでないかを服装に関係なく、見分けることができるという話を聞いた。それが彼女がモン族の動きに興味を抱くきっかけになった。インフォーマントたちによると、モンは歩く時に「まっすぐな姿勢でゆっくりと、きどった動き」をするので、群衆の中からでもモンを見つけることができるという。

2　2008年3月にオーストラリア、2010年2月にフランスで行なったインタビューから。

モン族がこのような特別の動きをすると一般化はできないが、ステレオタイプ的に他の人の目に映し出されることで、集団の結束が強まり自己認識が強くなるとトムフォードは主張する。タイのように多くのエスニック・グループが住む土地では、人々は内在的にステレオタイプで自分たちと他の集団を対比させているという。つまり、モン族のエスニック・プライドが、Hmongnessとして体の動きに映し出されることで、自集団と他集団が差別化され、体の動きに表されるような「違い」を表現することで集団の結束性が高まるとしている [Tomforde 2006: 240-241]。集団の結束性を意識すると同時に、モン族以外の一般の人々にモンの「正しい」イメージを持ってもらいたい、そしてそのイメージに沿った生活をしたいという姿勢が欧米のモン族コミュニティに強くある [G. Y. Lee 1996: 1]。

　Hmongnessはモン族の伝統的な生き方を表すバロメーターとすることが可能であると筆者は考える。伝統的な生き方を守るか、あるいはこれまでとは違う要素を加えて「ハイブリッドな伝統」として維持するかは個人レベルの問題にとどまらず、時に集団レベルの問題に発展することがある。たとえば、新年の祝いでミス・モン・コンテストを開催するか否かで、コミュニティが分裂したケースがこれにあたる。古来の新年の祝い方を尊重する人々は、美人コンテストやコンサートなどの娯楽性のある催し物は本来の新年の祝いにそぐわないと、プログラムに加えることに異議を唱えた。また、葬儀において伝統にそったモン族の儀礼を続けている人々は、クリスチャンの葬儀では竹で作られた楽器（ケーン）[3]の演奏が省かれるため、「ケーンの先導なしにはモンがあの世に正しくたどり着くことができない」と、伝統的な葬儀を行なわずに死者を送り出すクリスチャンを批判する。

　こうした批判が出る背景には、Hmongnessには、複雑に絡み合う意味があり、「モンであること」をどのようにとらえるかで対応が違ってくるということがある。ラオスに住んでいた頃は、集団の長が決めたことに集団の成員は全員で従うきまりだった。しかし、個人の行動や意思を重んじる西欧社会にあって、

3　ケーン（Qeej）はラオスや東北タイの楽器「ケーン」に似るが、モンは中国にいた頃からこの楽器を使用していたという。当時の名称はルーシエン（Lusheng）だったが、現在はケーンと呼ばれる。なぜケーンと呼ばれるようになったのかは不明。

モン族の伝統的慣習を守り続けることは、さまざまな不協和音を生み出しモン族社会に亀裂を呼んでいることも事実である。この点については続く章で更に考察することにする。

第2節　共有されるHmongness

　古くからモン族の家庭内で作られていたパ・ンダウが、タイの難民キャンプで商業用に生産されるようになった経緯については既に第1章で論じた。この節では、パ・ンダウなどの刺繍製品、銀製アクセサリー、DVDの4つの媒体を通じてモン族のアイデンティティがどのように人々に共有されているかを考察する。

2-1　パ・ンダウ（フラワー・クロスとストーリー・クロス）

　さまざまな土地を移動しながら生きてきたモン族には、芸術や娯楽は贅沢にあたり、農作業で忙しくそれに時間を割く余裕はなかった。そのためモン族の芸術は、西欧社会の芸術とは極めて異なる役割を担っていた。モン族の文化、儀礼、歴史的な事実は、昔話などの口頭伝承や織物などに紡がれて代々伝えられてきた。モン族の織物芸術は、刺繍、アップリケ、リバース・アップリケ、バティークなどの技巧を用いて表現される。特に刺繍はモン族文化において極めて重要な存在であり、西欧諸国に移住する以前は衣類の一部に使われるなど、日常生活に欠かせないものだった［Y. P. Cha 2010: 166, 171］。

　パ・ンダウはクランやサブ・クラン、出身地を識別する役割を持ち、モン族の文化や言語、アイデンティティを表象する主たる媒体として代々受け継がれてきた［Livo and Cha 1991: 11］。子どもの誕生や結婚などの儀礼において人々は、手の込んだ手縫いの四角形の布を互いに贈りあう。こうして、四角形の布を何枚か縫い合わせたパ・ンダウができあがる。

4　慣習やコミュニティのリーダー権をめぐって、対立するグループが生まれている。（2008年3月にMelbourneとBrisbaneで行なったインタビューから）
5　表地を切りながらアップリケをする技法。

ホワイト・モンのスカート

　パ・ンダウがモン族の民族的自立を示す象徴でもあったことは現在も昔話に残る。それによると、モン族の制圧を目指した漢民族がモン語の読み書きを禁じた折に、ある女性が自分のスカートのひだの中にモン語のアルファベットを隠したという。現在も女性が着用する細かいプリーツが一面に入ったスカートは、入り組んだパターン刺繍やアップリケ、バティークで飾られている。それゆえ、この言い伝えは文脈上実際に起きえた話だとされている［Craig 2010: 5］。
　文字の読み書きができなかったモン族は、歴史や昔話を刺繍で伝えてきたとされる。伝統的な刺繍のデザインは、次ページの写真で示したように、自然に由来するものが多く、それぞれに特別な意味があった。刺繍はシャツの袖やスカート、しょいこなどに縫い付けられた。[6]
　狭義の言語学的定義では、刺繍はアルファベットには相当しないが、パ・ンダウはモン族同士が共有する視覚言語（visual language）として重要な機能を持っている［Craig 2010: 5］。

6　Bow Lee. "The Threads of Life: Preserving the Hmong Culture." http://my-ecoach.com/modules/custombuilder/popup_printable.php?id=17531（retrieved: June 5, 2012）

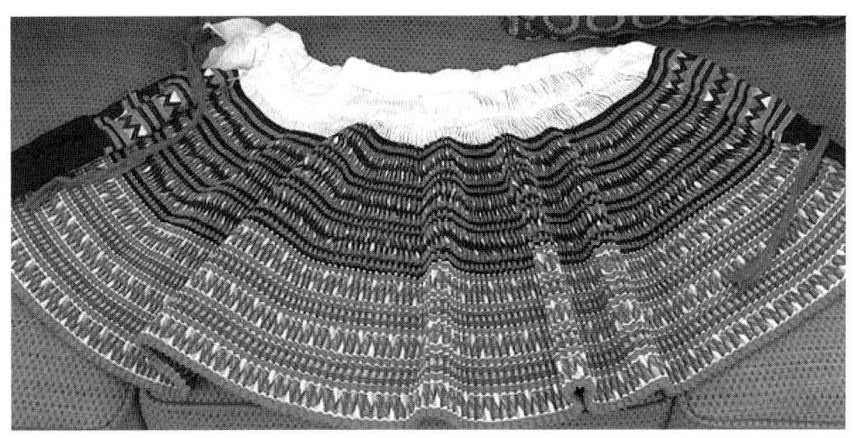

第3章　Hmongness（Hmoob kev sib hlub） 107

グリーン・モンのスカート

織物やジュエリーに使われるデザイン
家畜や動植物などの身近な生き物がデザインに多く使用されている。

鳥の翼をデザインしたパ・ンダウ　　　　　　花と孔雀の目をデザインしたパ・ンダウ

　中国南西部、ラオス、タイ、ベトナムやミャンマーなどの山岳地帯に見られる伝統的なパ・ンダウは、ほぼすべてが衣装の形態をとる。焼畑農業を行ないながらの半遊牧的な生活では、伝統的な衣装と銀のアクセサリーが主たる文化的財産だった。衣装は儀礼やアイデンティティを示す上で重要な役割を持ってきた。
　モン族が伝統的な衣装を着る理由としてクレイグは、
①自分がモンであることを明らかにするため
②祝いの場（特に新年の祝い）において一家の富を誇示するため
③死後に霊界へ導かれる準備をするため[7]
の3項目を挙げている［Craig 2010: 5］。死後に必要になる布を用意するのは、一家の嫁の仕事だった。嫁は嫁いだ家の両親や義理の兄弟姉妹のために、いつの日にか必要になる死装束用の布を織るきまりになっていた。布は埋葬時に使われ、亡骸は美しい装飾品と共に葬られることになる［Craig 2010: 5］。
　死者を追悼する時や子どもの誕生を祝う時には、針仕事の中でも最も上質な物が作られた。追悼におけるこうした針仕事は、残された人々の心を慰め、死者が来世でモンとして認められることを約束するものと考えられている［Livo and Cha 1991:10］。

7　葬儀で死者が着用する帽子や上着、枕のような品々は、あの世で死者を霊的に守るとされている。

第3章　Hmongness（Hmoob kev sib hlub） 109

家の戸口で刺繍の練習をする少女（ラオス・シエンクアーン）

　西欧諸国に移住してからは、子どもたちは男女の区別なく学校に通うようになったが、以前は女の子は学校に行かず、小さい頃から家で刺繍や裁縫を習うきまりだった。これは伝統的に女性は結婚し、夫や子どもたちのために「継ぎはぎや洗濯」をする役割があるとする考えからから生まれている。女性の能力は刺繍や裁縫の出来映えで評価され、一家の富は新年の祝いで娘が身につける衣装や宝石類に反映された。男性が結婚相手の女性に求めた最も大事な能力の1つが刺繍や裁縫に長けていたことだった。つまり、刺繍や裁縫が得意な女性は、それが苦手な女性よりも結婚において高く評価されていたのである［Craig 2010: 6; Livo and Cha 1991: 10; G. Y. Lee and Tapp 2010: 104］。
　女性は5歳頃から母親の手ほどきで針を持ち始め、家の手伝いの合間に刺繍の練習に励み、年齢が高くなるにつれ、麻の栽培、アップリケ、藍染めや裁縫など、より高度な技術を身につけていった。モン族の刺繍文化はこのような慣習が下支えになって何百年もの間続いてきたのである［Craig 2010: 6; Y. P. Cha: 171］。
　パ・ンダウは、フラワー・クロス（flower cloth/paj ntaub Hmoob）とストーリー・

8　インタビュー：G. T. C. Heu（2010年2月9日、既出）。

写真と同じような情景をモン族女性の多くが共有する[9]。(ラオス・シエンクアーン)

クロス (story cloth/paj ntaub America パンダウ アメリカ) の 2 種類に大別できる。フラワー・クロスはホワイト・モンやグリーン・モンなどの女性が身につける伝統的なスカートに代表され、モン族の生活や歴史を描いたストーリー・クロスは商業目的で難民キャンプにいた頃から作られ始めた [Long 1993: 85-86]。

　フラワー・クロスは、1965年以前は主として衣装を装飾する目的で作られ、通常は綿布に1インチほどの非常に細い針を使って刺繍が施された。主要な色は、家庭で栽培されていた藍を染め粉に使った濃い藍色だった。戦争の時期は、パラシュートの素材や、アメリカのGI兵が使っていた寝袋の生地も用いられたという。インドからの輸入織物やタイの低地から入ってきた布が出回るようになると、赤、ピンク、青、緑などの明るい色調のものが多く見られるようになった [Livo and Dia 1991: 11]。

　一方、ストーリー・クロスは、それまでのように主に衣服を飾るパッチワークだけではなく、壁を飾るタペストリーやベッドカバーにも仕立てられるようになった。ストーリー・クロスにはモン族が集団で経験した苦悩が針と糸で縫い込まれ、人々が戦争で味わったつらい思いが社会的記憶として共有され、「モ

ンとして」どう生きてきたのか、これからどうあらねばならないかというメッセージを発している [Paterson 1988: 14]。これが「ストーリー・クロス」と呼ばれる由縁である。ストーリー・クロスの中には、アメリカ人を意識して布の端にアメリカの国旗を描いたものや、兵士の襲撃から逃げる人々がメコン川を渡り難民キャンプに到達する様子を描いたものなど、西洋人好みの色や図柄が多く見られるようになった [Koltyk 1998: 122; Paterson 1988: 11]。

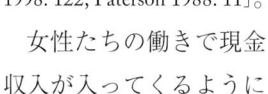

女性たちの働きで現金収入が入ってくるように

ラオスからの逃避行を描いたストーリー・クロス

なると、無為に日々を過ごしていた男性たちもストーリー・クロス作りに加わるようになった。当時、大半の女性は学校に行ったことがなかったため、鉛筆の使い方を知らなかった。そこで男性が鉛筆で布に下絵を描き、女性が刺繍をしていくという男女による共同作業が行なわれた。

バンビナイ・キャンプからアメリカに移住し、カリフォルニアに住んだある女性は、パターソン（S. Paterson）のインタビューに応えて、当時の共同作業を振り返った。

　　　私は学校に行ったことがなかったので、鉛筆の握り方も知らなかった。
　　　それで兄に私が何を描きたいかを言って、兄が絵を描き、私が刺繍する

サンデー・マーケットでは、ラオスやタイから輸入されたさまざまな衣類や装飾品が売られている。フレスノ最大のオープン・マーケットのモン族の商店スペースでは、ほぼモン語だけでやりとりが行なわれている。(アメリカ・フレスノ)

の。そうやって兄と私は一緒に働いてこの1枚を作ったの。

[Paterson 1988: 8]

　手作りの品が均一な品質で生産されるよう、難民救済機関のスタッフなどの協力によりストーリー・クロス制作者のネットワークが作られた [Cohen 2000: 13]。また、ストーリー・クロスだけではなく、西欧諸国のマーケットニーズを満たす財布やコースター、メガネケースなどの単価が安い品々が次第に生産されるようになった。

　バンビナイ・キャンプから大量の製品がタイに送られ、バンコクを中心に販売された。また、アメリカやフランスなどに親族がいる人々は製品を送ってその販売を依頼した。こうしてバンビナイ・キャンプで作られた品々は、タイに残るモン族とアメリカ、オーストラリア、ヨーロッパのモン族を経済的に結ぶ架け橋となった [Paterson 1988: 7]。

　アメリカのウィスコンシン州のモン族コミュニティに住む女性も、このよう

第3章 Hmongness（Hmoob kev sib hlub） 113

生地を並べたテーブルの横にハーブや薬草類が並ぶ。（アメリカ・フレスノ）

な経済的な架け橋になった1人である。彼女はアメリカで売り物になるようなパ・ンダウやストーリー・クロス類を、夫の親族が住むタイから送ってもらい商売を始めた。だが、ストーリー・クロスを購入するのは一般的にモン族ではない人々だけである。利益が出ると、少なくともその半分はタイの難民キャンプなどに残る親族の支援に当てられるという［Koltyk 1998: 97］。

　ストーリー・クロスの販売について調査したドネリーは、商売自体は女性が主体となって行なうものの、製品や販売代金は父方親族のネットワークの中で動いていると結論づけている［Donnelly 1994: 111-112］。パ・ンダウやストーリー・クロスが移住先の国々とタイに住むモン族の親族ネットワークの中で「商品」として行き来することで、人々をHmongnessでつなぐ媒体としての役割を果たしているのである。

　パ・ンダウやストーリー・クロスは、モン族コミュニティに必ず存在するモン・マーケットや食料品店などでも販売されている。モン族をターゲットにタイから送られてくる製品には、新年の祝いに着るスカート、ジャケット、帽子、ビーズで飾ったエプロン、銀製のネックレス、イヤリングなどや、日常的にモン

族が使う乳児用のしょいこ、お守り類、葬式用品やハーブなどが含まれる［Koltyk 1998: 97-99］。アメリカ・セントポールにあるHmong ABC Storeは、モン族関連の書籍、ラオスのDVD／CD、民族衣装、パ・ンダウなどの刺繍製品の品揃えが全米一であることで知られている。

2-2 銀細工

　銀は一族の富を示すと同時に象徴的な意味合いを持つとされる。モン族の銀細工の中で特に有名なのはネックレスだが、その中には鍵の形の「ロック・ペンダント」が付いたものがある。モン族の民話には、漢民族が奴隷たちを識別するために大きな円形状の鍵を首に付けることを強制したという話が残っている。ロック・ペンダントのネックレスはその

着用されているネックレスは純銀製であるため、重量がかなりある。背面中央にロック・ペンダントが見える。（フランス・オビニーシュールネール）

ロック・ペンダント

アルミ製のネックレス
（ラオス・ルアンパバーン）

第3章　Hmongness（Hmoob kev sib hlub）

時のつらい記憶をモチーフにしたと言われている。

　また、霊を呼ぶ儀礼において、ネックレスを身に付けている人の霊を体内に「閉じ込める」ために鍵の付いたネックレスが使われたという説もある［Livo and Cha 1991: 9］。

　現在販売されているネックレスは大半がアルミ製である。銀ではなくアルミ素材に変わった理由の1つは、当時タイには充分な銀が流通していなかったからである［Lo 2001: 83］。また、銀の装飾品は身に付けるには重く、価格が高いこともあって、若い人々は特に軽いネックレスを求める傾向が強い。アルミは値段が安く加工しやすいが、銀製に比べて安物に見えてしまうことや、資産的な価値がないため、今も銀のネックレスにノスタルジアを感じる西欧のモン族は東南アジアから輸入される銀製品を買い求めるという［G. Y. Lee and Tapp 2010: 108］。[9]

2-3　ビデオ（DVD）

　パ・ンダウとモンのビデオ・CDは、双方とも視覚を通じてモン族の歴史、文化、慣習を伝えている。しかし、「モンであること」を描写する方法がパ・ンダウとビデオでは根本的に異なる。刺繡を施したパ・ンダウは、難民がキャンプで少しでも多くの収入を得るために大量に生産され、次第にモン族以外の顧客を意識したデザインの製品が作られるようになった。

　一般の人々がモン族に良いイメージを持つよう、パ・ンダウに描く図柄はコントロールされていた［Stacey J. Lee 1997: 809］。たとえば、100年以上もの間モン族が現金収入を得ていたケシの栽培風景やアメリカ軍の戦車などは暗示的に描かれるにとどまった。また、直接戦争をイメージするような図柄や、モン族社会で最も重要な儀礼の1つとされる葬儀の様子がパ・ンダウに描かれることはまずなかった［Stacey J. Lee 1997: 13］。

　一方、モンの視聴者をターゲットに制作されるビデオやDVDはモン語によるものがほとんどで、モン族以外の人の目に触れることが少ない。それゆえモン族以外の人々から批判を受けたり、ビデオの評判で需要が上下する心配がなかった。

　コルティクはモンのビデオ（DVD）を、
①「ホームメード」ビデオ

9　インタビュー：J. Yang（2011年7月25日、既出）。

②モンが作成した市販用ビデオ
③アジア各地で作られたビデオをモン語に吹き替えたビデオ
の3種類に分類して分析した［Koltyk 1998: 122-123］。コルティクの分類によると、「ホームメード」ビデオは、家族の集まり、ピクニック、誕生会、旅行、バスケットボールやサッカーなどの競技会、シャーマンによる儀礼、結婚式、葬儀などの家族やコミュニティの出来事を中心に記録したものである。「ホームメード」ビデオは主に家族や親族、クランのメンバーなどのプライベートな範囲で視聴され、イベントに来られなかった人々にニュースや情報を伝える。つまり、娯楽としてだけではなく、場所、時間、距離を超えて家族や親族の結びつきを強める役割を持つ。

　市販用のビデオは一般モン族視聴者を対象に作られているが、その中でも特に人気があるのは、アマチュア映画家が旅行者として故郷を訪れた折に撮影したビデオである。「故郷」はタイやラオスや中国で、場所は特定されない場合が多い。旅行後に撮影されたビデオは商品化され、その多くが親族ネットワークを通じてアメリカやフランス、オーストラリアなどのモン族コミュニティにある店で売られている。

　こうしたビデオに収録されているのは、風景、動物、モン族の慣習などである。典型的なビデオ制作の手法は、ラオスやタイの伝統的な音楽と共に山々を遠景から映し出し、視聴者に自分が「モンである」ことを意識させるようなメッセージが送られる。昔のモンの男女の役割を思い起こすような、男性が野山で捕った獲物を家に持ち帰る場面や、女性が子どもを背中におぶって鶏や豚の世話をしている場面などが映し出され、見ている人々にかつてのラオスの村の情景を彷彿とさせる趣向が凝らされている。

　前述のHmong ABC Storeでは、店頭と通信販売の両方でビデオやDVDを販売する。次ページに挙げた写真（左）のDVDには、アメリカに住むモンの多くがかつて多く住んでいたナブマブ（Nab Mub）、サムルアム（Xam Luam）、ローンチェン（Long Cheng）などの風景が収められていて、人々に村の暮らしを思い出させる内容になっている。写真（右）のDVDは、1975年から1993年までのバ

10　Hmong ABC Storeのビデオ/DVD販売サイトより。
http://www.hmongabc.com/store/home.php?cat=262&sort=orderby&sort_direction=0&page=2

第3章 Hmongness（Hmoob kev sib hlub）　　　　117

ラオスの風景ビデオ

モン族難民の生活を描いたビデオ

ンビナイ・キャンプの生活を描いたもので、後にラオスに送還されたモン族の姿や当時タイに存在したほとんどの難民キャンプの様子を収録してある。

　市販の「故郷」を写したビデオは、人々の記憶を蘇らせ、過去にあった出来事を皆で共有するきっかけ作りになっている。たとえば子どもが親と一緒にビデオを見ることで、子どもは親が通ってきた道筋を知り、親族が今もタイやラオスにいる場合はビデオを通してその生活ぶりに思いを馳せることが可能になる。また、視聴者に自分の生涯に重要な意味を持っていた人々や場所を再認識させる役割を持つ[Koltyk 1998: 130]。

　過去にあった出来事は歴史の一コマとして残るだけでなく、映像を通じて過去・現在・未来をつなぐ一連の流れとして人々の記憶に残り、それを他の人と共有することでエスニック・アイデンティティを強めることになる。

　筆者はフランス中部に位置するオビニーシュールネールでホームステイさせてもらったモンの家で、近所の人々と一緒にホームビデオを見る機会があった。この日は、近所でシャーマンによる儀礼が行なわれ、多くのモン族が来訪して

いた。儀礼の片付けが終わった夕方に親族にあたる女性たちが数人やってきて、筆者と一緒にこの家の娘の結婚式のビデオを見た。ビデオを見ながら皆は昔を振り返り、映像に写る人々のうわさ話を繰り広げていた。家には数え切れないほどのホームビデオに加えて、市販のビデオも大量に備えられていた。

「故郷」のビデオの中にはバンビナイ難民キャンプをテーマにしたものがあった。それを見ながら夫妻が筆者に、場面に登場する人々の名前、バックグラウンド、その親族の話などを生き生きとした口調でなつかしそうに話してくれたことが印象に残っている。

市販ビデオの中でも、ミス・モン・コンテストをテーマにしたビデオは人気が高い。規模の大きい美人コンテストは、アメリカではウィスコンシン州、ミネソタ州、カリフォルニア州、フランスではパリ近郊やニーム、ショーレなどにおいて新年の祝いのイベントの1つとして開かれる。コンテストの規模は開催地により異なるが、世界中のモン族コミュニティでミス・モンを選ぶイベントが開催される。

モン族女性のロール・モデル（模範）となる女性を選ぶことを目指すミス・モン・コンテストでは、候補者のHmongness度が問われる。すなわち、候補者がどれだけ「モンらしさ」を身につけ、それを表現する能力があるかが、衣装や化粧の仕方、歩き方、モン語によるスピーチ、ダンス、審査員との受け答えなどを通して審査されるのである。

今日、ビデオだけでなくインターネットでもHmongnessを簡単に共有することが可能になった。例を挙げれば、YouTubeのサイトでは、「故郷」を写したビデオや写真、モン語によるドラマ、世界各地で開かれるミス・モン・コンテストのビデオを誰でも見ることが可能である。[11]

アメリカ・ウィスコンシン州で食料品店を営むヌアによると、従来の記録媒体（ビデオやDVD）もまだまだ需要があるというが[12]、インターネットを使った情報の発信は爆発的に広がっている。これまでモン族視聴者を主なターゲットにして作られてきたビデオが、インターネットを通じてより広い層の視聴者の目

11　YouTubeの"Miss Hmong Contest"のサイト。
http://www.youtube.com/watch?v=bFbbPjJMwsQ（retrieved: July 20, 2010.）
12　インタビュー：N. Lee（2008年4月14日、アップルトン、List U-20）。

にとまることで、今後Hmongnessの表象の仕方に変化が生じる可能性があると考えられる。

第3節　「新年の祝い」(noj peb caug)[13]

　モン族は現在、アメリカ、フランス（南米のフランス領ギアナを含む）、オーストラリア、ドイツ、カナダ、アルゼンチンなど世界各地に居住している。移住開始から40年近くが経とうとしているが、受け入れ社会の対応や国の制度、言語や職業などのさまざまな要因は、モン族の文化や社会にどのような影響を与えてきたのだろうか。

　この節では、モン族が古くから守ってきた習わしの1つである新年の祝い（noj peb caug）に焦点を当てる。まず初めに、ラオスにおけるモン族の新年の祝いを概観し、次に移住したモン族人口が多いアメリカとフランスの2ヵ国の現状を検証する。ただし、新年の祝いに限ったことではないが、モン族が守る儀礼や慣習には古来からさまざま要素が加味され、更にグローバル化した現代においては、人々が共有する情報が普遍化されているため、「ラオス」「アメリカ」「フランス」というように、個々に地域で分けることが困難である。だが、本書ではモン族の文化や社会の現状を居住国の状況を加味して考察するため、ここでは国別に提示することにする。

3-1　新年の祝い（ラオス）

　新年の祝いはモン族の生活にいつも重要な位置を占めてきた。代々、人々は1年の収穫を終えて一同が集まり新年を共に祝うことで、コミュニティや家族・親族の結びつきを確認していた。ラオスでは、新年の祝宴、古い年から新しい年への移り変わりに行なわれる儀礼、そして祝典の3つの主な行事がある［Kou Yang 2003: 12；Y. P. Cha 2010: 49］。

　通常、新年の祝宴（noj tsiab）は収穫が終わり食物が豊富にある旧暦の12月の終わりに行なわれる。1年の初めを祝うのではなく、過ぎゆく年の最後の日を

13　新年を表す語は他に"xyoo tshab"（スィヨング・チャ）または"xyoo tshiab"（スィヨング・チア）がある。

lwm sub/tu sub(ル シュトゥ シュ)（メルボルン・オーストラリア）

祝うことで、その年に起きた不運が除かれ、新年にはすべてが一新されると考えられている［Y. P. Cha 2010: 48］。この祝宴は、モン族コミュニティが開く大きな祝宴とは異なり、持ち回りで各家が親族や友人を招いて催す。

宴には豚(npua tsiab)(ンプァ チァ)が生け贄にされ、家族を1年間守ってもらったお礼に祖先の霊や地・空の霊を祀って食べ物を供える。[14] 生け贄にあげる豚が大きいほど収穫が豊かだったことを表す。豚が買えなかったり、小ぶりの豚しか用意できない家は厳しい1年を迎えることになると考えられている［Y. P. Cha 2010: 49］。

古い年から新しい年への移り変わりに行なわれる儀礼 (lwm sub/tu sub)(ル シュトゥシュ)は、旧年の最後の日の午後に行なわれ、古い年の悪霊を祓う Lwm Sub(ル シュ)から始まる。[15] ル・シュは、屋外に立てた棒や木に通したロープの下で行なわれる。家族全員で木のまわりを3〜4回廻って、悪霊を追い払い、次に逆方向に3回廻って新

14　Viva Yang.（メールにて。2010年8月10日）
15　セントポール在住のヤングの家では、親族が一同に集まり、各世帯の代表者は葦などの丈のある葉と薄い布地の切れ端を家族の人数分だけ用意する。葉は大きな束に一まとめにして皆から集めた布地で縛り、それでアーチが作り、皆でその下をくぐりぬける。アーチは次の年までお守りとして一族を見守ることになる。

第3章　Hmongness (Hmoob kev sib hlub)

新年の祝いにおける玉投げ（フランス・ショーレ）

しい年を迎え入れる。この式が終わると、皆で家の中に入り、魂を呼ぶ儀礼と新年の晩餐の準備を始める。この時点からすべての農作業や仕事を中止しなければならない。クランやサブ・クランにより方法は異なるが、晩餐の前に祖先に食物を供する儀礼が行なわれる。各人寝る前に体を洗い、親は悪運や病気を持ち越さないよう子どもたちの体を洗い流して新年に備える。長老たちは徹夜で新年になるのを待つ。一番鶏が鳴くと若い夫婦たちは川に新年の水を汲みに行き、それを最も年長の長老に捧げて、健康と長生きを祈り、返礼に新年の幸福の祝福を受けるという慣習が残る［D. Yang 1992: 301; Kou Yang 2007: 6］。

　新年の祝典は新しい年の初日に始まり、3日以上続く。玉投げ (pov pob)、歌のコンテスト、ケーンの演奏やスポーツが行なわれる。昔は、男女が公の場で話したり会うことが禁じられていた。その頃の男女が話を交わすことができたのは玉投げの時に限られていた。[16] 写真はフランス西部のショーレの新年の祝いの風景である。現代では、玉投げの慣習が変わり、結婚前の男女に限らず、幅広い年齢の人々が参加する催し物になっている。

　新年の祝いは他の儀礼と異なり、モン族だけでなく誰でもが参加できる場で、モン族文化[17]のさまざまな表象をそこに見ることができる。何世紀もの間、移動

16　現代では、ラオスに住んでいた頃のような厳格な決まりはないが、今でも玉投げは男女がコミュニケーションを取る機会になっている。中国のモン族には玉投げの慣習がないため、このアクティビティはモン族がタイ・ベトナム・ラオスに移り住んだ時に加わったのではないかと考えられてい［Kou Yang 2007: 6-7］。
17　「文化」の概念にはいくつかの定義が存在するが、人類学ではタイラーが『原始文化』の中で次のように定義している。「文明ないし文化とは、民族誌的な広い意味において、知識、信仰、芸術、倫理、法、慣習その他、社会の一員としての人間によって獲得される能力と慣習のあの複雑な相対である。さまざまな人間社会における文化の条件は、一般原則に基づいて探求されたなら、人間の思考と行動の諸法則の研究にとって格好の主題である…」［竹沢2007: 21］。

モンのラグビー・チーム（英語雑誌 *18Xeem* の表紙より。）

を繰り返しながらも、モン族がその文化的アイデンティティを守ろうとした強い意志は伝統的な儀礼に象徴的に表され、さまざまなモンの文化的要素が織り込まれた総体として形を成している。儀礼はモン族のアニミズム信仰の複雑な相関関係だけでなく、社会的記憶を表していると言える。社会的記憶は集団の過去の経験を明確に表わすもので、アイデンティティの基盤となり、成員の行動や習わしに将来的に影響しうるものをもたらすとされる［Huang and Sumrongthong 2004: 31］。

　サッカーや国際的な会議などにも新年の祝いと同様に多くのモン族が参加するが、前者が「西洋的なイベント」と位置づけられるのに対し、新年の祝いにはモン族の宗教や文化が凝縮した形で表象されるため、新年の祝いは特別な場としてとらえられている。[18] 現代の新年の祝いは、家庭や小規模なコミュニティのように、プライベートな空間で祝う儀礼的な性格が強い場と、会場を借りて地域の人々も参加できる催し物としての性格が強い場の両方で開催される。特

18　インタビュー：M. Yang（2010年3月12日、フレスノ、List U-18）; S. Yang（2010年2月5日、ニーム、List F-5）。

に大きなモン族コミュニティでは、数千人から1万人を超えるモン族が世界中から集うため、地域の人々からも注目される。つまり、現代の新年の祝いは、宗教的な儀礼としての側面を残しながら、人々が新しい年を迎える喜びを家族や親族、友人と共に迎える場を提供していると言える。人々はモンの民族衣装で着飾り、会場で音楽、ダンス、料理などの多彩な催し物を通して一体感を味わい、「モン」であることを楽しむ。また、このような場は、モン族以外の一般の人にとって、モン族の文化に触れる機会となっている［Vang 2006: 94; Huang and Sumrongthong 2006: 31］。

3-2 新年の祝い（アメリカ）

1975年12月、アメリカに移住したモン族が初めて新年の祝いを開催した。それから毎年開催されているが、西欧諸国への移住という環境の激変により、昔とはかなり違った様相を見せている。現代ではイベント的な要素が加わり、コミュニティ毎に違う日に開催されることが多く、人々は自分の都合に合わせて各地の祝いに出かける。昔も異なる場所で日程を変えて新年の祝いは開かれていたが、人々が仕事を休み親族や友人とごちそうを囲んで過ごすことができる機会は今よりも限られていた。あるモンは儀礼の変化を、次のように振り返る。

> アメリカに来てから家族や友人と別れてとても寂しい思いをしていた。1970年代の終わり頃、ミネソタにモンの家族がいることを知って集まるようになった。新年の祝いは今とは違って、孤独感を取り除くために、みんなが料理を持ち合って集まる場だった。大きなイベントとして新年の祝いが開催されたのは1983年と1984年で、その時に美人コンテストが行なわれた［Vang 2006: 95-96］。

こうしてモン族の伝統的な習わしは、慣習の枠を超えて新たな形に発展した。ヤングは2005年から2006年にかけてフレスノで開催された新年の祝いを分析し、その特徴として、
①家族や親族だけのプライベートな空間で行なわれる新年の祝いと、公開のイ

アメリカ・セントポールの新年の祝い

ベントとして行なわれる新年の祝いが分化したこと
②公開イベントとして開催される新年の祝いの日程が、アメリカの休日と地域のコミュニティの大きさにより決定されるようになったこと
③祝いの場を野外で行なうか屋内で行なうかは気候により決定されること
④大きな人出がある新年の祝いに商業、情報、教育、政治的活動が持ち込まれたこと
⑤若者の衣装がその年によって変化すること
⑥昔のように年長の招待者だけがステージに上がるのではなく、若い世代の招待者もステージ上に上がっていること
⑦玉投げの参加者が若者に限られないこと
⑧モンのコミュニティの規模と主催者により入場料に幅があること
⑨公的な場においても新年の祝いが開催されるようになったこと
の9つの項目を挙げている。

　祖先への崇拝を具現化する生け贄の儀礼は、今でも家族や親族が集まる場ではプライベートな範囲で行なわれるが、会場を借りて大人数が集まる場では生

第3章　Hmongness（Hmoob kev sib hlub）　　125

新年の祝い（アメリカ・セントポール）の入場券。地域により値段は$3〜$6と幅がある。

き物を生け贄にする行為が法律で禁止されているため行なわれない。新年の祝いではモン族文化がさまざまな形で表されるが、若者世代では、モン語、民族衣装、玉投げ、民謡、ダンスなど視覚や聴覚を通して感じ取ることができるものを「文化」としてとらえるようになってきている［Vang 2006: 108］。生け贄のように移住した土地で禁止されている慣習は除外するが、伝統的な慣習はできるだけ維持する必要があるため、新年の祝い方に変化が生じたのである。

　2人の子どもを持つ25歳の男性は、モン族文化を子どもと共有できる場として、新年の祝いの重要性を次のように語る。

　　　モンの新年にはあちこちで開かれる集いに出かける。1年1度のことなので、とても重要だ。新年の祝いに参加することで、自分が何者であるかを確認し、モンであることを誇りに思う。若い人たちにも、アメリカ人であるだけでなく、モンであることを自覚して欲しい。自分たちの文化はこうして守っていくしかない。そうすれば、他の人に私たちがアメリカ人であるよりも、まずモンであることを理解してもらえる［Faruque 2002: 127］。

このように新年の祝いは他から文化的要素を取り入れながらも、これまで継

承してきた文化を守る「モン系アメリカ人」の姿を強調する機会になっている [Kou Yang 2007: 13; G. Y. Lee and Tapp 2010: 184]。カリフォルニア州フレスノでは恒例のHmong International New Yearが、2011年12月26日から2012年1月1日まで開催された。フレスノの新年の祝いは最大の規模を誇り、2010年度は主催者発表で約12万人が参加した。

ヤングの指摘にあるように、アメリカ的な要素が催し物に加わっていることがスケジュール表から読み取れる (Hmong International New Year 2011-2012のスケジュールより抜粋)[19]。

	12/17/2011	Yang Family Reunion/ Celebration 2012
	12/18/2011	Vang Txhawb Family of Fresno Reunion
	12/23/2011	Chong Yang Thao Family Thao Family Ritual Ceremony
	12/24/2011	Vang Family Ritual Ceremony
	12/25/2011	HSGU and Family Vang Family of Fresno Cher Pao Yang & Associates Xiong Family of Fresno County Xion Family Reunion Party
	——————	(Celebration starts)
	12/26/2011	Opening Ceremonies DJ Party Group Family Party Youth Party Welcome 2012 Party

---

19 http://www.hmongnewyear.us/schedule-of-events.php (retrieved: March 7, 2012.)

第3章　Hmongness（Hmoob kev sib hlub）　　　　　　127

Hmong International New Year Celebration 2012のポスター

12/27/2011　　　Unveiling of General Vang Pao
　　　　　　　　　Memorial
　　　　　　　　Farmer Association/
　　　　　　　　Lao Veteran of America
12/28/2011　　　PY Koomslab Family Party
　　　　　　　　HSGU & Family/
　　　　　　　　HSGU Welcome Party
　　　　　　　　Miss Hmong International 2011

12/29/2011　　　Miss Hmong 2011 Party
　　　　　　　　Lao Family Community of
　　　　　　　　　Fresno New Year Party

12/30/2011　　　New Year Party

厳冬期に開催されるセントポールの新年の祝いは、毎年屋内で開催される。

参加者が10万人規模になるフレスノの新年の祝いはグラウンドで開催される。

Hmong Alliance Church of Fresno

12/31/2011　　Hmong Baptist Church
　　　　　　　Hmong International New Year
　　　　　　　　　Welcome 2012 New Year Party

1/1/2012　　　Mrs. General Vang Pao & Family

　　　　　　　Closing of Celebration

新年の祝いや結婚式などの折に、「ラムウォン」と呼ばれるダンスに何時間も興じるモン族を見かけることがある。ラムウォンはラオスの伝統的な踊りで、モン族の文化にはもともと存在していなかったが、ラオ族の影響を受けてモン族も祝いの席などで踊るようになったとされる［Vang 2006: 114-115］。今ではパーティに欠かせない余興である。

新年の祝いでラムウォンを踊る人々（フランス・ニーム）

大学のブース　　　　　　　　　　　トヨタ車の展示

　新年の祝いでは、会場に教会用のブースが設置されることがある。たとえばアメリカ・フレスノでは、Hmong Alliance ChurchやHmong Baptist Churchなどのキリスト教会が、全体プログラムの中のイベントだけでなく、キリスト教信者と非信者との交流や布教活動を会場で行なっている。また、新年の祝いの場を利用して大学の宣伝や学生の勧誘が行なわれたり、日本のトヨタ自動車の車の展示があるなど、お祭り的な要素も見られる。
　政治的な性格を持つイベントとして挙げられるのは、2011年まで行なわれていたカリスマ的指導者としてモン族兵士を率いた旧ラオス王国軍将軍のバン・パオと軍服姿の元兵士たちのパレードである。元兵士によるパレードは、インドシナ戦争にモン族が関わっていたことを人々に思い出させると同時に、現在のラオス社会主義政権に向けた政治的メッセージを発する場でもあった。しかし、2011年1月6日にバン・パオは81歳で亡くなり、その死は全世界のモン族コミュニティに衝撃を与えた。フレスノ・コンベンションセンターで行なわれた6日間にわたる葬儀には、延べ4万人のモン族が世界中から参列し、葬儀の様子はインターネット中継された。2012年1月の一周忌までに、モン族コミュニティと元HSGU（モン特殊攻撃部隊）兵士が中心になって追悼式典が各地で開かれ、バン・パオをはじめとする元指導者を郷愁と共に支持する人々が今も多く存在することを改めて印象づけた。
　バン・パオの急死で再び*Time*などのメディアに取りあげられたモン族であるが、アメリカ社会はこれまでどちらかというとモン族に否定的な反応をして

---

20 『タイム』のサイトでは、2011年1月14日に掲載。

第3章　Hmongness（Hmoob kev sib hlub）　　　131

Hmong Baptist Churchのブース

　きた。2004年にウィスコンシン州でモン族ハンターが8人の白人を殺傷した事件では、アメリカメディアはモン族を「不可解で野蛮な民族集団」としてセンセーショナルに扱い、なぜ彼らがアメリカに移住してきたか掘り下げた報道をしなかった。騒ぎはウィスコンシン州だけにとどまらず、アメリカ全土に飛び火し、モン族に対する差別や抗議運動を引き起こす結果となった。[21]
　「殺された人が気の毒だ。当局が、ああいう外国人をここに連れてきて住まわせている。そしてああいう人たちは、平気で人の敷地を歩回っている」[22]。これは殺人事件が起きたウィスコンシン州の現場近くのホテルの従業員のコメントであるが、一般の人びとのモン族に対する不信感が強く表れている。メディアは殺傷事件とモン族文化の因果関係を取り上げ、モンの狩猟文化に土地の所

21　"Minnesota Hmong fear backlash after Wisconsin shooting." Minnesota Public Radio. November 22, 2004.
http://news.minnesota.publicradio.org/features/2004/11/22_williamsb_hmongreax/（retrieved: May 5, 2010.）
22　"Arrest Made in Wisconsin Hunting Massacre." Fox News. November 24. 2004.
http://www.foxnews.com/story/0,2933,139239,00.html（retrieved: August 20, 2009.）

有概念が欠けているからではないかと指摘した。

　全米のモン族社会は、偏った報道により自分たちへの不信感が更に強まることを恐れた。事件後に全米各地で開かれた説明会に「モン族代表」として呼ばれた当時ミネソタ州議会議員だったミー・モアは、事件は犯人個人の問題であり、土地の所有概念とモン族は無関係であると弁明した[23]。彼女はモン系アメリカ人代表として説明のために全米を奔走した。1人のモン族が引き起こした死傷事件で、モン族全体のエスニック・アイデンティティがアメリカ社会から厳しく問われた出来事だった。

　モン族コミュニティは嫌がらせや抗議運動に対して、どう対処したのだろうか。新年の祝いはどちらかというと内々向けの宗教的儀礼の色彩が濃かったが、次第にイベント化され、主流社会の人々を取り込んだ、よりオープンな形に変化していった。地域の住民や議員・行政関係者など、日頃モン族と接する人々に新年の祝いに参加してもらうことで、モン族についての理解を深めようとしたのである。また、前述したキリスト教会の新年の祝いにおける布教活動は、単に人々を教会へ勧誘する目的だけではなく、既に教会のメンバーであるモン族信者や非モン族信者が共に祝いの場で布教活動をすることで、主流社会とモン族社会の間に双方向の関係を生み出そうとしていると言えよう。

3-3 新年の祝い（フランス）

　モン族人口がアメリカに次いで多いフランスでは、各種団体が政治色を帯びることを法律で禁止している。そのためモン族関係の団体は、主に会員の親睦とモンの文化を維持することを目的に設立され、アメリカと比較して政治色が薄い。フランスのモン族団体をまとめるListe des associations Hmong adhérentesの会長のヤング（V. T. Yang）によると、以下に挙げる13の団体が現在協会に登録されている。

- The Association of Lao Hmong community Gien

---

23 "Save a Hunter, Shoot a Hmong: A Community Held Responsible – The Assignment of Blame By The Media." *The Modern American*. No.I-1. April 2005.
http://vlex.com/vid/hunter-shoot-hmong-assignment-blame-343429（retrieved: August 28, 2010.）

第3章　Hmongness（Hmoob kev sib hlub）

- Union Association of Hmong Lao- Nere Aubigny
- Association Franco - Hmong Bourges
- Association Yaj Txawj Ntxhiav
- Cultural Association Xiong Family
- Hmong Lao Association of Mutual
- Hmong Association of Loiret
- Hmong Cultural Association Castres
- Hmong Association Generation 2000
- Hmong Community Association of South
- Union Association of Hmong VII of France
- Hmong Cultural and Social Association in France
- Hmong Cultural and Social Association of Saumur

　各団体にはそれぞれ下部組織があり、フランス国内のモン族が住むほぼすべてのコミュニティを網羅している。2009年の新年の祝いの会場の1つはパリ近郊のギエンで開催され、約2500人の参加を集めたという。アメリカの場合と同様に、フランスでもコミュニティ毎に会費の徴収などの細目が異なる。たとえば、ショーレにあるHmong Cholet Associationのメンバーのガウリンによると、ショーレの新年の祝いでは参加者から会費を徴収して食事を提供する。フランスでもアメリカと同様の催し物が行なわれ、ミス・モン・コンテストが毎年開催されている。祝いの会で着る民族衣装は、ガウリンの家では大抵の場合、スカートと帽子はラオスにいる親族に送ってもらい、小物類は母親たちが手作りするという。

3-4　表面化するコミュニティの問題——「新年の祝い」をめぐって

　1980年は、モン族難民の到来数がアメリカで最大になった年である。モン族の人口増加に伴い新年の祝いの場は巨大化し、文化的なイベントに政治・経済的な利害や思惑が重なるようになり、開催方法をめぐる意見の対立が起きてい

24　インタビュー：T. Yang（2010年2月1日、既出）。
25　Gaulin T. C. Heu.（メールにて。2010年9月4日）。

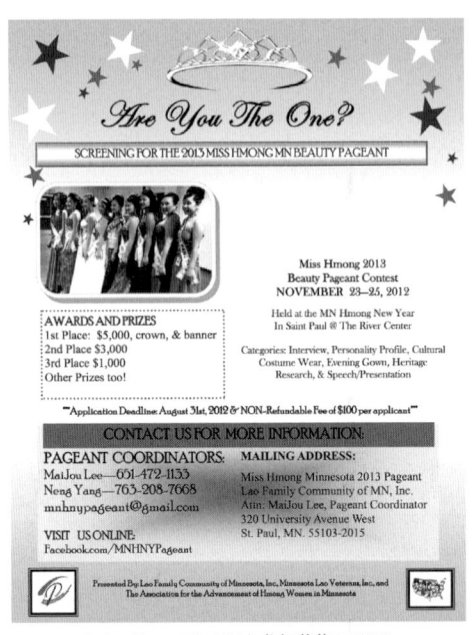

ミス・モン・コンテスト参加募集のチラシ
（アメリカ・セントポール）

る。その一例が、ミス・モン・コンテストを新年の祝いのプログラムに入れるか否かの論争である。論争はフェミニスト団体のWomen's Association of Hmong and Lao（WAHL）が新年を祝う会のスポンサーになっていた時期に、この団体のリーダーが、「美人コンテストは女性を見せ物にする場であり、女性の人権を男性よりも疎んじてきたモンの悪い慣習を男女平等が謳われるアメリカで開催される新年の祝いに持ち込むのはおかしい」と、コンテストの開催に反対したことに端を発する [Vang 2006: 97-98]。近年、宗教的・精神的な色合いが薄まるにつれて、新年の祝いがますます商業的なイベントになりつつあることが指摘されている。意見の対立がコミュニティを分断するまでに発展したことは、1999年11月にセントポールで開催された新年の祝いからわずか数週間後の12月に、セントポールの隣に位置するミネアポリスのメトロドームでも新年の祝いが開かれたことに表れる。同規模の新年の祝いがほぼ同じ地域で続けて開催されたことについて、ヴァンがインタビューした人々は次のように答えた。

第3章　Hmongness（Hmoob kev sib hlub）　　135

フランス・ニームの新年の祝いでラムウォンを踊る招待者たち（ニームの市長夫妻と市議会議員一行）
ニームのモン族は、地元の人々との交流を促進するため、毎年イベントを開いて共に集いを楽しむ。

　ラオスにいた時も、違う場所で日をずらして新年の祝いを開催していた。そうすることで、いくつも違う所の祝いに参加することができたから、2ヵ所でやることは問題ないし、これをコミュニティの対立と考えるのは間違っていると思う。フレスノやサクラメントなどでも複数の場所で違う日にやっている。全くやらないよりも、2度でも3度でも、みんなが集まる場があるほうがいいと思う。

　一方、ある男性は同じ地域で新年の祝いを2回開催することに疑問を投げかけた。

　　ラオスの頃は確かに村で数回に分けて祝いをしていたが、ここでは話が違う。ミネアポリスとセントポールは基本的に1つの地域だから、なぜ、お祝いを2度しなければならないのか？　アメリカ人は、このような対立を理解できないし、モンの私でも理解できない。モンはいつも矛盾した行動をとる［Vang 2006: 101-102］。

若い世代にとって伝統的な儀礼は、モンとしてエスニック・プライドを感じる時でもあるが、場合によっては重荷になるという。新年の祝いでモンの民族衣装を着て、親族や友人と楽しい時を過ごすことは、"Hmongness"を味わい、モンであることを確認する良いチャンスと考える人々がいる一方で、新年の祝いはアメリカ社会向けのパフォーマンスに過ぎず、会場で物品を売る店を儲けさせるだけのイベントで、大きな集団で集まることに意義を見出せないと考える人々も存在する[26]。

　以上、価値観の相違から生じる意見の対立を、アメリカの新年の祝いを例にとり考察した。このような問題が表面化している理由として考えられることは、主流社会におけるモン族社会の位置づけが時の経過とともにどんどん変化しているのに対して、モン族社会内部の変化がそのペースに追いついていないことによる。また、価値観の相違だけではなく、ミス・モン・コンテスト問題を例にとれば、クラン同士の競争がさまざまな要因と絡み合って問題を起こしていることも否めない。

まとめ

　Hmongnessは「モンであること」を表す言葉として"care, respect, and relationship"という3つのキーワードで説明される。このキーワードは、「モンとして」家族、クラン、親族、世界中の人々とどのように関わり合わねばならないか、各人がその時々に果たすべき役割を示唆している。集団の概念を尊ぶモン族社会にあってHmongnessは伝統的な生き方のバロメーターとなるが、各人の生き方次第でHmongnessの度合いが異なると言える。

　Hmongnessには多くの意味が含有され、儀礼、言語、礼儀、宗教などにおいては概念として表象し、パ・ンダウやビデオのように視聴覚的な媒体や、ケーンのような楽器による演奏では人々が同じ思いを共有する空間を生み出す役割を持つ。人々は時間と空間を超えて再現されたHmongnessを見たり聞いた

26　インタビュー：K. Yang（2010年3月9日、ターロック、List U-1）。

第3章　Hmongness（Hmoob kev sib hlub） 137

パリ郊外で開催された新年の祝いのプログラム

りすることで、自分が何者であり、どこから来たかを知り、「モンとして」のプライドを得る。世界中に離散したモン族はHmongnessを共有することで、時空を超えたつながりを持つことができると言える。

　儀礼で生け贄を捧げるために牛や豚を家庭で処理することはラオスやタイでは日常的に行なわれている。だが、欧米では家庭での屠畜は衛生面などの問題から禁止されている。この一例のように移住先の法律に触れるような慣習は、方法を変えて新しい社会環境に合わせなければならなかった。こうして儀礼と密接に関連するモン族文化に変化が生じることになった。

　新年の祝いは他の儀礼と異なり、宗教に関わりなくコミュニティの人々がモン族と共に集うことができる唯一の場とされる。また音楽、言語、衣装、食べ物などモン族文化のさまざまな表象を新年の祝いの場に見ることが可能である。新年の祝いは次第に従来の宗教的な儀礼から、イベント的な色彩を帯びるようになり、モン族だけでなく地域の人々が集う場へと変化してきている。アメリカでは新年の集いが年々巨大化し、価値観の違いからこのような変化を肯定的にとらえる人々と否定的にとらえる人々の間で摩擦が起こり議論を呼んでいる。

第4章

時空を超える絆

　モン族は、生者、死者、未来に誕生するいのちを一連の環に位置づけている。すなわち、人生は単にはかなく過ぎゆく一時だけのものではなく、永遠に継続する過程の一部であるとされる [Symonds 2003: 4]。モン族の宇宙観では、生者と死者（亡くなった祖先）は互いに連携しあって一族を守る。死者は生者を護り、生者は死者の加護に対して祖先崇拝の儀礼を行ない礼を尽くす [Irish 1993: 82]。過去と未来、人間界と超自然界、祖先と子孫は儀礼を通じて結びついている。そのため、誕生の時から体に宿る魂（plig）が、いつの日か祖先のもとに無事に戻れるように、正しい手順を踏むことが求められる。

　この章では、モン族の宇宙観を、生者、死者、未来に誕生するいのちをつなぐ「絆」を通して考察する。

第1節　モン族の宇宙観

　バンシナは「どの文化においても、宇宙に関する表現があり、そこには空間的な意味合いが含まれる。時間と同様に空間は総体的な概念を持つ。空間においてある部分は他よりも重要で、また、ある部分はよく知られているが、他のより遠方にある部分は漠然としか知られていない」と文化と宇宙観について述べている [Vansina 1985: 125]。宇宙観は、モン族文化において概念上の存在だけではなく日常生活と密接に関係する存在である。

　モン族の伝統的宇宙観では、すべての空間を包含する宇宙（universe）を互いにつながる3つの領域で区分している。それは、
①空および上方の領域（sau ntuj）
②地上（ntiaj teb）

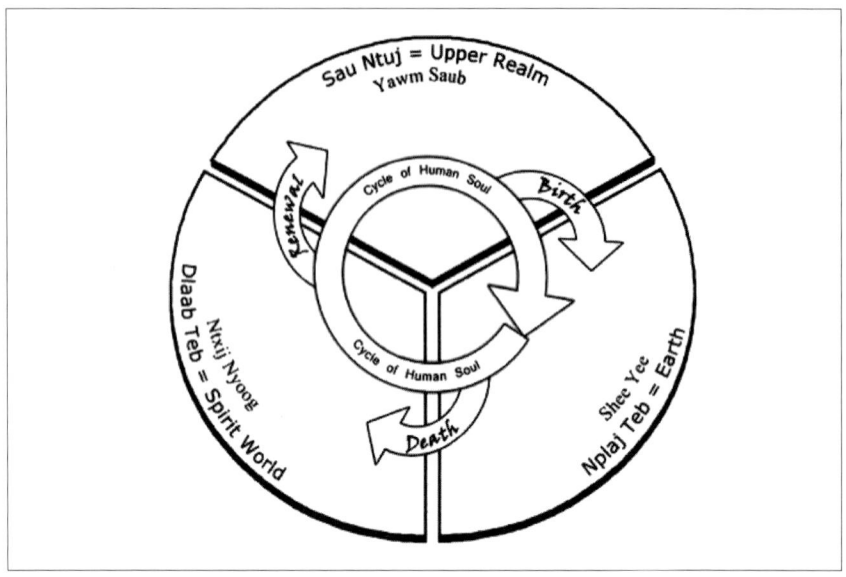

「いのち」のサイクル[1]
現世、死、再生（誕生）は循環するサイクル内を変移すると考えられている。

③霊の世界（dab teb）
である。これらの3領域は「いのち」のサイクルで結びついているとされる。すなわち、現世、死、再生（誕生）は、1つのサイクル内の循環的・通過儀礼的な変化とみなされる [Her 2005: 5-6]。

霊（dab）はすべての領域（山、川、森などすべての場所）に存在し、力強く生命を維持し力を与えるが、その一方で災いや病気をもたらす怖い存在であると考えられているため、正しい方法で捧げ物や生け贄を行なわないと霊が悪さをすることもあるという。霊を無視することや儀礼の方法を変えることは冒瀆行為とされているため、儀礼は祖先が行なってきた通りに執り行なわなければならない [Y. P. Cha 2010: 143]。

このように超自然な力を持つ霊は、目に見えない力で霊界と人間を結びつけているとされる [Tomforde 2006: 159-160]。祖先崇拝は死者とその子孫との間を血

---

1 Vincent K. Her. "Hmong Cosmology: Proposed Model, Preliminary Insights." *Hmong Studies Journal*, Vol. 6. 2005 より転載。

縁で結びつけ、こうした結びつきを次の世代に伝える役目を持つとされる［G. Y. Lee 1996］。

第 2 節　宗教的儀礼

　儀礼（ritual）は、ラテン語のritusを語源とし秩序だった行為を指す。ムーアとマイヤーホフ（Moore and Myerhoff）は集合的な行為としての儀礼には6つの特性が存在するとしている。
①繰り返し（場、内容、形式の面で、あるいはその組み合わせの上で）
②演じられる行為であること（芝居の役を演ずるように意識的に行なわれる）
③特別の行動ないしスタイルを持つ行動であること
④秩序（儀礼は参加者、文化的要素、起承転結などの面で組織だった秩序を持つ）
⑤喚起的な表現形式（儀式は人の心を惹きつけ、参加意識を呼びさます）
⑥集合的次元（儀礼には社会的な意味が存在する）［石川 1994: 213］。
　モン族の宇宙観と宗教儀礼を研究するハーによると、モン族は一般的に公的な名前で知られる宗教を持たず、彼らが「宗教」とするものは、家庭で行なう儀礼と儀礼的な営みであるとしている［Her 2005: 2］。モン族社会の基盤を成す親族関係は、家族（世帯）、リネージ、サブ・クラン、クランのそれぞれが特有の宗教的儀礼と信仰に結びつく儀礼構造で成り立つ［G. Y. Lee and Tapp: 2012: 23］。ラドクリフ・ブラウンは、宗教的な儀礼を有する社会的関係は、儀礼に関わる者と祖先との相関関係を強める働きがあると主張した［Radcliffe-Brown 1945: 33-43］。
　祖先崇拝はこのようなつながりを表すシンボルで、これを代々伝えることで親族の結束が強まる。つまり、死者は生者と未来に生まれる者への責任を有し、それに対して生者は祖先から命を得たことを感謝し、祖先崇拝を守り、集団の規範から外れることなく血縁関係をもとに互いに助けあうことで相関関係の責任の一端を果たすと考えられている。
　宗教的儀礼は社会の結束を表象し、社会や規範を「再構築」する機能を持つとされ、ル・デュルケームもまた、ラドクリフ・ブラウンと同様に、儀礼を通

じて宗教が人々の結束を強めると主張し、社会の慣例や価値観を保つために必要な社会的現象であるとした［Thompson 2004: 121］。

第3節　アニミズムとシャーマン

　アニミズム信仰では、あらゆる事物や現象に霊魂・精霊が宿るとされる。タイラー（E. B. Tylor）は、アニミズムを「原始宗教」の特色を表す語として用い、「霊的存在（Spritual Being）への信念」とみなした［石川 1994: 15］。モン族は生け贄を生命があるもの、生命のないもの、自然界の霊のそれぞれに捧げて崇拝する。
　モン族社会においてシャーマン（txiv neeb）[2]は重要な役目を持つ。シャーマンとは「神や精霊からその能力を得、神や精霊との直接交流によって託宣、予言、治病、祭儀などを行なう呪術−宗教的霊能者」［L. Y. Xiong 2006: 433, 344］とされ、トランス状態で他界（死後の世界）に入り霊と直接交流できる能力を持つ。霊と交流できる能力を持つシャーマンは、伝統的に「選ばれた者」がなるとされ、その多くはシャーマンの家系に生まれている。家系にシャーマンになった者がなくシャーマニズムを習ってシャーマンになった者は、「本物」になることができないとされる［Y. P. Cha 2010: 157］。
　シャーマンの霊（dab neeb）は、他界にいる祖先の霊とは区別され、癒しの力を持つ霊として特別の領域を有する。シャーマンは死者を葬り、生け贄を捧げ、子どもの誕生や結婚などの主要な儀礼を司る他に、病気や災厄などの問題を解決する手助けをする役目を持つ[3]［G. Y. Lee and Tapp 2010: 24, 25-26］。日常生活においては、病気や家庭不和など深刻な問題が起きた場合や家族が長い旅に出る場合に、人々はシャーマンを家に招き、問題の解決や旅路に立つ人の安全祈願を依頼する。病人が出るのは、あの世にいる祖先が供物を必要としているか、あるいは悪い霊に家族が取り憑かれているからだとされている。
　人間には3つの魂が宿ると信じているモン族は、3つの魂がそろって健全な

2　女性のシャーマンも存在するが、男性のほうが多い。直訳では"txiv"は"father"、"neeb"は"shamanism"を表す。
3　シャーマンは霊（neeb）により選ばれた者だけがなることができるとされる。

状態でいないと、病気になったりトラブルに遭遇すると考えている。生まれたばかりの子どもは、3番目の魂がまだ体内に宿っていない状態で生まれてくるとされ、そのためhu plig(フ プリ)と呼ばれる儀礼で3番目の魂を呼び込まなければならないとされる。フ・プリは、子どもの誕生の時や家族の安全を祈る場合のほかに、病人の治癒を祈る場合にも行なわれ、モン族が霊や精霊の存在を日常生活の中でとらえていることがわかる。

次に、筆者が参与観察したアメリカ・フレスノで行なわれた2つのフ・プリと、フランス・ニームのフ・プリの様子を写真で示しながら、儀礼のあらましを述べる。この節では病人のために行なわれたフ・プリについて、第4節では子どもの体内に魂を呼ぶフ・プリを取りあげる。

シャーマンは、戸口付近で生卵を手に持ちながら、生け贄になる鶏の魂と交信する。卵がシャーマンの方を向いて倒れてくるのが良い兆候とされ、生け贄になる鶏の同意が得られたと解釈される。卵が置いた位置から少しでも動かないと、儀礼を行なっても効果がないとされる。(アメリカ・フレスノ)

シャーマンは、儀礼の準備段階で生け贄になる鶏の魂と交信し、病人が良くなるには現在身体から離れて彷徨う魂を呼び戻さなくてはならないと説明する。次に鶏が持つ能力を讃え、その命を病人のために捧げて欲しいと祈りを捧げる。フ・プリで生け贄に捧げられる鶏は、対象が男性の場合は雌、女性の場合は雄である。

シャーマンは牛の角の向きが揃うまで何度も空中に放る。

　鶏の魂との交信が終わると、シャーマンは超自然界の霊とコミュニケーションを取るために、牛の角を数本空中に放り、これから始めようとする儀礼が成立可能かどうかを対象者（この場合は病人）の祖先の霊と交渉する。放った牛の角のうち2本が丸みを帯びた背部分を上にして同じ方向に落ちるならば、病人を悩ます霊が捧げられた供物やこれから提供される生け贄の内容に満足したことを表す。このサインが出て初めて次の段階に進むことになる。床に落ちた角の表面が裏表逆で不揃いの状態では、この世と来世がシャーマンを介してつながることができないため、2本の角の向きが揃うまで何度もこれを繰り返すことになる［G. Y. Lee and Tapp 2010: 26］。

　角の向きが揃った後に、家の霊を祀った祭壇（スカ）の前で鶏が絞められ、3本の線香と卵が鶏に捧げられる。次に、再び牛の角の向きを見て、魂が体内に戻ったことが確認される。こうした一連のやりとりが済むと鶏が調理されるが、霊の状態（病人の魂の状態）を知るために、調理の前に鶏ののど仏の骨が取り出され、骨の先端の向きで病人の今後の状態が予測される。

第4章　時空を超える絆

線香と供物が生け贄の鶏に供され、感謝の祈りが捧げられる。

のど仏のV字形部分の向きや傾斜の具合に注目し、霊の状況を把握する。

儀礼の終わりに戸口で再び祖先の霊に祈りが捧げられ、シャーマンは今日の儀礼が無事に終了したことを報告する。

　モン族は儀礼において鶏ののど仏の骨の形状を把握することを非常に重要視し、子どものためのフ・プリや結婚式などでも同様に行なわれる。この日の儀礼は、最後に家の外でシャーマンが紙のお金を燃やし、祖先と自然界の霊に向かって感謝の祈りを捧げることで終了した。

第4節 「いのち」のサイクル

4-1 魂を呼び込むフ・プリ

　アジアだけでなく世界各地で、人間には複数以上の魂が宿ると信じられているが、魂がどこに宿るのか、またその数はいくつなのかは定かではない [G. Y. Lee and Tapp 2010: 27]。モン族は人間の体を家に喩え、魂にも同じように家が必要だとしている。土台が家にとって重要であると同じように、生まれた子どもに3つの魂が揃って宿ることが子どもの成長に不可欠とされる。なぜならば、3つの魂のうち、1つでも欠けると、体が弱くなって病にかかりやすくなると

される。また、すべての魂が身体から離れた状態であるのに、魂を呼び戻す儀礼を行なわなければ、やがてその人は死を迎えるとされる［Rice 2000: 189-194; G. Y. Lee and Tapp 2010: 27］。

　人間に宿る3つの魂のうち1つめは母の胎内に宿った時に、2つめは産声を上げた時に体内に宿るとされる。そして3つめの魂が宿るには、生後3日目の朝に子どもの体内に魂を呼びこむ儀礼を行なう必要があるとされる。これが「魂を呼ぶ儀礼」、フ・プリである。モン族社会では、子どもは生まれた瞬間からネットワークの一員として、家族だけではなくそれを取り巻く大きな集団に属するものとされている［Hall 1990: 26］。フ・プリは、子どもと家族、地域のモン族社会、超自然界のそれぞれの結びつきを強めるものとして、厳密な手順に従って行なわれる。

　次の事例は、生後間もない子どものためのフ・プリである。このケースでは、子ども（男児）が生まれた時刻が真夜中で、モン族が考えるところの「不安定」な時間帯に誕生したため、両親は子どもの健康を願って、通常生後3日目に行なわれるフ・プリを生まれた翌日の夕方から行なうことにしたという。

玄関横に小机を設え、ロウソク、線香、水、米、紙のお金が供えられる。左端に牛の角が2本置かれている。（アメリカ・セントポール）

家の裏口に貼られた紅白の魔除けの紙。
玄関口にも貼られていた。

シャーマンは脇に鶏を抱えて、生け贄になる鶏の魂と交信している。右手に牛の角を持っている。

第4章　時空を超える絆

鶏の体内から血を取り出し、生け贄に捧げた印として、紙のお金に血を塗る。

生け贄は家族により異なるが、一般的に生後1ヵ月までは鶏（若鶏）で、1ヵ月以降は豚、1歳以降は牛が捧げられる。

モン族は、死は生命の終焉ではなく、生と死は一連のサイクルでつながっているととらえている。人が死ぬとその人に宿っていた3つの魂は身体を離れるとされ、1つめの魂は亡くなった人の墓に宿り、2つめの魂は祖先のもとで儀礼や捧げ物を通して一族と結びつき、3つめの魂は念入りに弔われた後に新しく生まれ変わる命として送り出されるとされる [G. Y. Lee and Tapp 2010: 36]。生まれ変わろうとする魂が女性の胎内に入ることを霊の親 (txoob kabyeej) が許可しないと、魂は蘇ることなく、生まれた子どもは生後すぐに亡くなるという。

通常、儀礼が執り行なわれる前に、父方の祖父または父親から子どもに適した名前が与えられる[4]。子どもは名前がついて初めて人間界に迎え入れられることになる [Chindarsi 1976: 65]。それゆえ、子どもが誕生し無事に生後3日目を迎えることになると、子どもの両親は霊の親に対して儀礼を行ない、礼を尽くさなければならない [Rice 2000: 194]。子どもの出生は捧げ物と共にクランの霊 (dab qhuas：祖先) に報告され、健康を祈願してシャーマンが祈りを捧げる。シャーマンの祈りが終わると、祖先の霊に供物、香、紙のお金を捧げ、子どもを授けてもらったことを家族一同で感謝する [Rice 2000: 195, 197; G. Y. Lee and Tapp 2010: 37-38]。

このように、子どもの誕生後すぐに行なわれるフ・プリは、一般的に家族や親族のみが出席して行なわれ、生後1ヵ月過ぎに行なわれるフ・プリには、コミュニティ全体を対象にした祝いの場が設けられる。コミュニティ全体が祝うフ・プリは、次に続く事例で示す。

---

4 儀式の手順と同様に、子どもの名付けにおいても命名が正しくなければ、子どもは健やかに成長しないとされる。

感謝の印に紙のお金を燃やす。紙を燃やして灰にするのは、灰が霊を導くとされているからである[5]。

鶏の爪の形、向きを見て子どもの将来を占う。
生後直後に行なわれるフ・プリでは、子どもの将来を占うために、目と足の形をきれいに保つよう、鶏の処理に細心の注意が払われる。

5　インタビュー：T. Lee, Executive Director of Hmong Cultural Center（2008年8月22日、セントポール、List U-25）。

病人のために行なわれたフ・プリと同様に、鶏ののど仏の骨を見て、子どもの体内に宿る霊の状態を把握し、将来を占う。

生け贄にされた鶏は調理され、儀礼に出席した家族や親族に供される。

生後1ヵ月後に行なわれるフ・プリと、それに引き続き行なわれる子どもの手首に白い糸を巻き付けて祝福する儀礼（ラオ語で「バーシー」という）には、たいがいコミュニティの人々が大勢招かれ、パーティが開かれる。筆者がフランス・ニームで参加したパーティは、土曜日の夕方から地域のモン族リーダー宅にある集会場で開かれ、100人を超える人々が子ども連れで出席していた。会場正面では、子どもが母親の妹に抱かれ、両親と共に出席者の祝福を受けていた。白い糸が出席者に3本ずつ配られ、皆で子どもと両親の手首に糸を結びつけて誕生を祝った。

　この日のために人々は前日から会場で料理などの準備を始め、女性たちは何日も前から歌やダンスの練習をして備えた。本来、モン族の文化には歌やダンスのような「余興」の要素はなかったが、ラオス文化の影響を受け、歌やダンスを儀礼の場とは別の「2次会」で披露するようになったとされる［Kao-Ly Yang 2001: 7］。モン語やラオ語の歌が流れる会場では、フランス語を耳にすることはなく、モン語によるにぎやかなパーティが夜遅くまで続いた。

出席者により祝福の白い糸が子どもの手首に巻かれる。銀のネックレスと同じように、白い糸は健康と幸運を招くものととらえられている。この慣習はモン族だけに限らず、ラオスやタイ、中国においても見られる。（フランス・ニーム）

生後1ヵ月を過ぎて開かれた祝いには、生け贄に豚が捧げられ、招待者に振る舞われた。

子どもをコミュニティの財産と考える地域の人々は、家族そろって祝いの席に参加する。(フランス・ニーム)

このような集まりは、冬の農閑期には多い時で毎週のように開かれ、参加人数も農繁期に比べて多い。パーティが開かれる前に行なわれる命名の儀礼と比べて、子どもの誕生を祝う会は「祭り」の趣向が強いと言える。祭りの要素が儀礼に加わることで、子どもの誕生を祝う会のようなコミュニティが共有する場には社会的な意味が付与される。つまり、子どもの誕生の喜びをコミュニティ全体で分かちあうことで、成員の結束とアイデンティティが確認される。

　子どもはモン族社会の「財産」と考えられ、社会が継続するために不可欠な存在と考えられている。それゆえ、子どもの誕生は家族の私的な範疇からコミュニティ全体のより公的な出来事と位置づけされ、「生と死の一連のサイクル」において家族、社会、超自然界を結びつける役割を持つと位置づけされている［Rice 2000: 199］。なお、フ・プリはアニミズム信仰に基づくため、キリスト教に改宗した人は前述したようなシャーマンによる儀式を一般的に行なわない［G. Y. Lee and Tapp 2010: 42-43］。

生後1ヵ月を祝うフ・プリ
生け贄に豚が捧げられている。
（アメリカ・セントポール）

6　インタビュー：L. Yang（2010年3月10日、既出）；Lotua Xiong（2010年2月3日、ル・メシュールセンヌ、List F-12）。
改宗したモン族はキリスト教による「誕生式」を親族と共に祝う。筆者のインタビューに答えた2人は、通常は出席者の信仰は問わないと言っていたが、リーによると、教義が非常に厳しいアメリカのある宗派に改宗したモン族が、親族やクランの人々とのつきあいを断ち切らざるをえない状況にあるなど、キリスト教への改宗が各地で争いの火種になっている。

4-2 葬儀(pam tuag)
パ トゥア

　葬儀はモン族社会で最も大事な儀礼とされる。人間の体は消滅しても、その魂は生き続けるとされ、古来から伝わる方法で死者を送り出さなければ、死者は来世で新しい「いのち」となって蘇ることができないと考えられている。モン族が守ってきた儀礼は、西欧諸国への移住で変わりつつあるとされる。しかし、先祖となる死者を来世へと送り出す葬儀は、現在も昔から伝わる手順を厳密に守って執り行なわれる。以下に述べる葬儀の内容は、筆者が参列したアメリカ・セントポールの葬儀の時のもので、筆者の参与観察に基づく。

　モン族の宇宙観では、死は人の終わりではなく「いのち」のサイクルの一過程としてとらえられている。"zaj qhuab ke"(ジャークァゲ)は、葬式の最初の部分で必ず詠われる死者を送る詠歌で、英語では"death initiation song"と呼ばれている [Falk 2004; Lemoine 1983: 37]。唄には、①生と死について、②祖先への旅路、③魂のよみがえり(再生)の3つの意味が込められている [Her 2009: 10]。

　「行く道を指し示す者」という意味を持つ"taw kev"(タウゲ)は、ジャークァゲを暗誦して詠う [Her 2009: 9]。数日間続く葬式の間中、ジャークァゲは途切れることなく詠われる。唄の節と節の合間に、タウゲは7〜8cmの長さの竹切れを2本用いて死者と対話をする。たとえば、死者がタウゲから旅立ちの指示を受け、この世から来世に向けて旅立つ決意ができたか尋ねられる場面がある。タウゲは竹切れを空中に放り投げ、その落ち方で死者の「意思」を確認する。竹切れの落ち方には、2本とも上を向くか下を向く、あるいは2本の向きが揃わないという3通りが考えられる。竹切れが互い違いの向きで床に落ちていれば、死者が旅立ちの指示を受け入れこの世を離れる準備ができていることを表す。こうして葬式の終盤にさしかかるまで死者に対して朗々と「行く道」が唄で示されるのである [Her 2009: 10]。

　「いのち」の環をつなぐには、死者はタウゲの力を借りなければならない。死者はタウゲに「行く道」を示してもらわなければ、無事に祖先のもとへ戻ることができない。葬儀の前半で、タウゲは死者に向かってもうこの世に戻ることができないと告げ、来世で死者の魂が再生されるよう死者の手助けを行なうと告げる。詠歌は死者に「行く道」を示すだけでなく、家族と死者の思い出をコミュニティの人々が分かち合う場に必須である。死者の経験をコミュニティ

ジャークァゲはタウゲにより葬儀の式中途切れることなく詠唱される。手前に座っているのは死者のクランの男性親族で、テーブルを囲むのはクランの長老たちである。(アメリカ・セントポール)

で共有する意義は、文化を次の世代に伝え、亡くなった人の人生を知ることで人々に歴史について考える機会を与えること、そして人々が持つ価値観や信仰を儀礼を通じて再確認させることにあるとされる［Irish 1993: 99］。

グラハムは、儀礼が集団を結束させるとして、その重要性を次のように述べている。

> 素朴に生きる民族にとって、儀礼はことのほか重要である。生命の危機にある時や、問題を解決しなければならない時に、儀礼は部族やエスニック・グループを1つにまとめる。儀礼は遠い昔から伝わるものが多く、批判されることなく、後の世代に受け継がれていく。人は自分が属する集団の心情、信念、習わしを儀礼を通して学ぶことができる［Graham 1937: 71］。

葬儀に集まるモン族が死者の生き様を共に振り返ることに表されるように、

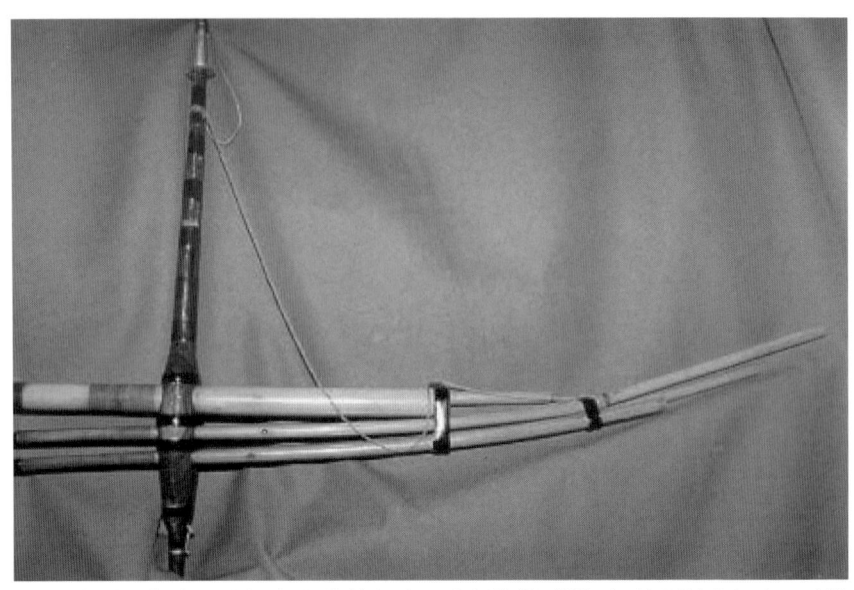

死者が道に迷わずに生まれた場所にたどり着けるよう、タウゲと共に葬儀の初めから終わりまでケーンが演奏される [Irish 1993: 86]。

集団が共有する価値観や経験を基盤に、エスニック・グループの一体感は生まれるのである [Faruque 2002: 165-166]。

　死者はタウゲが詠うジャークァゲに導かれ、これまでに住んできた土地を訪れながら、へその緒を取りに生まれた場所まで戻ると考えられている [Fadiman 1997: 5]。来世への旅は祖先を見つけるだけでなく、自分のルーツを探す旅でもある。モン族の第1世代にとってルーツ探しの旅は死者だけのためだけではなく、各地を移動し続けてきた「モン族」という集団の歴史を映し出す役割を持つとされる [Fadiman 1997: 22]。

　次のページの図は、この考えを表したものである。死者が生前住んでいたアメリカ・ミルウォーキーを基点に、逆順にこれまで住んでいた場所をたどりながら出生した場所に戻る順路を示している [Her 2005:16]。

第4章　時空を超える絆　　　　　　　　　　　　　　　159

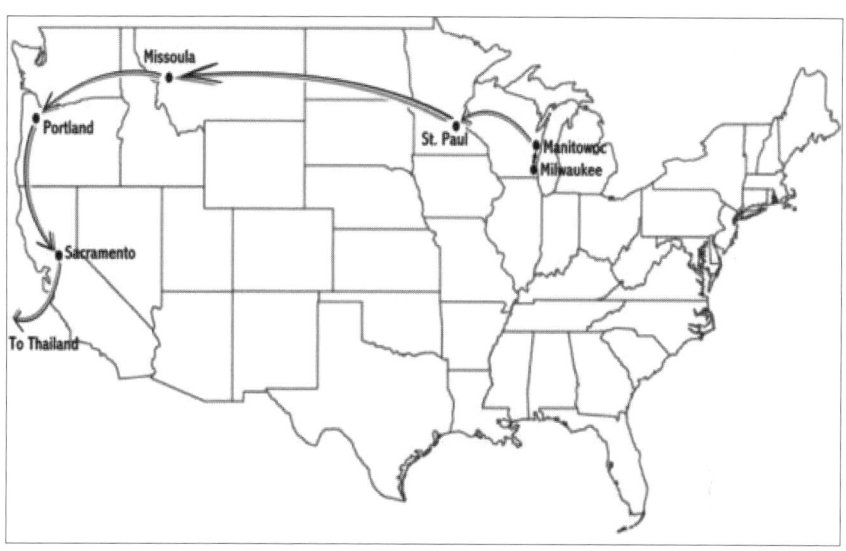

「死者の旅路 1」
アメリカからラオスへの順路を示す。この図では住んでいたミルウォーキーからさかのぼって、移住前に暮らしていたタイへ戻ることが示されている。

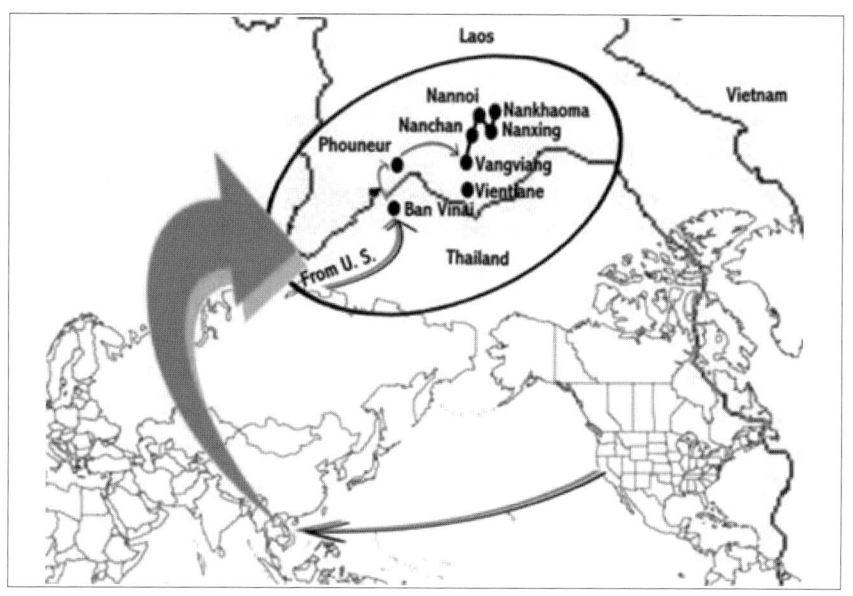

「死者の旅路 2」
ラオスで住んでいた村々が逆順で示されている。

祖父の葬儀の時に使われた写真
（アメリカ・スティブンスポイント）

　アメリカ・ウィスコンシン州在住の家族は、祖父の葬儀で実際に使われたポスターを居間の壁に貼り、その前で供養を行なっている[7]。前のページの図と同様に、この写真でも死者が生前の軌跡を辿って祖先のもとに戻っていくことが表されている。天に続くなだらかな階段が、現世から来世への遷移を象徴的に描きだしている。階段の途中にはラオスの寺院が描かれ、祖父がここを通過して生まれた場所に戻ることを暗示的に示している。

　葬儀では、死者を来世への旅路に送り出す前に行なわなければならないさまざまな儀式がある。その1つが「精算」の儀式である。これは死者がこの世で果たすべき役割や義務をすべて終えているか、借金などが残っていないか、家族や親族を呼んで死者の生前の行ないを振り返り、「精算」するのである。モン族は、死者がこの世に個人的な問題を残したままでいると、生まれ変わる前に霊界で問題に対処しなければなくなると考えている。そのため、この世の「精算」が終わって初めて死者は来世へ旅立つことができるのである[Y. P. Cha 2010: 123]。

7　メール（Amy B. Yang、2012年1月12日）。

第4章　時空を超える絆　　　　　　　　　　　　　161

死者の生前の行ないを「精算」する儀式
家族がクランの長老たちから生前の死者について質問を受けている。(アメリカ・セントポール)

　この章の冒頭で、生者と死者（祖先）はそれぞれを護る役割があると述べた。死者が祖先の１人となって一族を護ると信じているモン族は、葬儀においてクランのメンバーが一丸となって鄭重に死者を送り出す。筆者が参列した葬儀では、クランの長老たちが死者に代わって「精算」を終えると、この世のシンボルとされる白布をかけた細長いテーブルが長老たちの手で引き倒され、死者の旅立ちの準備ができたことが宣言された。引き倒されたテーブルはこの世の食卓を象徴している。死者には代わりに旅路の邪魔にならないよう小さな小卓が用意される。小卓は死者が旅路で空腹にならないようにという家族の想いを象徴する。こうして死者はこの世の「空間」を通過して、次の「空間」に向かうことになる。
　モン族の葬儀において、「精算」を終えた死者を導くタウゲやケーンを演奏する人々の存在は不可欠である。こうした役割は通常は特別に訓練を受けた人々が担当するが、死者の家族や親族にもそれぞれに役割が割り当てられる。役割は各人が死者との関係において占める空間で決まる。ここで言う空間は「役割・位置づけ」の意味と、物理的な「空間・場」の意味を持つ。つまり、死者に

8　葬儀に列席した親族の説明による(2009年7月、セントポール)。

とってその人が夫か妻か、兄弟姉妹・従兄弟／従姉妹にあたるかで、葬儀においてその人が何を担当するか、儀礼の席でどこに座るかが決定されるのである。

次に挙げる図と表で、モン族社会の構造において「役割・位置づけ」や「空間・場」の概念がいかに重要であるかを見ていくことにする。

最初の図は、生け贄に捧げる牛の部位である。牛は第6肋骨と第7肋骨の間で "ntsuv"(ンジュー) と "ntsaag"(ンジャー)（ntsag）に切り分けられる。

"ntsuv"(ンジュー) とは肩を意味し、これには首、肩、第6肋骨までが含まれる。"ntsaag"(ンジャー) は、臀部（ランプ）、胴体下部、後ろ足上部を指す。たとえば、①の肩肉部分（ntsuv）(ンジュー)の切り分けを担当するのは、死者の息子、従兄弟（従姉妹）、娘のいずれかを通じて、間接的に死者に関わり合いがあった人が担当する。③のランプ部分（ntsaag）(ンジャー)の切り分けは、死者のクランの人々、婚姻関係で結ばれた人々（亡くなった人が男性の場合、妻の家族）、死者の姉妹、娘、姪など死者と関係が近い人が担当する。

この例が示すように、モン族社会のネットワークにおいて、各自が持つ死者との関係の濃淡で、葬儀で担当する役割が異なるのである［Her 2009: 9-19］。

生け贄の牛は、太線のところで切り分けられる。

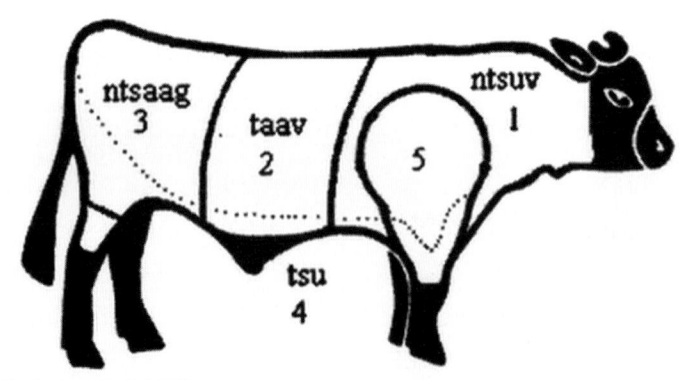

生け贄に捧げた牛の切り分け部位

❶ ntsuv(ンジュー) = shoulder（肩部分）　❸ ntsaag（ntsag）(ンジャー) = rumps（ランプ）
❷ taav（tav）(ター) = ribs（リブ）　❹ tsu(チュ)（点線に沿った部分）
・牛の頭部分は、葬儀を進行する最も重要な役を務める責任者が受け取る。[9]

9　Dr. V. K. Her に確認済み（2012年3月31日）。

切り分けられた肉は、❶と❸の部位は葬儀で役割を受け持った人々へ、❷と❹の部位はケーンの奏者に等分に配分される。2つある肩甲骨部分のうち、一方は牛の代金を支払った人へ、もう一方は参列した人々に出す食事に使われる。

あるモン族の葬儀では、生け贄に6頭の牛が捧げられた。下に挙げる表は、
①誰の牛か（優先順で示される――死者のAlpha cowが最も高位）
②それぞれの牛の肩部分を受け取る人
③それぞれの牛のランプ部分を切り分ける人
というように、生け贄の牛の配分を示したものである。この表から葬儀における人々の社会的位置づけが、死者との関係で決定されていることが読み取れる。

	①順位	②肩部分を受け取る人	③牛のランプ部分を切り分ける人
1	死者の牛 （Alpha cow）	tus cuab tsav[10] （cuab tsaav） チュアジャー	Thawj thawv（2名） タァウタゥヴ 1. 死者のクランのメンバーの1人 2. 妻の兄弟（又は親しいいとこ）
2	長男の牛	長男の義理の兄（弟）	Lwm thawv（2名） ルタゥヴ 1. 死者のクランのメンバーの1人 2. 死者の姉（妹）の夫
3	次男の牛	次男の義理の兄（弟）	Xab thawv（2名） サタゥヴ 1. 死者のクランのメンバーの1人 2. 死者の義理の兄（弟）
4	三男の牛	三男の義理の兄（弟）	Xwm thawv（2名） スッタゥヴ 1. 死者のクランのメンバーの1人 2. 死者の姉（妹）
5	いとこ （first cousin）の牛	いとこの義理の兄（弟）	Vws thawv（2名） ヴタゥヴ 1. 死者のクランのメンバーの1人 2. 姪の夫
6	娘の財産分になる牛[11]	長女の義理の父	Puaj thawv（2名） プアタゥヴ 1. 死者のクランのメンバーの1人 2. 姪

生け贄に捧げられた牛の内訳と生け贄の配分先 [Her 2009: 8-9]

10　"cuab tsaav"は、葬儀の調整役として、血族を離れた娘や義理の息子たちから供え物を受け取りその内容を記録し、彼らが亡くなった人に敬意を表して葬儀に参列したことを記録に残す役割を持つ。（メールのやりとりによる。V. Yang. 2010年9月1日。）
11　優先順位の6位にある「娘の財産」は、亡くなった父親が娘の結婚の時に婚資を受け取ったことを意味する。

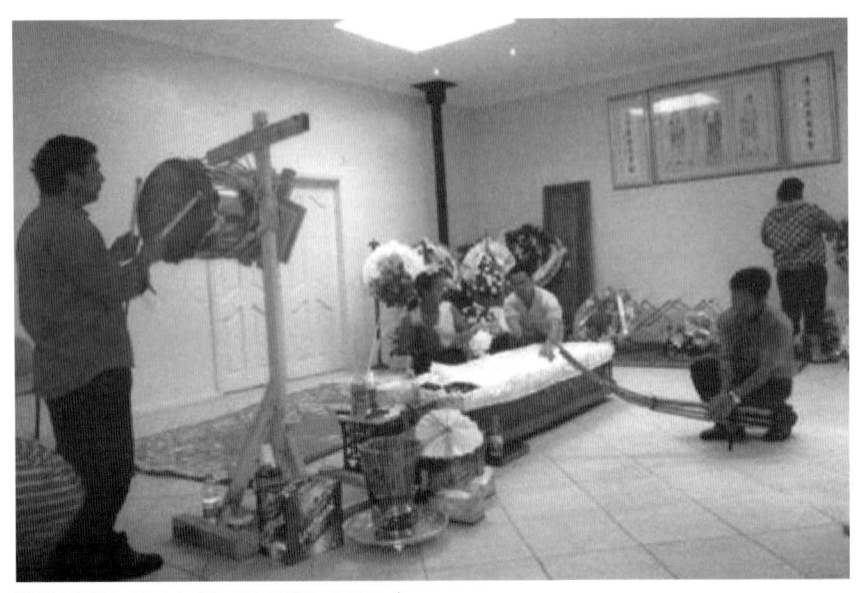

葬儀の準備をする人々（オーストラリア・シドニー）

　モン族社会において各自が持つ役割や位置づけは、葬儀のようなフォーマルな場面で男女が占めるスペースにも表される。筆者が参列した葬儀では、祭壇に向かって右側が男性親族専用のスペースとして用意され、そこには女性の姿はなかった。式の進行は男性親族と死者のクランのリーダーが行ない、女性が式の進行に関わることは全くなかった。おおかたの女性親族は祭壇の左側で死者に付きそうか、会場後方に固まって着席していた。また、いわゆる「香典」（弔慰金）を受け取る役割は、通常親族を代表して喪主の男性いとこ (first cousin) が、男性親族用のスペースで名前と金額を記帳して受け付ける。家を代表することのない女性は、単独で弔慰金を渡すことも男性用のスペースに入ることも許されないため、男性の付き添いが必要になる。筆者の場合も例外ではなく、香典を渡すには筆者と同年代の男性のエスコートを必要とした。同年代の男性がつきそうのは、相応の社会的地位と年齢が反映されることが好ましいとされるからである。モン族社会では今も年功と男性の優位性が維持され、人の社会的地位と親族関係に重きが置かれていることがわかる [G. Y. Lee and Tapp 2010: 31]。

　この事例から、モン族社会では祖先の霊を受け継ぐ男性とそうでない女性と

では、役割や着席位置のように占める空間が異なり、性による違いがモン族社会の特性を形成していることが明確に示されている。同様に、北タイに住むモン族を研究したシモンズやトムフォードも、性による対比がモン族社会のさまざまな場面に見られることを指摘する［Tomforde 2006: 214-217; Symonds 2004: xxvii］。移住から40年近くを経過したアメリカのモン族社会でも、東南アジアに住んでいた当時とほぼ形を変えることなく、モン族社会の特性が維持されていることがこうした事例から確認できた。

　以上、アメリカのセントポールで行なわれた葬儀について述べた。それではフランスやオーストラリアに移住したモン族は、人口が少ない中で同じように伝統的な慣習に従って葬儀を行なっているのだろうか。オーストラリアのモン族の葬儀については、1992年にフォークが論考を書いているが［Falk 1992］、オーストラリアやフランスのモン族の葬儀を個別に取り上げた文献はない。葬儀に関する文献の多くは、一般論として伝統的な葬儀を論じた内容で、国別の違いはそこに表れていない。ゆえに、本書ではアメリカでの葬儀を中心に論を進めた。

　なお、筆者はアメリカの他の地域や、他国でモン族の葬儀がいかに行なわれているかを知るために、セントポールの葬儀の写真をフレスノ、フランス・オーストラリアのモン族に見てもらい、意見を聞いた[12]。その結果、式の手順や日数のかけ方などに多少の違いはあるものの、伝統的なモン族の葬儀がこれらの地域でもほぼ同様に執り行なわれていることがわかった。また、将来葬儀が簡素化される方向にはあるが、伝統的な葬儀の手順を何らかの形で次世代に継いでいく必要があると考える人々が多いことを確認した[13]。

12　J. Yang（アメリカ・フレスノ）、G. Y. Lee（オーストラリア・シドニー）、C. Heu（フランス、オビニーシュールネール）、S. Yang（フランス・ニーム）、T. Yang（フランス・パリ）、P. Q. Txiachaheu（フランス・ショーレ、Y. Yang（ラオス・シエンクアーン）、J. Xiong（タイ・チェンマイ）。
13　キリスト教に改宗した人々は親族の1人として儀礼に参加しても、儀礼そのものに関わることはない。しかし自分や家族が改宗していても、兄弟（特に長兄）が祖先崇拝をしているので、モン族コミュニティにいる限りは儀礼と全く関わりがなくなることはないという。

第5節 結婚式 (noj tshoob)_{ノォチョン}

5-1 結婚の概念

　モン族の結婚式は宴と儀礼の両方の性格を兼ね備える。これまでに見てきたように、儀礼においては、モン族のクラン・システムの基盤を成す親族の絆と、クランに属するメンバーが相互に負う義務が強調される [Lemoine 2008: 15]。父方のリネージが最優先されるが、異なるクラン同士で結びつく婚姻関係による親族関係も、クラン同士の繁栄に結びつくものとして重要な位置づけがなされている。伝統的な結婚の儀礼は、新郎新婦を祝福するというよりも、2つの家が結びつくことに重きが置かれる [Y. P. Cha 2010: 72]。

　結婚は互いのクランの理解を深めるだけでなく、双方のクランが持つ責任を確認し協力をしあうことを確認する場でもある。ゆえにモン族にとって結婚は、単に家庭を設けるための1つのステップではない。結婚にあたり、双方のクランは互いのクランの繁栄が維持されるよう、これまでの関係を総ざらいし、もめ事などがなかったか双方のクランの長老の立ち会いの下で確認する。問題がある場合は、それを修復してから結婚を進めることが求められる。また、結婚式は、新婦が自分の家の霊的な支配から切り離され、新郎の家の霊の支配下に入ることを象徴する儀礼でもある [G. Y. Lee and Tapp 2010: 164]。

　2つのクランが結びつく結婚の儀礼は、厳格に定められた手順を踏むことが要求され、一般的に2日半の長丁場になる [Y. P. Cha 2010: 72]。結婚に際して特に新郎側が守らなければならない規則が数々あり、儀礼の手順を正しく踏まないと、新郎側の面目が潰れるという。

　たとえば、新郎がクランの長老に相談をせずに事を進めた場合、それは一家の恥となり、金銭面でもより多くの支出が発生する結果となる。また、結婚交渉の後半に新婦の家で行なわれる儀礼で、新郎と介添人が手順を間違えたり、新郎と介添人両者の動きが揃わない場合、飲まなければならない酒の量が罰として増やされるため、両方の親族がじっと見守る中で、結婚交渉に臨む新郎と介添人および新郎一族は、滞りなくすべてが終わるまで一瞬も気を抜くことができないという [Ya P. Cha 2010: 73; G. Y. Lee and Tapp 2010: 169]。

第4章　時空を超える絆　　　　　　　　　　　167

新郎の母親がラオ族であるため、モン族の結婚の儀礼の後に、招待客の前でラオ族の結婚の儀礼が執り行なわれた。(フランス・パリ)

5-2　結婚の手順

　伝統的なモン族の結婚の手順は、一般的に4つのパートに分けられる。
①新郎と新婦が一夜を共に過ごし、
②その日から数えて3日目の朝に新婦が新郎の家に入る。新婦のためにフ・プリが行なわれ、新郎の家の霊に新婦の魂が迎え入れられ、新婦は新郎の家の祖先、家族、友人に紹介される。この日はまた、ウェディング・クルーを新婦の家に向かわせる日でもある。
③結婚交渉において、新郎がいかに新婦側に礼を尽くしているか、どのような態度で新婦の祖先や家族に接するかが厳しく問われるため、この日は新郎にとって試練の1日になる。
④最後に、新郎の家に戻った2人は新郎の家族と時を過ごす。
　こうした手順を踏んで結婚式が無事に終了したことになる [Y. P. Cha 2010: 75]。
　結婚に関する手順は非常に複雑かつ多岐にわたるため、本書で詳しく論じることはできない。次の事例では、筆者が参列したアメリカ・セントポールの結婚の儀礼を概観することにする。
　筆者が参列した日は、③のパートにあたる。家族により、式の内容や順番が異なる場合があるが、「ウェディング・クルー」の存在は結婚式に不可欠である。メンバーは、仲人役にあたる mej koob（メイコン）（ホワイト・モンは2名、グリーン・モンは1名）、

新婦、新郎、新婦の付き添い人、そして新郎の付き添い人がウェディング・クルーの基本メンバーである。これに新婦側の求めに応じて更に数人が加わる場合がある [Y. P. Cha 2010: 82]。

　新郎側のメイコンもまた、新郎と同じように結婚交渉において試練に晒される。たとえば、新郎新婦の家に到着したウェディング・クルーが家の中に入るのは必ず裏口からと決まっているが、家の中では招待客や親族が、裏口から入ってくる一行をすぐには中に入れないよう「壁」を作り立ちはだかる。新郎側のメイコンは結婚に関わるチャント（詠唱）を唄いながら、人の波を巧みにかき分けすばやく家の中に入り、式の準備をした両親に感謝の意を表さなければならない。その場に適したチャントをメイコンが唄えないと進行が遅れることになり、その結果、より多くの酒を新郎側は罰として受けなければならなくなる。そのため、新郎側のメイコンは「壁」を突破するために、数ある結婚の見識を備えていなければならない [Y. P. Cha 2010: 84]。

　結婚交渉と結婚式が別の日に行なわれる場合もあるが、一般的には同日に挙行されることが多い。伝統的な結婚交渉ほど長時間になる傾向がある。こうした体力と気力が必要とされる結婚交渉にあたり、新郎は婚資を用意し、男性の友人を付添人に伴い交渉に臨まなければならない。結婚交渉は、両家を代表するメイコン同士が主体となって行なう。新婦の家で行なわれる結婚交渉であるが、新婦とその両親や家族は同席せず、話し合いにはメイコンと両家のクランの長老および男性親族が臨む。交渉は一般的に夜の7時頃から始まり、明け方の4時か5時まで行なわれることが多い [Lo 2001: 160; Keown-Bomar 2004: 129-130]。

　結婚交渉が重要であるのは、親族が2人の関係をチェックし、新郎新婦にモン族の文化を教え、夫婦として守らなければならない教訓を与える場でもあるからである。かつては、立会人が男女を結びつけ、2人を生涯見守る役を担っていたため、離婚は難しかった [Lo 2001: 162]。しかし、西欧社会ではモンの結婚式後に役所で正式な婚姻手続きをすることが必要なため、実質的には立会人は必要なくなっている。

第 4 章　時空を超える絆　　　　　　　　　169

手前左の新郎側の先導メイコン（2 人のメイコンのうち、年長のメイコン）が傘を新婦側の先導メイコンに手渡している。メイコンが持つ傘は結婚式で重要な意味を持つ。shiv ceeb と呼ばれる白黒の縞模様の布で留められている傘には、新郎新婦の魂を守る役目があるとされる。

新郎（手前）と新郎の介添人は、両家の親族が見守る中で、新婦の家の霊と祖先の霊に土下座して敬意を表す。
2 人は横一列に並び、直立姿勢から膝を揃えてひざまずく動作をすばやく 100 回以上行なわなければならない。2 人のタイミングがずれたり、腕や親指の曲げが足りないと、着席してから飲まされる酒の量が罰の分さらに増える [Y. P. Cha 2010: 92]。

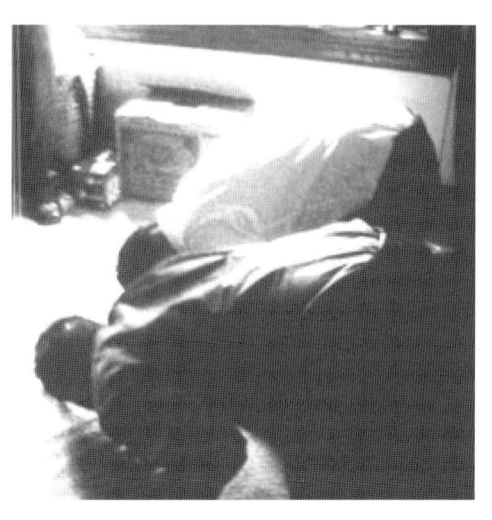

前述したが、モン同士の結婚には婚資の存在が欠かせない。婚資のやりとりは欧米諸国では違法とされるが、モン族社会では婚資は儀礼的意味合いを持ち、両家の両親への敬意を表す象徴ととらえられている。新郎側から新婦の両親への婚資の受け渡しには、立会人が必ず同席して行なわれる [Lo 2001: 163-164]。新婦には新郎の家族からモンの民族衣装が贈られ、新婦は贈られた衣装を着て、自分の両親の家で行なわれる次の儀礼に臨む。新婦が婚家から贈られた衣装を着ることは、女性が両親の家を離れて婚家の人間になったことを象徴する。

アメリカのミルウォーキーで行なったある調査によると、婚資の平均額は$5200〜$6000だった [Lo 2001: 163]。現代では、女性の社会進出が進み、高い学歴を持ち社会的信用を得て仕事に励む女性が増えてきた。カリフォルニアに住むある男性は、相手の女性が修士の学位を持っていることから、新婦側から$30,000の婚資を要求されたというように、新婦の学歴や社会的地位が婚資に反映されることがある [Lee and Tapp 2010: 170]。

婚資を受け取ることは、娘に値段をつけるようなものだと批判的な意見があ

双方のクランの長老が、両家の男性親族に結婚交渉の状況を説明し、結婚が成立したことを宣言している。

第4章　時空を超える絆

出席者それぞれに水煮した鶏が配られる。

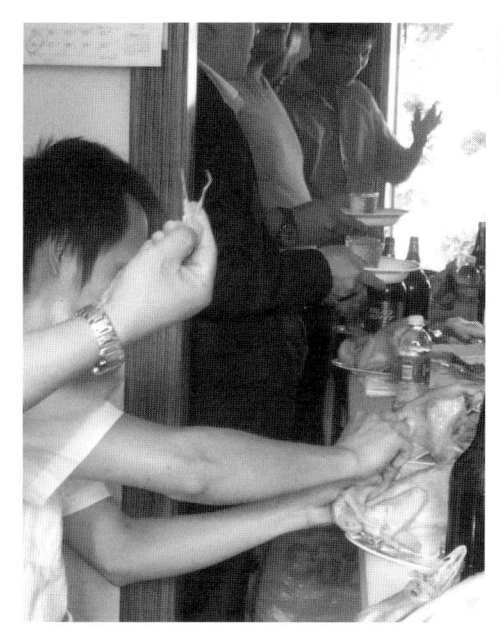

新郎・新婦の将来を暗示するといわれる鶏ののど仏の骨を、出席者全員がそれぞれの皿の鶏から引き出して状態を調べる。

双方の長老が、出席者全員が取り出した鶏のど仏の状態を総括し、祝いの杯を酌み交わす。

結婚式の終盤に、新郎のクランの長老の1人が新郎新婦を祝福し、結婚においてそれぞれが守らなければならないことについての訓示を与えている。

第4章　時空を超える絆　　　　　　　　　　　　　173

長老の訓示を聞く新郎新婦

新婦は重い銀のネックレスと衣装を着けた状態で、小1時間の間、直立不動の状態で、座っている新郎の後で訓示を聞かなければならない。この場面は、「男性に従いその後を歩く者」である妻となったことを象徴している。新婦の付き添いの女性は、両家とは別のクランの人で、新郎のクランの依頼で新婦に付きそい、その一挙一動を見守る役目を持つ[14]。

る一方で、婚資を新婦の両親に渡さずに結婚した男性は、女性側に金銭を渡していないため、自分が望む時に離婚できるとされていた。それゆえ、男性側からの一方的な離婚に歯止めをかけ、婚家における新婦の扱いを保障しようとした昔からの慣習を尊重すべきだと考える人々もいる。

　今日、キリスト教に改宗した人々は、モン族社会における結婚の儀礼を行なった後に改めて教会で結婚式をあげる場合が多い。クリスチャンになったモン族の中には、婚資の慣習を批判して、結婚交渉に必要な傘、生け贄にする豚、祖先の霊に捧げる鶏などの必要な物を充分に用意しなかったり、新婦の両親に敬意を表すお辞儀（100回以上にも及ぶ）を、必要とされる回数行なわないなど、

14　時に結婚式の最中に結婚の意思を翻し逃亡する花嫁がいるため、花嫁の付き添いは、花嫁と昼夜行動を共にし見張りの役目をすることがあるという。

モン族社会においては非礼とされる態度をとる人々もいる。このような宗教上の食い違いが、クリスチャンのモンとクリスチャンではないモンが言い争いを始めるきっかけになることもある [Keown-Bomar 2004: 162]。

まとめ

　モン族の宇宙観では、人の死は終わりではなく始まりである。すべての空間を含有する宇宙は、空および上方の領域、地上、霊の世界が「いのち」のサイクルでつながっているとされる。祖先崇拝は、生者が先祖から命を得たことを感謝し捧げ物と祈りを捧げることで祖先から受ける加護に礼を表する儀礼である。

　子どもの誕生は、生と死を「いのち」の一連のサイクルと考えるモン族にとって、祖先の生まれ変わりを意味する。3つあると考えられている魂の1つが霊の親から蘇ることを許可されると、子どもの体内に命が宿り、この世に生まれてくると考えられている。それゆえ「魂を呼ぶ儀礼」は、家族、社会、超自然界を結びつける重要なものとして位置づけされている。

　このような概念において、死は新しい「いのち」に生まれ変わるために通る通過点となる。事例で示したように、葬儀に集まる死者の一族は、死者との関係の濃淡で異なる位置づけと役割を持つ。葬儀は家族や親族が死者の冥福を祈る場であると同時に、集団で生きてきたモン族の軌跡を振り返る場になっている。

　家族に新しいメンバーを迎え入れる結婚式は、男女の結びつきを祝福するだけではなく、新郎新婦双方のクランの繁栄を願う儀礼である。結婚の儀礼は、欧米諸国に移住してからは、昔のように立会人の存在を必要としなくなった。しかし今でも、結婚式の正式な手順の1つとして結婚交渉が維持されている。クラン同士の面目をつぶさぬよう、結婚式が終了するまで新郎新婦とその親族は気を抜くことができない。結婚により新しく築かれた親族関係は、互いのクランの将来を社会・経済的に保障すると同時に、近い関係で物事を共有する間柄としてネットワークを強化する役割を持つ。

結婚の儀礼（オーストラリア・メルボルン）

　欧米諸国への移住で、キリスト教がモン族社会に与えた影響は大きい。モン族の結婚の形態は変化しているが、それでも、介添え人を伴う結婚交渉、複雑なクラン関係の調整、婚資の支払い、伝統的な結婚の儀礼は移住後も維持されている［Lee and Tapp 2010: 171］。

第5章
アメリカ合衆国・フランス・オーストラリアのモン族

　欧米諸国への移住の時期やプロセスには、モン族がラオスにいた頃の社会的地位が反映され、人によりさまざまだった。フランス在住の元モン特殊攻撃隊（HSGU）の幹部によると、ローンチェン基地からCIAの飛行機でラオスを脱出したグループは、難民キャンプの滞在期間が短く、比較的早い時期にアメリカやフランスに渡ることができたという。このグループには、ラオス王国政府、ラオス王国軍関係者、戦前からフランスの政治家や教育者とつながりがあった人々、バン・パオが率いた戦闘部隊で高い地位にあった人々、医療従事者など、いわゆる「エリート」と呼ばれる教育レベルが高い人々が含まれた[1]。

　だが、移住初期の1975年から1978年の期間中、アメリカに移住したモン族難民は9000人に過ぎなかった。これはアメリカに既に移住した人々から現地の生活がモン族にとって容易でないことを聞き、言葉が通じない見知らぬ土地で苦労するよりも、バン・パオが率いる反共産主義グループがいつの日かラオスを取り戻す時までタイの難民キャンプに残って待とうと、移住をためらった人々が多数存在したことによる。しかし、タイ政府は難民が国内のキャンプに長期間留まることを拒否したため、難民キャンプにいた人々は、好むと好まざるにかかわらず、第三国への移住を余儀なくされたのである［G. Y. Lee and Tapp 2010: 104］。

　アメリカやフランスに渡ったモン族と違い、オーストラリアに移住したモン族の多くはバン・パオが率いた部隊の歩兵とその家族で、人により数年から10数年の期間を難民キャンプで過ごした後にオーストラリアに渡った。また、戦前にラオス政府がオーストラリアに派遣した留学生の多くが帰国せずにそのまま残り、難民キャンプにいた家族や親族を呼び寄せたため、オーストラリアのモン族は留学生の主な出身地だったシエンクアーンからの移住者が多い。オ

1　インタビュー：C. V. (2006年8月8日、既出)。

ーストラリアのモン族は人口が2000人と少なく、アメリカやフランスのモン族と比較して保守的とされる [Julin 2004: 6; G. Y. Lee: 2004: 11]。

　この章では、まずアメリカ、フランス、オーストラリア、それぞれの国の移民・難民政策を概観し、次に国別にモン族の移住から現在までの軌跡を振り返って、どのような変化が人々の意識や社会に起こってきたかを考察する。最後に、3ヵ国のモン族社会の比較考察をフィールドワークから浮かび上がったことをもとに6項目の観点から述べることにする。

第1節　アメリカ合衆国のモン族

1-1　アメリカ合衆国の移民・難民政策

　アメリカへの合法移民者の到来は、歴史的に3つの時期に区分できる。第1期が19世紀末から1924年までの移民大量受け入れの時期、第2期が1924年から1965年までの移民の受け入れを抑制した時期、そして1965年以降の移民増大の時期である [小井土 2003: 32-33]。この3つの時期は移民数が変化しただけでなく、アメリカの移民政策のフレームワークが変動した時期でもある。現在の移民政策は、1965年の移民法 (Immigrant Act：移民および国籍法の改正) に基づき、1986年移民改革統制法(IRCA)による「非合法」移民規制などの変動を経て成立した。この改正移民法は、離散した家族の呼び寄せ枠と、特定の職能を持つ人の両方を採用する雇用枠を移民受け入れの基本的な枠組みとした。また、1924年の「移民および国籍法」の基盤を成していた国籍別割り当て原則を否定し、西半球と東半球の2つの大きなカテゴリーの上限のみを設定した。1965年の移民法は、アジア系アメリカ人の人口増大、特に教育レベルの高い専門職の人々の移住人口が増加した要因となった [Kou Yang 2001: 1]。以下の表が示すように、従来厳しく移民を制限されていたアジア諸国からの移民は、1965年の移民法で大幅に増大したが、移民数が増大傾向にあったメキシコなどラテン・アメリカ諸国からの受け入れ数は制限された (カナダ、メキシコ、中央アメリカ、西インド諸島を含む)。

2　独立行政法人労働政策研究・研修機構、「アメリカの移民政策」
http://www.jil.go.jp/foreign/labor_system 2004_11/america_01.htm. (retrieved: January, 25, 2007.)

	移民総数	ヨーロッパ	北アメリカ	南アメリカ	アジア	アフリカ
1966	32万3000人	35.8	37.9	12.4	12.4	0.6
1981-1990	725万6000人	9.7	43.1	6.3	38.8	2.7
1991-2000	908万 500人	14.4	43.1	5.9	31.8	4.2
2001-2005	377万9700人	15.4	37.1	7.1	33.5	6.1

移民の出身地域と全体に占める割合（％）
アメリカに入国した地域別移民の一覧表

　この頃の難民受け入れは、差別を否定し人道主義的観念から離散家族を再結合させることを優先しているものの、アメリカの産業社会が必要とする特定の労働力は能力主義で選別するという矛盾した対応が取られた。これは、難民を受け入れるアメリカ各州にとって、なるべく負担がかからない者を選別して受け入れたからである［小井土2003: 35-36］。

　モン族の受け入れでは、人々は次のように職歴別に分類された。以下の表は、413人のモン族女性の職歴および技能の内訳である。難民申請したほぼ半分の女性が「農民または種々さまざまな仕事を持つグループ」に分類され、次に多いのは「裁縫・刺繍をするグループ」である［C. Y. Vang 2006: 76-77］。

職歴・技能	計
農民・種々さまざまな仕事	180（44.0%）
裁縫・刺繍	177（43.0%）
主婦	48（12.0%）
学生	4（ 0.5%）
販売	4（ 0.5%）

女性移住希望者の職歴および技能

　一方、男性443人の分類では、「農民・さまざまな仕事」と「軍関係」の人々が上位グループを占める。男性年長者の主な職歴は農民だったが、若い世代においては、軍関係に従事していた人が多い。

職歴・技能	計
農民・種々雑多な仕事	188（42.0%）
軍関係	137（31.0%）
学生	33（ 7.0%）
販売	27（ 6.0%）
難民キャンプでの補助的な仕事	12（ 3.0%）
医療従事者・看護師	9（ 2.0%）
行政関係者・公務員	7（ 1.5%）
村の長	5（ 1.0%）
その他・事務関係	5（ 1.0%）
自動車整備	4（ 1.0%）
機械操作・電気工	2（ 0.5%）
タクシー運転手	1（ 0.5%）
教師・その他	1（ 0.5%）
大学講師	1（ 0.5%）
籠織工	1（ 0.5%）
鍛冶工	1（ 0.5%）

男性移住希望者の職歴および技能

　職歴別の分類に加えて、人々は戦争に直接関わったか、あるいは秘密部隊の兵士の妻か子どもであるかにグループ分けされて登録された。当初はケースワーカーが過去の職歴を基に雇用プランを作成することになっていたが、モン族の多くは年齢が高すぎるか健康の問題から「雇用不可能」な者として扱われ、彼らに対してプランが作られることはほとんどなかったという［C. Y. Vang 2006: 78］。

　アメリカの難民受け入れは、初期の頃はボランタリー・エージェンシー（Voluntary Agencies: VOLAGs）と難民定住事務所（Office of Refugee Resettlement）が協力して行なった。その仕組みは、VOLAGsのようなボランタリー機関の呼びかけに教会のメンバーや賛同者が呼応して、難民の「スポンサー」となり、定住を援助するというものだった［Quincy 1988: 219］。後の1980年の難民法（Refugee Act）では、「難民を人種、宗教、国籍、政治的信条により迫害を受ける恐れがある者として定義づけ、移民とは別枠で扱うようになった。

アメリカにおけるインドシナ難民の政策アジェンダは、いかに難民を自立させるかに力点が置かれた。政府は難民に補助金と社会保障を受ける権利を与え、また難民をアメリカ中に分散させることで、1つの州だけに負担が偏らないようにした。当初は難民に補助金が3年間支給されたが、1975年の難民に対する補助金法（Refugee Cash Assistance Act）の制定で、補助金の支給期間は1982年以降には1年半になり、その後は1年になった。ただし、子どものいる家庭には同様のサービスが、未成年扶養世帯給付金制度（AFDC: Aid to Families with Dependent Children）を通じて支給された［Keown-Bomar 2004: 71］。

　1975年から1978年の間にアメリカに移住したインドシナ難民第1波の内訳は、元兵士やアドバイザー、公務員など、ラオスでアメリカ軍と関係した人々が主体だった。こうした人々は難民キャンプで過ごした期間が比較的短く、アメリカに着いてから短期間の職能トレーニングを経て大多数が仕事に就くことができた。だが、就労条件は移住前の職種よりも低く厳しいものだった。それでも当時はほとんどの人々が経済的自立を果たすことが可能だった［Koltyk 1998: 11］。

　モン族を含むインドシナ難民の様相は、第2波から著しく変化することになる。第1波でアメリカに移住した難民の大部分は、都市部に住んでいたベトナム人などであったのに対し、第2波の難民は、農夫、漁師、山岳民などで若い人々が多く、大家族出身で教育程度が低かった。そのため第1波と異なり、このグループはアメリカ到着後に、教育や職業訓練を受けなければ職に就くことができなかった。

　第1波以降にアメリカにやってきた人々は、経済不況の真っ直中、インドシナ難民に対する厳しい社会情勢に直面した。しかし、政府資金によるトレーニングや補助が十分に受けられたことや、ボランタリー機関や受け入れのスポンサーが以前よりも充実していた点が、第1波で来た人々に比べて有利だった。しかしこれらの受け入れ機関が必ずしも、難民が持つ複雑な文化的背景や価値観、すなわち難民の家族や親族関係がいかに再定住プロセスに貢献しているかを十分に理解していたわけではない［Koltyk 1998: 11］。

　難民政策に対するアメリカ世論の反応は、1965年の難民法の改正以降にだんだんと否定的になるが、それでも1990年代半ばまでは、ヨーロッパ諸国の

世論と比較して概ね良好であった。難民に対する否定的な反応は、アジアやラテン・アメリカからの移民の急増に伴い倍増するが、1995年以降はその傾向は弱まっている[Schain 2008: 223]。

1977年当時、アメリカ最大のモン族コミュニティはカリフォルニア州サンタアナにあった。モン族が設立した最初の民間支援団体は、アメリカに政治亡命したバン・パオがサンタアナに設立したラオ・ファミリー・コミュニティ（LFC: Lao Family Community）である。LFCは、California Department of Social Servicesから1976年に基金を得て事業を拡大し、現在も全米各地のモン族コミュニティで職探しや語学トレーニングなどの支援事業を展開している[Quincy 2012: 71]。

1-2 アメリカのモン族社会

最初のモン族難民のアメリカへの到来は、1975年7月である。2万7000人以上のモン族難民が移住した1980年をピークとして、モン族の人口は、1980年の4万7430人から1990年には9万4439人に達し、99％の人口増加を記録した。1980年から2000年までの20年間の人口増加率は295％であった。この驚異的な人口増加はモン族の高い出生率に起因する。平均的な1世帯あたりの人数は6.3人で、アメリカでは最大である。ちなみに、1975年以前のラオスのモン族の平均世帯人数は10人から20人だった[D. Yang 1993: 22]。移住後に世帯あたりの人数が大幅に減少していることがわかる。

1990年の数字によると、モン族人口のうち約35％がアメリカ生まれの子どもたちだった。2000年の統計でアメリカ人全体の年齢中央値が35.3歳であるのに対して、モン族は16.1歳で、18歳以下が56％である。これにより、モン族人口の半分以上が若い世代であることがわかる[3][Kou Yang 2009: 80]。

山岳民族だったモン族が、近代的な移住先の生活に直面してカルチャー・ショックに陥ったのは想像に難くない。今では笑い話になったが、初期に移住したモン族は水洗トイレやガスの使い方がわからず途方に暮れたという。モン語やラオ語でも読み書きができない無学の人々がいきなり英語環境に置かれたた

3　Hmong National Development Inc. (HND), Washington, D.C. and Hmong Cultural and Resource Center, Saint Paul, MN. *Hmong National Census Publication: Data and Analysis* p.14. http://hmongstudies.com/2000HmongCensusPublication.pdf (retrieved: April 28, 2010)

	都市（州）	人口（人）
1	Minneapolis--St. Paul（MN/WI）	4万0707
2	Fresno	2万2456
3	Sacramento--Yolo（CA）	1万6261
4	Milwaukee--Racine（WI）	8078
5	Merced（CA）	6148
6	Stockton--Lodi（CA）	5653
7	Appleton—Oshkos--Neenah（WI）	4741
8	Wausau（WI）	4453
9	Hickory—Morganton--Lenoir（NC）	4207
10	Detroi--Ann Arbor--Flint（MI）	3926

モン族人口の多い都市

め、モン族の多くはラオスで培った知識や技術をアメリカで生かせず、仕事が見つからない場合は生活保護に頼らざるをえなかった。

アメリカは1959年に始まったキューバ難民の到来で、マイアミ州に難民が集中した苦い経験から、以降難民を分散して受け入れた。これによりモン族の親族関係やクランの結束が大きく乱されることになった。だが、家族や親族と再び一緒に生活するために国内を移動した人々や、賃金や福祉面でより暮らしやすい環境を求めて最初に住んだ土地から他へ移り住む第2移住者が増えると、次第に大きなモン族コミュニティが各地に形成されるようになった［C. Y. Vang 2010: 47］。

第2次移住者の増加で、カリフォルニア州フレスノは1980年から1990年代半ばまで最大のモン族居住地となった。後にモン族の人口は、ミネソタ州やウィスコンシン州などの中西部にも広がった。ツイン・シティーズと呼ばれるセントポール市とミネアポリス市の人口調査ではモン族は約4万人とされるが、この数字には住民登録済みの人数だけが反映されるため、実際の人口はこれよりも多いとされる［L. Yang 2009: 16］。ツイン・シティーズに住むモン族の大半は、生活情報が集まりやすいという理由でクランのつてを頼って移動してきた人々である［Yoshikawa 2006b: 2］。中には、移住してから20数年もの間、全米各地を転々とした末に、ラオスやタイの難民キャンプで別れた親族との再会をやっと

ミネソタで果たすことができた人々も存在する[4]。

　ミネソタ州やウィスコンシン州の冬は厳しく、気候的にはカリフォルニアやハワイのような温暖な土地のほうがラオスと似ているため、モン族にとって住みやすい土地だと考えられていた。しかし、たとえ気候が良くても小さな都市には仕事も少なく、またまわりに親族がいない土地での暮らしは耐え難いと、各地での暮らしを試した末にツイン・シティーズを選んで移り住んだ人々も多い。たとえば、ミネアポリスに住むメイブリアもその1人である。当初彼女は夫と共にハワイに住んだものの仕事に恵まれず、カナダ東部の小さな町に移り住んだ。だが、仕事はあってもモンのコミュニティから切り離された暮らしを続けるのは精神的につらいと、親族の多くが住むミネソタ州への移住を決意したという[5]。

　アメリカ社会は一般的に、個人と核家族で構成されるが、他の移民グループと同様にモン族は、文化や言語が同じ人々と一緒に住むことを求めていた。多くの人々は生活が安定すると、自分がスポンサーになってタイの難民キャンプに残る親族をアメリカに呼び寄せた。1980年代初期には、呼び寄せで移住した難民の約3分の1の親族が既にアメリカに住んでいた。家族と親族関係を中心に構成される社会で暮らしていたモン族にとって、集団の中で生活することは非常に重要だった。しかし、国務省と初期の頃のスポンサーは、このようなモン族の文化的嗜好性を充分には理解していなかったため適切な支援を行なえず、第1波でアメリカに移住したモン族の多くが言葉もわからない土地で孤立無縁の状態に陥ることになった［C. Y. Vang 2010: 18-19］。

　ラオスの穏やかな生活からアメリカの競争社会へと生活環境が一変したことで、多くの人々がカルチャー・ショックに悩まされた。生活に馴染めず仕事に就くことができないため、10年あるいはそれ以上の期間を生活保護に依存する家庭も多数存在した。カルチャー・ショックは女性よりも男性のほうに強く現れた。なぜならば、生活のすべてにおいて男性を優先する社会で生きてきたモン族男性にとって、女性が男性と同等に学校で教育を受け、自分で物事を判断し、発言することなど思いもよらなかったからである。一般的に、ラオスで

4　インタビュー：M. Yangsao（2008年4月8日・9日、ミネアポリス、List U-4）。
5　同上。

は女性が家の外で働いて収入を得ることはなかった。しかしアメリカでは男性が働ける場がないため、妻がレストランなどで働いて一家を支えるという家庭が現れるようになり、収入を得て発言力を持つようになった妻の出現で、家庭内の夫と妻の力関係が逆転したケースも見られるようになる。

1-3 モン系アメリカ人議員の誕生

　モン族を取り巻く社会環境が大きく変化するなか、低所得にあえぐ世帯が多数存在したが、生活が安定するに伴い、これまでの「難民」意識から「モン系アメリカ人」として権利の行使と義務を果たそうという変化が現れ始めた。その変化の1つが2002年のミネソタ州議会上院議員補欠選挙で、モン族女性のミー・モアが大方のメディアの予測を覆して当選したことに表れる。モアは、補欠選挙から2週間後の2001年1月29日の特別選挙では51％の票を獲得している。

　この選挙が注目された理由は、無名の女性候補が上院議員に選出され、全米で初めて"Hmong"が大きく注目されたことと、これまでモン族社会で表だって声をあげることのなかったモン族女性が当選を果たし、モン系アメリカ人として最も高い政治的地位を獲得したことにある。モアの当選はアメリカ社会におけるモン系アメリカ人の存在を浮き彫りにし、モン族のような少数の人々の

Minnesota DLF (Democratic Labor Farmer Party――党大会にて)。モアは党大会に100人以上のサポーターを動員して、圧勝が予想されていたTim Mahoneyの党による公認を阻止することに成功した。

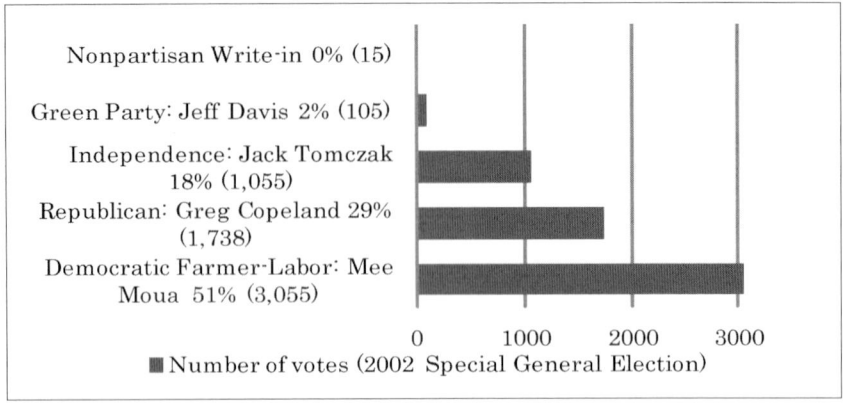

候補者	得票数
Nonpartisan Write-in 0% (15)	
Green Party: Jeff Davis 2% (105)	
Independence: Jack Tomczak 18% (1,055)	
Republican: Greg Copeland 29% (1,738)	
Democratic Farmer-Labor: Mee Moua 51% (3,055)	

■ Number of votes (2002 Special General Election)

2002年特別選挙における各候補者の獲得票数

声を反映させる政治の重要性が認識されることになった。

　モアは女性も男性同様の教育を受けるべきだと考える家庭に育ち、奨学金を得て大学院を修了し、政治の世界に入るまでは弁護士として活躍していた。クランの名誉を重んじる長老たちは、「落選したら、モン族社会全体の恥になる」と当初はミー・モアの出馬を反対した。だが、若い世代のモン族を中心に広がった草の根運動はモン族の親族ネットワークの賛同を獲得し、ネットワークの強みを利用することで、不足していた選挙資金とマンパワーを補うことに成功した。クランと親族関係が有効に機能して集票に結びついた結果と言えよう［Yoshikawa 2006b: 15-16］。

　クランのネットワークの強みは、次に挙げるミー・モアが「ド

ミー・モア議員の宣誓式にて。ミネソタ州議会（2002年1月）

リーム・チーム」と名付けたチャートに見ることができる。彼女の親族関係にあたる 10 のクラン (Moua, Thao, Xiong, Her, Lee, Vue, Lor, Vang, Chang, Yang) が牽引力となって、選挙の資金集めやボランティアの動員にあたった。

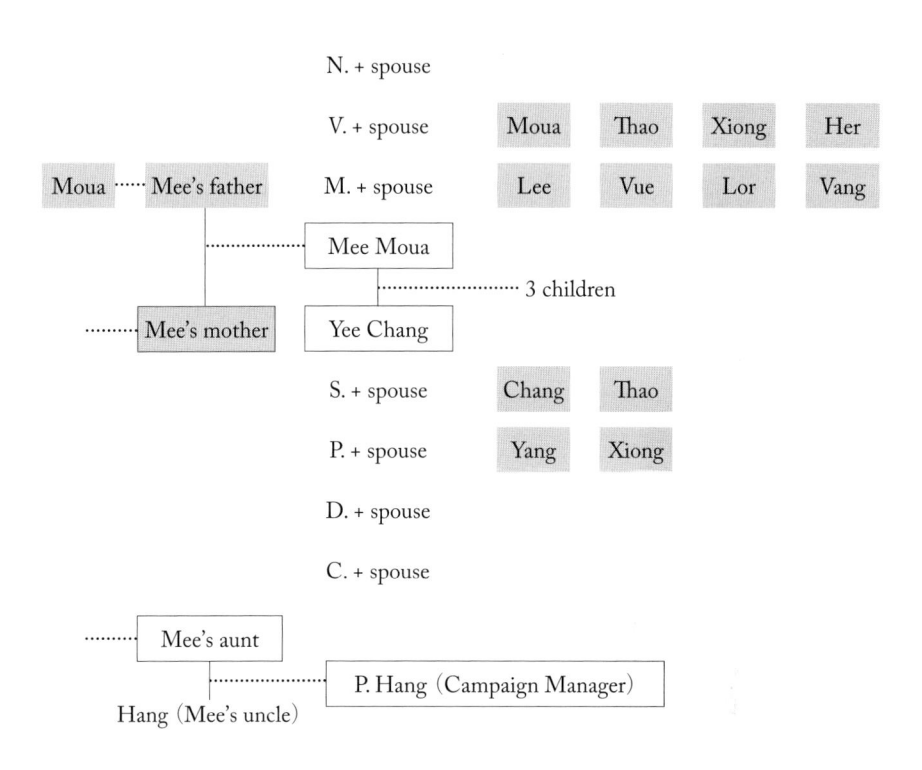

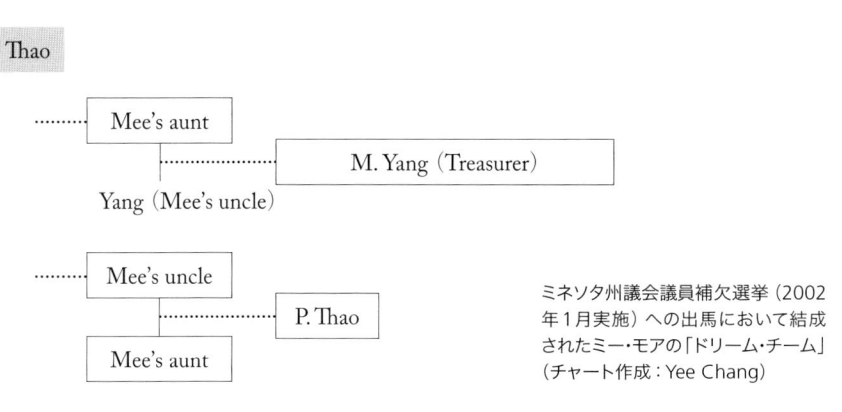

N. + spouse

V. + spouse   Moua Thao Xiong Her

Moua ····· Mee's father   M. + spouse   Lee Vue Lor Vang

Mee Moua

······· 3 children

········ Mee's mother   Yee Chang

S. + spouse   Chang Thao

P. + spouse   Yang Xiong

D. + spouse

C. + spouse

········ Mee's aunt

P. Hang (Campaign Manager)

Hang (Mee's uncle)

Thao

········ Mee's aunt

M. Yang (Treasurer)

Yang (Mee's uncle)

········ Mee's uncle

P. Thao

Mee's aunt

ミネソタ州議会議員補欠選挙 (2002年1月実施) への出馬において結成されたミー・モアの「ドリーム・チーム」(チャート作成：Yee Chang)

モアの選挙戦では、政治活動には不慣れな多くのモン族の若者たちが、「ドア・ノッキング」と呼ばれる、家々を廻り有権者と話をして投票を呼びかける活動や、選挙当日に年配者や身体の不自由な人々に投票所まで車で送り迎えするボランティアとしての活動に加わった。筆者が行なったインタビューや、モン族研究セミナーなどで出会った若い世代の言動から、教育レベルが上がるにつれ、モン族文化とアメリカ文化の両方から良い面を取り入れ融合させて自分たちの生活レベルを向上させようとする意識が高いと感じることが多々あった。

選挙ボランティアへの説明
（選挙戦スタート時）

子ども連れで資料作りをする
女性ボランティア

「ドリーム・チーム」のボランティアたち。
若い世代が圧倒的に多い。

アメリカ人としての意識の高まりに伴い、日常語がモン語ではなく英語の人々が確実に増加している。その一方で、モン族に関する研究集会やパーティなどの場では、アナウンスが英語とモン語の2ヵ国語で行なわれることが多い。筆者の経験では、会場の大多数がモン族である場合、英語のアナウンスが省略されモン語だけで行なわれることがあった。こうした集会で、筆者はセントポ

ールとフレスノの言語環境について主に若い世代 (10代〜20代) にインタビューする機会があった。その結果、会話も読み書きも自由にできるグループ、読み書きは苦手でも日常会話には支障がないグループ、そして聞き取りはできるが話すことはあまりできないという3つのグループに分類することができた[6]。英語が日常語になりつつあると述べたが、筆者の質問を受けた人々はハイスクールや大学に通い英語を話すことに不自由ない人々であることを断りおく。

モン族コミュニティは多種多様であるため、地域や調査対象者の家庭状況により全く別の結果が得られる場合がある。たとえば、モン族のメンタル問題を調査した研究で、低所得者層が多く住むとされるミネソタ州のラムジーカウンティ (Ramsey County) とセントポールにおける米国勢調査局の人口調査 (2006-2008 American Community Survey) と、地域の人々を対象にした聞き取り調査からは、英語よりもモン語を日常語としている人々が多いことが指摘されている [Wilder Research 2010: 16]。

ラムジーカウンティ
- モン族人口：2万6700人
- モン族人口のおおよそ50%が18歳以下である。
- 25歳以上のモン族人口のおおよそ半数 (48%) がハイスクールより下の学歴を持つ。
- 5歳以上の年齢の居住者のうち、約52%が英語を「かなり話せる」レベルである。

セントポール
- モン族人口：1万8500人
- モン族人口のおおよそ48%が18歳以下である。
- モン族人口の3分の1以上が貧困ラインすれすれの生活で、11% (15歳以上) が公的扶助を受けている。
- 5歳以上の年齢の居住者のうち約46%が英語を「かなり話せる」レベルにある。

---

6 主に2008年から2011年にかけて行なったフィールドワークにおいて。

この調査結果から、人口が多いほどエスニック言語が維持されていることがわかる。それでは、アメリカ以外のモン族社会も同様な言語環境にあるのかという疑問が出てくるが、モン族人口が約1万5000人から2万人のフランスと、約1800人から2000人のオーストラリアのモン族社会を、30万人以上の人口があるアメリカのモン族社会と単純に比較することはできない。しかし筆者の知る限りでは、フランスやオーストラリアの家庭でも、第1世代や第2世代が世帯に同居しているか近くに住む場合は、家庭内の主言語がモン語である場合が多い。

　教育の機会を得た第2世代以降は、英語能力に問題がなく、大学の学位を取得する人々が増え、弁護士、教師、エンジニアなどの収入が安定した職業に就く人々が出てきた。だが、こうした人々はまだ少数派であり、モン族の世帯あたりの収入は現在も全米の平均値よりも低い。たとえば、カリフォルニア州に住むモン族の半分以上は学歴がハイスクール以下であり、学校からのドロップ・アウト率も高い。大学以上の学歴を持つのは7％とされる。平均収入は$2万5000で、これはカリフォルニア州の平均世帯収入の半分以下である。モン族の半分以上が貧困ライン以下の生活レベルにあり、公的な援助に頼る状況から抜け出せていない［L. Yang 2009：9］。

　未だ貧困から脱却できないモン族には、さまざまな問題が存在する。ヤングが1999年にカリフォルニア州、オレゴン州、ミネソタ州、ウィスコンシン州、ミシガン州、ネバダ州の6州で実施したグループ聞き取り調査では、
①家族間の争い
②若者による非行
③ジェネレーション・ギャップ
④貧困
⑤医療・精神衛生
⑥教育
⑦情報資源へのアクセス知識の欠如
という7つのカテゴリーに分けられる問題点が浮かび上がった［Kou Yang 2003a: 11］。

　近年モン族社会で特に問題になっている家庭内の争いと若者による非行は、複数の問題が絡み合い複雑である。既に述べたが、ラオスでは、女性は家で子

どもや家畜の世話をし、畑仕事をする生活が一般的だったため、ほとんどの女性が教育と無縁だった。男性でも学校教育を受けることができたのはほんの少数だった。家父長制のモン族社会では、男性は絶対的な発言権を持っていたが、移住後は言葉の壁に加えて教育がないため就ける仕事は単純作業などの低賃金のものに限られた。それゆえアメリカでは、男性だけでは一家の生活を賄うことができず、女性も必要に迫られて外で仕事をして家計を補うようになった。

　夫よりもアメリカ社会に早く馴染み、ある意味「アメリカナイズ」された妻と、妻の変化を認めず従来の価値観で物事を運ぼうとする夫との争いが刑事事件に発展したケースが、1980年代から相次いだ［Kou Yang 2003a: 12］。夫と妻が対立することは家長を優先する従来のモン族社会の価値観ではありえず、家庭内の仕事や役割、処遇に性差があるのは当然のことだった［G. Y. Lee and Tapp 2010: 158］。

　価値観の変化で起きる問題は夫と妻の間だけではなく、親と子どもの間にも見られる。子どもたちはテレビや学校の友達を通じて、家の中とは異なる文化や生活の存在を知り、まわりのアメリカ人と同じような生活を望むが、親は古くからの価値観に沿った生活を子どもに押しつけるため、世代間の対立が発生するようになった［Lo 2001: 179］。中には子どもとのコミュニケーションがうまく取れないまま、生活の貧しさから複数の仕事を抱え、早朝から夜遅くまで親が家を留守にする家庭もある。そのため、親の目の届かないところで子どもがギャング行為などの非行に走るというように、貧しさから発生するさまざまな問題をモン族社会は抱える。

　ミネソタ州のラムジーカウンティとセントポールに低所得者層が多いと前述したが、現在最も生活レベルが低く貧困にあえぐモン族の多くは、タイのタムクラボック寺院（Wat Tham Krabok）周辺に残っていた人々で、2003年12月にアメリカが人道的理由からモン族を受け入れた最後のグループである。このグループの約1万5000人は90％近くがカリフォルニア州、ミネソタ州、ウィスコンシン州の3州に受け入れられた。大半の人々がタイで長期間路上生活をしてきた貧しく教育のない人々であり、これまでアメリカが受け入れてきたモン族とは背景が異なるため、異なる対応が当局やコミュニティに求められている［Grigoleit 2006］。

1-4 ミネソタ州・ウィスコンシン州（都市部のコミュニティ）

ミネソタ州

　前述したように、移住第1波でアメリカに到着したモン族難民は、居住地が片寄らないよう政府の方針でアメリカ全土に分散されたが、その後家族やスポンサーの協力を得て次第にツイン・シティーズ周辺に集まるようになった。American Council of Nationality Services (ACNS) は、1980年にセントポールをモン族難民の人口急増エリアの1つに加えた。この結果を受けて、国務省は難民の配置計画を変更し、スポンサーを持たない難民をセントポールのようなモン族人口急増地域に送り込むようになった [C. Vang 2006: 59]。受け入れ当初から政府は、農業しかバックグランドに持たないモン族難民がアメリカ社会にうまく溶け込めるかどうか懸念を抱いていた。そのため、難民配置計画の変更は、難民がモン族の社会ネットワークを使ってアメリカ社会に早く馴染むことを狙うものだった。

　アメリカ社会への順応が懸念されるなか、難民が生活保護を受けずに農業で自立することを目指してMinnesota Agricultural Enterprise for New Americans (MAENA) と、Hiawatha Valley Farm Cooperative (HVFC) の2つのプロジェクトが立ち上げられた。しかし、この2つのプロジェクトは後に財政困難に直面し、また地域に数多くの難民が流入することに反対する住民運動などの問題が立ちはだかって、規模の縮小を余儀なくされた。これとは別に、都市生活からの脱出を図った人々がツイン・シティーズ周辺のロチェスター (Rochester)、トレーシー (Tracy)、セントクラウド (St. Cloud) などに存在したが、多くのモン族が地元コミュニティにうまく適応できずにまたツイン・シティーズに戻る結果となった [C. Vang 2006: 61]。

　モン族は、非常に厳しい気候条件にもかかわらず、なぜツイン・シティーズ周辺に移り住むようになったのだろうか。ブルッキングス・インスティテュートが2003年に出した報告書によると、ツイン・シティーズ周辺は他の同規模の都市と比べて、雇用率、学業成績、収入レベルで高い評価を得ていた [Brookings Institution 2003: 35-69]。また、ミネソタ州とウィスコンシン州には、"3M"のような世界規模の事業展開をしている会社や、工場などが多く存在し、教育程度が低くても賃金労働の仕事が得られやすいとされる。地域経済が比較的安定し

ていることに加えて、ミネソタ州には州立大学などの教育・研究機関が多数存在する。歴史的に移民や難民受け入れに寛容な社会的背景を持つミネソタ州では、主に宗教団体が設立した私的財団や機関・ボランタリー組織が中心になって難民への支援を行なってきた。[7]

こうした宗教団体の支援をもとに充実した社会福祉サービスをインフラに持つミネソタ州は、東南アジアからの難民を最初に受け入れた州の1つでもある。モン族が最初に来たのは1976年で、それから評判を知って移住者が増え、1981年後半のピーク時の人口は1万2000人を記録した。その後、カリフォルニア州に移り住む人々が出たため、ミネソタ州のモン族人口は一時的に減少したが、カリフォルニア州が1990年半ばに経済的な苦境に陥り、それに伴い雇用が減って福祉制度が変更されたため、ツイン・シティーズのモン族人口は再び増加に転じた。1990年代にカリフォルニア州からミネソタ州に移住したモン族は8000人以上と推定される [Kou Yang 2001b: 165-174]。

ミネソタ州のモン族人口は2008年の調査では約5万2000人とされる [Peifer and Lee 2004]。約4万1000人がツイン・シティーズに住む [C. Vang 2006: 81-82]。セントポールにモン族が集中し始めたのは1979年頃からであるが、本格的にモン族の人口が増加したのは1984年になってからである。

モン族の再定住パターンに変化をもたらした要因を考えてみると、この頃のモン族はセントポールのいくつかの区画や公的な住宅地域を中心に固まって居住していた。人口が増加した理由の1つに挙げられるのは、セントポールとミネアポリスが、子ども向けに英語のクラス (ESL: English as a Second Language) や活動を提供していたことである。さらに、特定地域に集団で住むことで、困った時には互いに助け合い、他のエスニック・グループからの差別を回避し、モン族の慣習や文化を維持することが可能だった [C. Vang 2006: 81-82]。

アメリカには、ミルウォーキーとセントポールに Hmong Chamber of Commerce（商工会議所）がある。セントポールの商工会議所は175人の会員を有する。会員の業種は、レストラン、食料品店、法律事務所、クリニックなど多岐にわたる。セントポールでモン族が展開しているビジネスはこの他に新聞 (2紙)、

---

7 The Minneapolis Foundation. (2004). *Immigration in Minnesota: Discovering Common Ground.* (Minneapolis: Minneapolis Foundation.)

野菜、衣類、日用品、靴、化粧品などを売る店や、テイク・アウトの総菜店がモン・インターナショナルマーケットに入っている。
（アメリカ・セントポール）

銀行、書店、バーやナイトクラブなどで、活発な経済活動はモン族の多くが公的支援に頼らず自立してきていることを表す［L. Yang 2009: 17］。

　セントポールの Como Avenue にモン族が経営する商店が集まるモン・インターナショナルマーケットがある。このマーケットでは、野菜、肉、衣類（普段着や民族衣装）、日用品、本、ラオスやタイから輸入されたビデオやCDなどが売られている。またマーケット内のフード・コートは、ラオスやタイの料理を提供する場としてだけでなく、人々が集い、情報を交換する場にもなっている。初期にミネソタ州に移住した人々の中には、州政府の関連団体や公務員として勤めている人々や、教育委員会委員や市議会議員、さらに州議会議員のように、政治や行政面において活動の場を広げた人々も存在し、「モン系アメリカ人」としての存在が認識され始めている［Kou Yang 2012: 167］。

ウィスコンシン州

　ウィスコンシン州の州都ミルウォーキーには、1800年代半ばから後半にかけて、ポーランド人とドイツ人移民が移住していた。1900年代初めには、ウィスコンシン州最大の都市になり、鉄、鋼鉄、アルミニウム、錫、真鍮、プラスチック、革製品の工業地域として繁栄した。ミルウォーキーに最初のモン族難民が到着したのは、1979年である。当時、地域経済が活発だったミルウォーキーには仕事や教育の機会が豊富だったため、この地域へのモン族の流入が増加した。

　初期の頃のモン族は、ミルウォーキーのダウンタウンに集中して住んでいたが、1990年代に入ると、安い費用で新しく広さが確保できる家を求めて市内から北西部地域に移動する家族が増え、95％の家族が家を購入したという［L. Yang 2009: 126］。北西部への移動により、フォンデュラ（Fon du Lac）、オシュコシュ（Oshkosh）、アップルトン（Appleton）、グリーンベイ（Green Bay）などに住むモン族同士の交流が深まった。

　ウィスコンシン州全体では、モン族の人口は圧倒的に都市部に集中している。これは都市部で展開するビジネスや産業が多く、初期の頃のモン族難民と比較して、教育水準の低い近着の移民でも仕事を見つけやすい環境であることを示す。

	都市部	農村地域
ウィスコンシン州全体平均	68.3%	31.7%
モン族	95.3%	4.7%

ウィスコンシン州の都市部／田園地域の居住状況（2000年）

　2000年の人口調査によると、ウィスコンシン州の3万3791人のモン族人口の23.3%（7883人）がミルウォーキー郡に住み、13.2%（4453人）がマラソン郡に居住していた。ミネソタ州やカリフォルニア州とは異なり、モン族が州全体に散らばって住んでいるため、モン族コミュニティは1000〜2000人の小規模なものが多い。モン族人口は、1990年の1万6373人から、2000年には、3万3791人になり、人口伸び率は106%を記録した。ウィスコンシン州で最大の白人グループの伸び率は4.8%に過ぎず、モン族人口の爆発的増加が数字に表れている。

　筆者はミルウォーキーとは別の地域に住むモン族の暮らしぶりを知るために、フィールドワークの手助けをしてくれたウォーケシャ（Waukesha）に住む30代前半の夫婦と共に、夫側の親族が住むアップルトンを訪れた。夫の叔父にあたるヌアは、アップルトンでいわゆる「パパママ・ストア」と呼ばれる小さな食料品店を営んでいる。アップルトンはミルウォーキーから北へ車で約1時間半の距離にあり、フォックス川沿いにあるコミュニティの中では最大の人口を有する。歴史的に白人社会であったが、近年はアフリカ系やラテン・アメリカ系の住人が増加してきている。モン族も人口が増加したグループの1つで、アップルトンの人口7万人のうち約5%を占める。[8]

　筆者はヌアにモン語の通訳を介して、アメリカへの移住の経緯とこの町のモン族について話を聞いた。シエンクアーン出身の彼はモン特殊攻撃部隊（HSGU）の一員で、戦争が終わった後にジャングルに逃げ込み、1975年から1984年までの9年間、ジャングルに潜んでいた。それほど長期間ヌアが隠れ続けた理由は、いつかバン・パオがラオスに戻り、モン族を助けるために共産党政府を倒

8　Eleanor Cameron. et. al, "Putting the Puzzle Together: Solving Issues of Gangs and Youth Violence in Appleton." La Follette School of Public Affairs. University of Wisconsin-Madison. http://www.lafollette.wisc.edu/gangs/appleton.htm（retrieved: September 1, 2010.）

第5章　アメリカ合衆国・フランス・オーストラリアのモン族　　197

ヌアとその妻
後方の棚には数多くのDVDが並ぶ
(アメリカ・アップルトン)

ヌアが経営する食料品店

すと思っていたからだという。

　　　私はメコン川を泳いでタイに渡り、バンビナイ・キャンプに2年いた。ミルウォーキーに住んでいた白人家族がスポンサーになって、弟の家族と一緒にアメリカにやってきた。妻も私もクリスチャンで、モンの儀礼を行なわない。親族の中には伝統に従って儀礼を行なう家族もいるが、私が儀礼を行なわないことで親族間で問題になったことはない。
　　　私よりも先にアメリカに来たいとこたちは全員がクリスチャンで、私は彼らの勧めで1987年にクリスチャンになった。彼らは、おおよそ250のモン族世帯が住むマニトワ（Manitowoc）に住んでいる。ここのモン族コミュニティは小さいので、皆が顔見知りで居心地が良い。
　　　ラオスにはまだ数人の親族がいるが、1年に1回、送金して欲しいと電話がかかってくる。親族がラオスにいることは嬉しいが、お金をいつも要求してくるので時にストレスを感じる。

　　　　　　　　　　（Noua: 60代男性、アメリカ・アップルトンにて）[9]

　ヌアはラオスで高等学校を卒業していたため、英語の基礎力があった。多くのモン族は読み書きが当時はできなかったため、順応に時間を要したという。自分が他のモン族に比べてアメリカ社会に溶け込みやすかったのは、教育のおかげだと彼は述べた。ヌアの店ではタイやラオスからのビデオやDVD、CDを販売・レンタルしている。レンタル利用者のほとんどがモン族だという。ベトナム人や中国人の利用もあるので、店内には一般的なアジアンフードを置いている。アメリカのモン族コミュニティには、たいていエスニック・フードを扱う店があり、こうした地域に密着した食料品店は情報交換の場になっている。アップルトンに住むモンのほとんどがヌアの店の客だという。彼は、この地域からよそへ移るモン族の数よりも移り住んでくる人のほうが多いのは、小さなコミュニティならではの良さがあるからだと言った。
　ヌアの甥にあたるサイも、妻と息子2人と共に、インタビューに応じてくれた。サイはアップルトンにこれからも住み続けたい一番の理由として、密接な

9　インタビュー：N. Lee（2008年4月14日、既出）。

親族のつながりを挙げた。

> 私はバンビナイ・キャンプで生まれた。ウィスコンシンで大学を出てからずっとアップルトンに住んでいる。ここは子どもの教育環境がいいことと、親族のほとんどが住んでいるので、たとえ今よりいい仕事のオファーがあっても、アップルトンを離れたくない。夫婦2人で働いても、子どもの保育を頼んだら妻の給料が保育料で消えてしまう。その点、ここにいれば親族が子どもの世話をしてくれるので、お金の心配をしないで済む。
>
> だから子どものいるモンはアップルトンを出て行かない。子どものいない夫婦の場合は、良いオファーがあると他へ移ることが多い。でも、自分の子どもには大学に行って、いい仕事をして欲しいので、私たちの世話を理由にここに残ってほしくない。私の父親は既に亡くなっているが、まだ数人のおじたちがここに残っている。おじたちは英語がよくわからないので、私が通訳をしてあげる必要がある。
>
> ツイン・シティーズ近辺は競争が激しいけれども、行政機関に勤めるチャンスがある。政治的な野心を持つモンはツイン・シティーズに多い。アップルトンはのどかな所なので、近くのオフィスや工場に勤める人が多い。ここで政治的に何かを始めようとするモンはまずいない。
>
> モン同士で話す時には必ず呼び名（呼称）を使う。礼儀正しくすることがモンの文化で一番大切なことなので、自分の家族もまわりの人々も必ず呼称を使う。モン同士で話をしていると、時々英語とモン語をミックスした"Monglish"になってしまうことがある。
>
> （Sai: 30代男性、アメリカ・アップルトンにて）[10]

サイは進学するにあたり、地元の大学ではなく、奨学金を得て他の地域にあるよりレベルの高い大学に行くことも考えた。しかし、親族の多くが住むウィスコンシン州を離れたくなかったので、家から通える範囲の大学を選んだという。「自分はどちらかというと古いモンかもしれない」とサイは笑って答えた。

---

[10] インタビュー：S. Lee（2008年4月14日、アップルトン、List U-22）。

彼の生き方は、自分の将来を考えるよりも家族や親族と共に過ごす「今」を優先していると言えよう。

アップルトンをサイは「のどかな所」と表現したが、元は白人が大多数だった町は住人の顔ぶれが多彩になるにつれて、車の窃盗やドラッグ販売などのギャング団が関与した犯罪が増加し問題化している。ギャング団には、モン族以外にアフリカ系やヒスパニック系の集団と、エスニシティが混合した集団があり、その数は少なくとも15あるという。その中でもモンの集団はかなりの人数を集めている。前述したように、モン族文化とアメリカ文化の間で居場所を見つけられない若者が、家庭にはない一体感をグループに求めて集まっている。[11] アフリカ系やヒスパニック系の移住者よりも遅れてアップルトンに1980年代半ばにやってきたモン族については、まだまだまだ地域住民の理解が十分に得られていないのが実情である [University of Wisconsin Extension & Applied Population Laboratory 2000: 3]。

1-5 フレスノ（農村地域のコミュニティ）

1977年当時、カリフォルニア州のセントラルバレーに住んでいたモン族は、マーセド（Merced）に13家族、ストックトン（Stockton）に数家族、フレスノには1家族だけだった [Lieb 1996: 40]。カリフォルニア州の他の地域では、モン族の移住が本格的に始まる1979年以前にオレンジ郡（Orange County）に住んでいた家族がいる。だが、カリフォルニア州の生活コストの高さと近代的な農業技術を持たなかったモン族は、アメリカの近代的な農業経営環境に参入することができなかった。

オレンジ郡から車で数時間の距離にある北部の農業地帯は、南部と比べて生活コストが低かったため、1980年代初頭に移住してきたモン族がセントラルバレー近辺に住むようになった。その後、カリフォルニア州の温暖な気候と、成功した家族の噂を聞いて、ミネソタ州やウィスコンシン州などからフレスノに移り住むモン族が出てきた。農業が盛んなフレスノは、ラオスにいた頃の生

---

11 "Putting the Puzzle Together: Solving Violence in Appleton". University of Wisonsin-Madison. http://www.lafollette.wisc.edu/gangs/appleton.htm
(retrieved: June 5, 2012.)

活を再現できる理想の土地に思えたため、半数以上が農業で生計を立てようとした。しかし、教育もなく言葉もわからないモン族は、焼畑農業の方法しか知らなかったため、その多くが農業で自活できずに公的支援を仰がなければならなかった [Lieb 1996: 42; L. Yang 2009: 9]。

　モン族がカリフォルニア州に惹きつけられたのは、農業と温暖な気候のせいだけではない。当時カリフォルニア州では、英語が母国語でない住民への教育プログラムが多彩に展開されていたからである。たとえば、他の州ではハイスクールの教育は18歳までとする年齢制限が設けられていたが、カリフォルニア州では年齢制限がなく、18歳以上でも学校に行くことが可能だった [Lieb 1996: 43]。公的支援の良さに引かれて2次的移住で集まってきたモン族で、1980年代半ばにはフレスノにかなり大きいモン族コミュニティが形成された。初期にフレスノにやってきたモン族は、アメリカの永住権を取得すると、自分たちがスポンサーになってタイに残る親族を呼び寄せ、フレスノのモン族人口は更に増加することになった。

　現在、フレスノは、人口48万人を有するカリフォルニア州で6番目に大きい都市である。2000年の人口調査では、カリフォルニア州全体のモン族の人口は7万1000人である [Peifer and S. Lee: 2004: 3-11]。モン族の住む地域は、北はチコ／ユバシティ（Chico/Yuba City）から南はフレスノまで広がる。フレスノのモン族人口は2万3000人で、次に多いのがサクラメントの1万6000人である [L. Yang 2009: 8]。

　フレスノの経済は大部分が地域農業で成り立つ。職種には、高いスキルを要するものとスキルの必要がないものの2種類がある。移住当初のモン族は教育がなく英語もわからなかったため、スキルがいらない低賃金の仕事を求めて、他のエスニック・グループと競合せざるをえなかった。低賃金の仕事にも就けなかったモン族の多くは、生活の糧を公的支援に頼るしかなかった。1980年代にフレスノで公的支援を受けていたモン族は168人だったが、1983年になるとその数は7000人まで膨れあがった。

　カリフォルニア州に住むモン族の半分以上がハイスクール以下の学歴で、大卒以上は7％に過ぎない。平均年収は$2万5000で、カリフォルニア州全体の平均年収の2分の1である。モン族の高い失業率と貧困にあえぐ生活状態は未

だに解決していない [Kou Yang 2003: 10]。しかし、貧困にあえいでいるのはモン族だけでない。フレスノ市自体が財政難に陥っていることは、全米の貧困率平均が12〜18%であるのに対してフレスノ市は35%という高い数字に表される。

フレスノのモン族コミュニティはこうした地域経済の不況のあおりでさまざまな問題を抱えているものの、コミュニティとしては成熟したと言える。たとえば、毎年フレスノで開かれるモン族の新年の祝いはモン族の集まりとしては世界最大の規模を誇り、10万人以上が全米のみならず世界各地から集まってくる。また、フレスノにはモン族のラジオ局が2局あり、そのうちの1局はモン族が経営している。

政治の分野では、2006年にブロン・ション（Blong Xiong）がフレスノ市議会議員に当選した。ミネソタ州のミー・モアに続いてモン族から議員が選出されたことで、フレスノのモン族も「モン系アメリカ人」として地域の人々に認識されるようになったという。[12]

先に、多くのモン族が農作物の価格や技術競争に勝てずに農業から撤退したと述べたが、今もフレスノで農業を続けるモン族はいる。彼らがどのような戦略のもとに農場を経営しているかを知るために、筆者は3ヵ所の農場を訪れた。ニアセンは、その中でも最も大きい農場を経営している。

　　私はHSGUのゲリラ隊員だった。1976年にいとこと共にハワイへ移住した。いとこたちがカリフォルニアに先に移住したのを追って、フレスノにやってきた。最初は工場に勤めたが、長い時間働く割には賃金が低いので嫌気がさし、小さな土地を買って夫婦で農業を始めた。始めてから18年になる。現在は、野菜を中心に30種類を栽培している。

　　韓国系アメリカ人が安く野菜を売るので、フレスノではモンは競争に勝てない。そこで、10年ほど前から週に3回の割合で、サンフランシスコの中心街のマーケットに野菜を売りに行くようになった。

　　サンフランシスコでは、中国系や日系住民が主な客である。野菜を傷めないようにフレスノから片道3時間かけてゆっくり行くが、ここで損を覚悟で売るよりも手間をかけて売りに行くほうが利益が上がる。だ

12　J. Yang（2010年3月13日、フレスノ、List U-15）。

第5章　アメリカ合衆国・フランス・オーストラリアのモン族　　203

ニアセン所有の農場にて

　からほとんどのモンがサンフランシスコかロサンゼルスまで出かけていく。トラックで運べない人は、地元の大手のパッキング会社に野菜を納めている。
　子どもは8人いるが、末の男の子が農業を引き継いでくれることになっている。うちは全員がアニミズムで儀礼は昔通りにやっている。私は子どもたちが小さい時から時間を設けてモン語を教えてきたので、全員がモン語を話せる。

（Nhiaseng: 60代男性、アメリカ・フレスノにて。）[13]

　次に、モン族の農業経営の実態を知るために、筆者は農業関係を統括する公的な機関を訪ねた。土壌管理が専門のモン族のサムによると、フレスノにある約1500の農場のうち、1200ヵ所がモン族の経営によるものである[14]。最も大きい農場の敷地は200エーカーで、5エーカーが平均的な大きさである。大きな

13　インタビュー：Nhiaseng Yang（2010年3月13日、フレスノ、List U-23）。
14　兼業農家と専業農家が混じった数字。

農場はパッキングハウス（ブローカー）と契約して作物を供給しており、60%がカナダ向けで残りの40%が国内向けに出荷されている。栽培作物は、マーケット・ニッチを狙ったアジア系の人々が使う野菜が80%を占めている。薄利多売ではなく、品数を多く揃え、少量でも高品質な野菜栽培に特化することで、フレスノのモン族農家は新しい販路を開拓したと言える。

　学歴が高い人ほど、州政府が提供する農業プログラムを受けて新しい耕作法を学ぶチャンスがある。しかしながら、大多数のモン族は今も充分な教育を受けていないため農作業しかできず、そのため農作業のない12月から4月の寒い時期には仕事がないという。農作業は平均して4月の3週目ぐらいから始まり、11月末までの約8ヵ月間続く。フレスノのモン族農家は、リー（Lee）クランとション（Xiong）クランの2大クランがほぼ独占していて、時にクラン間の確執が問題になる。特に50代や60代に、自分のクランの社会的地位を上げようと他のクランの農家と競いあう人々がいる。たとえば、作物を車で売りに行くサンフランシスコやロサンゼルスのマーケットで、少しでも買い物客の目にとまるよう自分のクランに有利な場所を陣取ろうと毎週のように諍いが起きている。

　モン族経営の農場は、一時期よりも減ったものの、サムは専門家の意見として、減少することは必ずしも悪いことではないと述べた。なぜならば、農場の数が減ることで1軒あたりの耕作面積が増えて能率が上がり、それにより生産性が高まるからだという。それゆえ、サムの見通しは、農場の絶対数は減ってもモンの農家の将来は明るいというものだった[15]。だが、農家に実情を聞くと、サムとは違って悲観的な見通しを立てる人が大多数だった。その一方で、見通しが暗いとした人でも、農業は工場勤務と違って自分で時間を配分することができることや、移民第1世代の年齢の親と同居しているため、たとえ経営は厳しくとも土に親しみを持つ親のために現状を維持して農業で生きていきたいとする意見が大半を占めた。

15　インタビュー：S. Vang（Natural Resources Conservation Service, United States Department of Agriculture - 2010年3月12日、フレスノ、List U-16）。

第 2 節　フランスのモン族

2-1　フランスの移民・難民政策

　フランスは国民国家の典型であるとされる。一般に国民国家とは、国民的一体性の意識（ナショナル・アイデンティティ）を共有する人々からなる国家を指す。フランスの場合、政治的理念として掲げられる国民国家は、フランス革命の精神に賛同するフランス共和制に参加する「市民」（citoyens）によるものと考えられている［中野 1996: 20］。つまり、フランスでは移民の社会統合は、「移民」から「市民」への移行を表し、「市民」とは国家と契約を結んだ個人を指す。

　過去にフランスでは共和制形成の名のもとに学校・軍隊・教会といった諸制度を用いて、文化や言語を徹底した同化主義政策で地方を「フランス化」していった時期がある。こうした政策に対して、第2次世界大戦後、同化主義に反対する運動が活発化する。その代表例として、1960年代末から70年代初頭にかける地方言語復活運動があげられる［中野 1996: 22］。

　地方言語の復活運動を通して同化主義は衰退し、差異を尊重する政策が1970年代末頃に具体化する。「差異への権利」（droit à la différence）が叫ばれ、「アンセルシオン」（l'insertion）という考え方が登場する。アンセルシオンとは、自らの出自文化を保持したままフランス社会で生きようとする考え方を指し、移民がその固有のアイデンティティを保持するために、今持っているアイデンティティのままフランス社会に組み込まれるという意味合いを持つ［中野 1996: 23］。アンセルシオンの考えに対し、フランスの極右政党である国民戦線（FN: Front national）は、移民にフランス人と異なる権利があり、固有のアイデンティティを保持する権利があるならば、フランス人にも移民とは違った権利があり、フランス人としてのアイデンティティを保持する権利があるはずであると主張した。こうしてアンセルシオンの考え方では移民問題を解決に導くに至らなかった［中野 1996: 23］。

　「同化」と「アンセルシオン」の2つの概念が批判された後、両者を超えるものとしてフランス的統合（intégration a la française）概念が登場する。「統合」は一方で差違の尊重を、他方で共通の価値観と包括的準拠組みの承認を社会成員に同

時に求めるという特徴を持つ。つまり、「統合」は差異の尊重とフランス共和国への同意という2つの価値の両立を目指すものである［中野 1996: 25-26］。「マジョリティによるマイノリティの包摂」の過程をとる「統合」は、移民を対象とした特別な措置をとることを法的に禁止している。すなわち、「市民」にエスニシティやジェンダーといった帰属的地位に基づくサブカテゴリーの存在を認めていない。この考え方はエスニック・マイノリティに対する積極的な差別是正をめざす「アングロサクソン式」の考え方の対極に置かれる［稲葉 2003: 85-86］。

　これまでに述べてきたように、フランスには民族（エスニシティ）の表記がなく、すべての人々が平等であるとされる。英語圏の国々では、移住してきた人々を、「エスニック・マイノリティズ」「マイノリティ・エスニック・グループ」という言葉で表現するが、フランスではこうした用語の使用は全般的に拒絶される。それは「統合」の概念のもと、マジョリティと移民の社会的相違は縮小するか縮小すべきであるという仮説に基づき、移民に由来する社会的な異質性が統合の考え方では暗黙のうちに容認される場合でも、容認の条件は事実上かもしくは将来に削除することを前提としているからである［ハーグリーブス 1997: 24］。

　フランスの国立統計経済研究所 (INSEE: Institut National de la Statistique et des Etudes Economiques) の記録では、モン族の公的な国籍は、"Laotian d'origine Hmong"（"Hmong"を祖先に持つラオス人）となり、サブカテゴリーに当たる"Hmong"の記載はない。それゆえ、モン族の人口はフランスの「人口動態」に表れない。イギリスやアメリカでは人口を人種または民族で分類するが、フランスでは国家がこの種の全国的なデータの収集を認めていない。また、INSEEが発表する限られたデータには、個人の出生地の情報がほとんどなく、更にその両親の出生地情報となると皆無である。フランス政府による国籍に焦点を当てたデータに基づいて、移民がフランス社会に与える影響を分析するのは極めて困難であり、人口に関する情報を得ることは容易でない［ハーグリーブス 1997: 25-26］。したがって、フランスにおける公的なモン族人口は不明で、推定で約2万人とされる。[16]

---

[16] 元ラオス国王軍の将校で、パリ近郊に居住するモン族男性とのインタビューより（2006年4月実施）。

難民はフランスに到着すると、Créteil, chemin Vert-des-Mèchesの施設に収容される。この施設は、1975年に設立された最も古くフランス最大の難民センターである。難民はセンターに収容されると健康チェックを受け、難民資格申請の手続きが開始される。難民として認定されると仮の在住許可証（APS）が発行される。関係書類がà l'Office francais de protection des réfugiés et apatrides（OFPRA）にまわると、難民には書類の受領表が渡され、正式な認定が出るまで3ヵ月間の滞在許可証が発行される。

　モン族難民は文字が書けない人々が多かったため、他のアジア系難民よりもフランス語の習得に時間を要した。そこで難民センターはモン族を対象に料理教室を開き、基本的な食べ物の名称や調理器具の名称を教えたという。こうした取り組みに見られるように、フランスでは、難民がフランスの主流社会に早く溶け込めるように経済的観念（フランスのお金の価値）とフランス語の訓練の2つを軸に難民支援を行なっている［Michel-Courty 2006］。

2-2　フランスのモン族社会

　フランスに移住したモン族は、同時期にやってきたアフリカや東ヨーロッパからの難民と比べて、手厚い保護を政府と一般人から受けていたとされる。たとえば生活全般に対して政府が援助を行なったおかげで、すべての人々がOFPRAによるテストをパスすることができたという［K. Xiong: 2004］。
　フランス中部に住むモーは、移住した当時に受けた手厚い支援について次のように語った。

　　私の叔父がラオス王国軍の兵士だったので、比較的早い時期に移住のオファーがあり、すぐにフランス行きを決めた。難民キャンプには2年いたが、こんなひどい所でいつ死ぬかといつも怯えていた。家族のうち兄1人だけがアメリカに行くことを選択したため、家族が別れ別れになった。
　　1979年にフランスに来て、移民センターで2週間過ごした後、南部のアノオ（Annot）でフランス語の訓練を6ヵ月間受けた。フランス語はとにかく難しかったので、訓練センターのテストをパスできるとは考えて

いなかった。テストに合格できたのは、先生たちが特別に毎日余分に教えてくれたことと、モンがインドシナ戦争でフランスを助けたので、テストでおまけをしてくれたのではないかと今でも思う。

（Mo: 50代後半男性、フランス・オビニーシュールネールにて）[17]

　現在、モーは妻と長女と共にオビニーシュールネールのモン族コミュニティに住む。モン族コミュニティと言っても、近所にはフランス人も多く住むが、一家はモン族以外の住人とはあいさつ程度でほとんど関わり合いを持たないため、モーの意識にはまわりのフランス人は「近所の住人」とはなっていない。一家は家族全員が近隣の水道機器を作るドイツ企業の工場で働く。交代勤務制のためそれぞれの出勤時間や帰宅時間がばらばらである。4人いる子どものうち、1人はパリに住むが、長男と3女がモーの家の近所に家があり頻繁に行き来があるので、今も子どもたちが家にいるような気がするとモーは語った。
　モーとは対照的に、パリの北東部に位置するドルモン（Dormans）に住むザビエルは、フランス人コミュニティから受けた暖かい支援がとても嬉しかったと語った。

　　フランスに来た当初は、エルブレ（Erblay）に住んでいたが、ここに家を買ってからは、動いていない。ずっとシャンパン用のブドウ畑で働いてきた。
　　勤務先のフランス人の社長はいつも金銭的な援助など、何かと家族の世話をしてくれた。ここでは、うち以外にモンはいないので、誰も頼ることができないと最初の頃は思っていた。しかし、引っ越してきてすぐにカトリック教会の人たちが、あり余るほどの食べ物や洋服を持ってきてくれた。私には子どもが10人いるからとても助かった。また、言葉に困るといつも誰かが家に来て通訳になってくれた。
　　3年前に妻や小さい子どもたちはここから東へ4時間の場所に引っ越した。自分は定年までのあと2年を勤め上げたいので、妻や家族と離れて長女の家族と住んでいる。仕事をやめたら妻のいる家に移るが、私に

17　インタビュー：M. Heu（2010年1月30日、オビニーシュールネール、List F-23）。

とってフランスに来てから初めてモンのコミュニティに住むことになる。まわりがモンだけの土地で人生最後を楽しく過ごしたいと夢見て働いてきたのでそれが叶うと嬉しい。

(Xavier: 50代後半男性、フランス・ドルモンにて)[18]

　ザビエルはフランスに来てから洗礼を受けてカトリック教徒になった。同居する長女はフランス人（カトリック教徒）と結婚し、娘が1人いる。家族全員がカトリックなので、家でモンの儀礼を行なうことはないが、末の娘が20年前自宅で亡くなった時にはシャーマンに祈禱してもらい豚の生け贄を捧げたという。彼は兄弟姉妹や親族の家の儀礼には、親族の1人として参加するが、儀礼の手助けをすることはない。ザビエルは、プロテスタントに比べてカトリックのほうが異なる宗教への容認度が高いと言う。プロテスタントに改宗した親族の中には、儀礼だけでなく親族同士のつきあいからも宗教を理由に縁遠くなってしまった人々がいる、と彼は語った。

　移民第1世代の多くはモン族コミュニティ内での生活を選んできたが、教育や仕事の場が広がるにつれ、若い世代ではモン族コミュニティへのこだわりが薄れてきている[19]。フランスのモン族人口は少ないので、単純にアメリカのモン族と比較することはできないが、セントポール、ミルウォーキー、フレスノのように特別に大きいモン族コミュニティはなく、各地に小規模なコミュニティが分散している。所帯あたりの子どもの数は都市部においては2人から3人と、フランスの一般家庭と同じであるため、モン族人口の大きな増加は望めない状態にある[20]。地方の都市でも、1世帯あたりの家族数は減少傾向にある。たとえば、モーが住むオビニーシュールネールはパリから車で南へ約3時間の距離にあるが、地域のモン族友好団体の会長タオによると、大多数が広い家に住んでいても、子どもが10人いるような大家族は2世帯しかいないという[21]。

18　インタビュー：X. Heu（2010年1月28日、ドルモン、List F-3）。
19　インタビュー：P. T. Benoirk（2010年1月31日、ル・メシュールセンヌ、List F-8）。
20　2010年1月から2月にかけてフランスで行なった現地調査では、南フランスの農業を営むモン族コミュニティや、地方都市のコミュニティでは、1世帯あたりの人数が5人と多くフランスの一般世帯よりも大家族であることが明らかになった。
21　インタビュー：R. Thor（2010年1月31日、オビニーシュールネール、List F-22）。

小さなコミュニティではモン語人口が増加するとは考えにくく、近い将来に消滅する可能性もある。多忙を極める親たちはモン語を子どもに教えることを負担に感じ、学校の成績が少しでも良くなるように、家では意識的にフランス語だけを使う家族もある。また、進学や就職などで家を離れ、都市で生活をする若者が増えるにつれ、モン族同士の関わり合いが希薄になり、モン語を学ぶ機会がますます減ることが危惧されている。

　こうした状況はまた新たな問題を生んでいる。それは親世代（第1世代：モン語が主な言語でフランス語の理解力に欠ける）と子ども世代（第2世代以降：モン語は理解できるがうまく話せない）の間のコミュニケーション・ギャップである。コミュニケーションがうまく取れないと、時には親子や親族との会話に「通訳」が必要になる場面さえあるという。たとえば、筆者が参列したパリ郊外で行なわれた結婚式では、アメリカから来た親族のうち親世代同士はモン語で会話が成り立つが、同行した娘や息子たちの多くがモン語もフランス語も会話ができる状態ではなかった。ミネソタから母親と一緒に参列した20代前半の女性は、初めての海外旅行で自分がモン語もフランス語もまともに話せないことに気づいたと語った。彼らは英語が話せないフランスの親族とうまくコミュニケーションが取れず、同世代のフランスの従姉妹たちに通訳になってもらう場面も多く見られた。モン語でコミュニケーションがうまく取れない若い世代にとって、英語が共通言語になりつつあると言える。

　一般的にアメリカのモン族社会ではモン語が自由に使える若者が多いと述べたが、言語の習得にはまわりの環境や個人の興味、意識が大きく関わるため、総体的に状況を示すことは難しい。この事例のアメリカから来た若者たちのように、モン族が多いミネソタ州に住みながら、モン語が家庭内の主言語ではなく、日常的にモン語が必要でない環境で育った場合、英語のように世界共通の言語がないと他の国に住む親族同士のコミュニケーションにも困る場面が出てくる。

　次の事例に登場するメイは、複雑な話になると母親とコミュニケーションが取れない。彼女は現在32歳で、長い間母親とのコミュニケーション・ギャッ

22　インタビュー：T. Yang（2010年2月1日、既出）。
23　2007年5月19日、パリ郊外にて。

プに悩んできた。彼女はハイスクールを卒業するとすぐに家を離れた。それは大家族に生まれたために長女として果たさなければならない責任から逃れたかったからだという。家に残れば、兄弟姉妹の世話や家事に追われ、将来の展望が開けないと感じた彼女は、家族よりも自分の生き方を優先した。現在、メイのまわりにはモン族の友人も親族もいないという。

> 私の家族は12人で、一番下の妹はまだ10歳である。母は、家計を支えるため、安い賃金の仕事でも掛け持ちして働いてきたため、フランス語をきちんと学ぶことがなかった。今もフランス語の基本的な表現しかわからない。両親とも仕事が忙しく、私は親とゆっくり過ごすことができなかった。
> 　30代になって母といろいろなことを話したいと思っても、私はモン語で複雑な内容を話すことができないし、母は簡単なフランス語しかできない。言葉が通じないために誤解が生じて母とケンカしたことがある。それで、難しい話の時には、叔母さんに来てもらって通訳してもらう。
> 　　　　　　　　　　　　　　　（May: 30代女性、フランス・パリにて）[24]

メイの家族はパリから西へ電車で2時間ほどの地方都市のモン族コミュニティに住んでいる。彼女は家で儀礼がある時にはなるべく実家に帰るというが、それも年に数回程度で、モン語の必要性を感じながらも、自分のまわりにモン族がいないため習う手段を見つけられないままだという。パリに移り住んだ当初から、彼女はモンとしてよりもフランス人として生きようと、学校や仕事を自分の意思で選んできた。自分の進む道は自分で決めるという強い意思を持つ彼女は、いとこや友人の結婚生活を見聞きして、自分はモンの男性と結婚することはないだろうと断言する。メイにとってモン語は自分がモンだと自覚する上で大事なものではあるが、今の自分にとっては単なる道具か手段に過ぎないという。

　モン語の維持は、地域によるが、困難になりつつある。若い世代がモン族文化を学ぶ機会は更に限られている。たとえば、モン族の儀礼に欠かせない楽器

24　インタビュー：M. K. Tcha（2007年5月23日、パリ、List F-17）。

であるケーンは、演奏ができるレベルに到達するまでに長い期間を要する。アメリカのセントポールでは、モン・スタディセンターで週に数回、子どもを対象にしたケーンのクラスが学校の放課後に開催されている。筆者がセンターを訪問した時には、10歳から15歳くらいまでの男の子たちが6〜7人集まって、午後4時ぐらいから2時間ほどケーンの指導を受けていた。

　このようなクラスはフランスでは現在のところ開かれていないという。それは、フランスでは大半の学校で授業が午前8時から午後5時までであるため、放課後にモン族文化を学ぶ余裕がないからだという[25]。ケーンに代表されるように、モン族の文化や伝統は口伝えで伝えられてきたためテキスト化されたものは少なく、したがって習得するのに時間を要する。近年、ケーンの楽譜が作られるようになったが、若い世代で興味を持って取り組む人々はなかなか増えない。また、ケーンを教える人も限られている現状では、フランスでモン族文化や伝統を維持するのは難しくなると考える人々が多い[26]。

　そのため、クランを超えて新年の祝いや儀礼の準備が行なわれる。互いに助け合うことで儀礼をなんとか維持している状態であるが、特に第1世代のモン族の中には人のつながりを「ホワイト・モン」か「グリーン・モン」で区別する人々がいるという。大半のモン族は、この2大グループのいずれかに属する。言語や衣装の違いはあるものの、「モン」としてのアイデンティティは共通である。

　2つのグループ間に敢えて違いを見出すことにどのような意味があるのか。筆者の疑問にラオス国王軍の将校だった男性は次のように答えた。

　　　政府のリーダーがホワイト・モンから選ばれてきたことに見られるように、ホワイト・モンはラオスでグリーン・モンよりも優遇されてきた。それに比べてグリーン・モンは教育や仕事に恵まれていなかった。
　　　ホワイト・モン同士、あるいはグリーン・モン同士の結婚ならば問題ないが、違うグループのモンとの結婚は、昔は問題にされた。私の母親は、同じホワイト・モンの女性でなければ結婚してはいけないと、口癖

25　インタビュー：R. Thor（2010年1月31日、オビニーシュールネール、List F-22）。
26　同上。

のように私に向かって言っていた。

(David: 60代男性、フランス・グレノーブルにて[27])

　ホワイトかグリーンか、違いを気にする人々がいる一方で、若い世代では、グループの違いを意識せずに結婚する傾向が強まっているという。しかし、当人同士では問題にならなくても、結婚後にグループの違いに気づいて戸惑いを受ける人々も存在する。たとえばフランス西部のショーレに住むパーは、グリーン・モンの夫と結婚して初めて、グループの違いにうるさい人々が存在することを知ったという。

　　夫の家で私がホワイト・モンの言い回しで話すと、義母や夫の姉にすぐに注意される。自分の両親はグループの違いを気にしていなかったから、私は結婚するまでどちらが上か下かと考えたこともなかった。しかし今では、自分がホワイト・モンだから夫の親や兄弟姉妹に余計に嫌みを言われるのではないかと思っている。
　　ラオスでは、ホワイト・モンのほうがいい仕事に就いていたから、妬む気持ちが今でもあるのだと思う。もし私が同じグリーン・モンの出身だったら、きっと義母や姉の態度は違っていると思う。
　　夫は封建的な人で、子どもにはグリーン・モンの表現しか教えない。人を区別することを子どもに教えたくないが、将来子どもたちが親類の家に行って、「その言い方は間違い」だと言われて、同じようにいやな思いをするのも可哀想だと思う。
　　こうした問題はモンの世界ではいやと言うほどある。モンはどうでもいいことを問題にするので面倒くさい。

(Paj: 20代後半女性、フランス・ショーレにて[28])

　パーはグリーン・モンの夫に求婚された時に、自分がホワイト・モンであることが問題になるとは思ってもいなかった。しかし、実際は言葉や細かい決ま

27　インタビュー：D. S. Geu (2006年8月10日、グレノーブル、List F-13)。
28　インタビュー：P. Q. xiachaheu (2010年2月9日、既出)。

り事にさまざまな違いがあり、時に夫の親族を見下しているのではないかと話し方を注意され、ショックだったという。彼女は29歳で長女が6歳、次女と3女が双子で4歳、長男が1歳である。なかなか男の子を授からなかったが、4人目にして男の子を授かってから、夫の親族の態度が少し変わったという。夫の親族と話す時には、できるだけホワイト・モンの言葉を使わないよう注意しているが、自分の家では、ホワイトもグリーンも関係なく、「4人の子どもの母親」という立場で発言するようにしていると語った。

　ホワイト・モンとグリーン・モンを区別するのは、フランスのモン族に限ったことではない。アメリカのサクラメントでは、モンのチャーター・スクールの建設地をめぐって、両グループが対立し、コミュニティを二分するほどの大問題に発展しているという。モン族社会では、パーのケースに見るように、言葉の使い方のような些細な違いから、時に大きな問題に発展することがあるという。従来はコミュニティで問題が生じると、自分のクランのトゥーチョーブラオ (tus coj plaub = wise men) と呼ばれる人々が、当事者の間に入ってクランの内々の問題として調整をしていた。モン族社会では、長老に相談せず、弁護士など外部の人間に依頼することは、たとえ個人の利益になっても、集団の顔 (ntsej muag) や、集団の評判 (koobmeej) を汚すとして嫌がられる。

　トゥーチョーブラオには、おおかたの場合リネージの長老がなるため、仲裁に入った長老の意見を無視することは困難である。ほとんどの場合、仲裁の内容は女性に忍耐を求め、男性側に有利な展開になるため、筆者がインタビューした女性の大半が、場所を問わず、この慣習に批判的だった。アメリカのモン族は、もめ事がある時は弁護士を雇うと答えたが、フランスやオーストラリアのモン族は、問題が大事にならないうちに身内や親族内で問題を処理すると答えた人々が多かった。

　このような問題から、コミュニティ内の過干渉を嫌って、近年結婚相手をモン族以外に求める人々が徐々に増えている。特に女性にこの傾向が強く、モン族同士の結婚で生じるトラブルを避けるために、わざとコミュニティとの関わ

29　モン族コミュニティで功労の会った人やアドバイスを与える人々を指す。モン族女性へのインタビューでは、"Wisemen" はたいがいの場合、男性側を支持し女性に「忍耐」を求めるため、インタビューした女性には非常に不評だった。

り合いを避けると答えた人々もいる[30]。フランスのモン族の場合、モン族コミュニティが小さく分散しているため、こうした傾向が強いと言える。

2-3 パリ近郊：グリニ／ル・メシュールセンヌ（都市部のコミュニティ）

　グリニ（Grigny）とル・メシュールセンヌ（Le Mée/Seine）はどちらも、パリと近郊の町を結ぶRERと呼ばれる高速鉄道の沿線にあり、パリから約1時間15分〜30分ほどの場所にある。筆者が訪れた家は、両方ともいわゆる新興住宅地にあった。近年この地域に住むモン族が増加していて、グリニには小規模ながらモン族コミュニティができている[31]。両家族とも父親がモン族団体のまとめ役をしているので、それぞれが住む地域と、パリ全体のモン族の人口を尋ねてみた。しかし、どちらもパリ地域は広いため、モン族の人口は正確にはわからないという答えだった。

　一方、オビニーシュールネール（Aubigny-sur-Nère）は町の規模が小さいため、大体のモン族人口を把握することが可能だった。前述したように、フランスではモン族のエスニシティが人口調査結果に反映されないため、大都市ほどモン族の人口を把握するのが困難であるが、パリのモン族人口は推定で1000人から2000人とされる。なお、ここで挙げたデータは、筆者のインタビューをもとにしている。

　地域のモン族人口のおおよその数を把握できるのは、新年の祝いのような大きなイベントの時である。それは、このようなイベントではたいてい参加費を徴収するため、来場者数から推定することがで可能だからである。2010年7月17日にエソンヌ（Essonne）のDome of Villebon sur Yvetteで開催された"Festival Hmong"には、3000人近い参加者があったという。だが、来場者が地域の人なのか、それとも他の地域から来た人なのかは、主催者もつかめていない。

　2010年のイベント参加者が予想より多かった理由として、主催者はバン・パオがイベントに登場する予定が当初組まれていたからだと言う。しかし、バン・パオは体調不良を理由に直前にキャンセルしたため、会場に集まった参加者の失望を買うことになった。それでもバン・パオ人気がフランスでも未だ衰

30　インタビュー：M. K. Tcha（2007年5月23日・2010年2月10日、パリ、既出）。
31　インタビュー：C. V.（2006年8月8日、既出）。

"Festival Hmong" のポスター

えていないことが証明された出来事だった。

　さて、パリ郊外のグリニの家庭は子どもが12人という大家族である。親族も近所に住んでいるため、外ではフランス語であっても家の中ではモン語も同じように使われている。ル・メシュールセンヌの家族は、4人の子どものうち娘2人が既に嫁ぎ、長男（25歳）と3女（17歳）が両親と暮らしている。夫婦の会話は主にモン語だが、家庭内ではフランス語だけが使われている。両親がモン語で子どもたちに話しかけることはなく、子どもたちのモン語の知識はほんの限られたものだった。なぜ家庭内でフランス語を使うことにしたかと尋ねると、父親は自分が成し遂げることができなかった夢、すなわち大卒の学歴を子どもに与えたかったので、学校の勉強に専念できるように、フランス語を優先したと語った。フランスでは、アメリカのようにいつでも大学に復帰して学位を取ることができない。8歳までの学校の成績でほぼ将来の進路が決まってしまうという。職業は学歴でほぼ決まると言えるので、自分の選択は正しかったと父

32　同上。

親は語った。[33]モン語よりもむしろ英語のほうが得意な3女も、親にモン語を無理矢理教えられなかったおかげで、勉強に集中することができて良かったと語った。[34]

　双方の家族ともモン族コミュニティには住んでいなかったが、親族以外でつきあいがあるのはだいたい50家族であると、ほぼ同様に答えた。そこで筆者は車で行き来する範囲に住むモン族の数を約200人から300人と判断した。双方とも食生活はラオスやタイにいた頃からの料理法によるものが多いという。フランス料理で使う濃厚なクリームやバターの味付けでパンを食べるよりも、ご飯にスープ類が欠かさず登場するというように、食生活は昔のままである。[35]話す言葉がフランス語でも、ラオスにいた頃の食習慣が変化していないのが双方に共通している。

　両家族ともカトリックであるため、モン族の儀礼を家では行なわない。都市部のアパートに住むモン族の中には、鶏を室内で絞めて生け贄にする家庭もあるが、多くは買ってきた鶏を用いることが多いという。アメリカと同様にフランスでも家庭で家畜を処理することが禁じられているため、本来豚を生け贄にしていた慣習が住環境に影響されて変化したと言えよう。

2-4　オビニーシュールネール／ニーム（農村地域のコミュニティ）

　フランス中部のオビニーシュールネール（Aubigny-sur-Nère）は、ブールージュ（Bourges）の北、オルレアン（Orléans）の南東に位置する林業と農業が盛んな地域で、近隣には軽工業地域を持つ。人口は2006年の数字で約6000人である。この町では地域に住む民族の友好を図るために、毎年パレードを企画し、各民族に民族衣装を着て参加することを呼びかけている。モン族は民族融和をスローガンに掲げる当局の方針に沿って、"Laotian d'origine Hmong"として毎年100人ほどが4月に開催されるパレードに、モンの民族衣装を着てラオ族と共に加わる。モン族がこのような機会に民族衣装を着て参加するのは、衣装がモン族の「アイコン」として観光客や地元の人々の目に留まることを意識したもので、

33　インタビュー：T. Yang（2010年2月1日、既出）。
34　インタビュー：C. Yang（2010年2月1日、ル・メシュールセンス、List F-24）。
35　筆者の観察によるものである。

オビニーシュールネールのパレードに参加するモン族

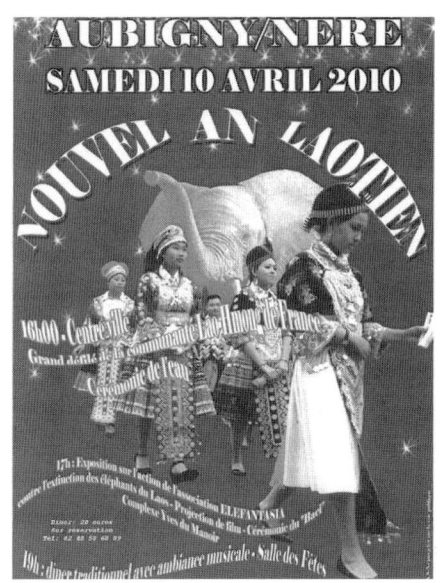

第5章　アメリカ合衆国・フランス・オーストラリアのモン族　　219

"Laotian New Year" のポスター
オビニーシュールネール　2010年4月

モン族の存在をアピールする良い機会ととらえられている[36]。

　モン族が自分たちの新年の祝いとは別にラオ族と共に地域の行事に加わる理由の1つとして、モン族友好団体である Union Association of Hmong Lao - Nere Aubigny の会長タオ (R. Thao) は、オビニーシュールネールに住むモン族はラオスの伝統や慣習を区別せずに生活の中で取り入れているため、Laotian New Year の集いに「ラオスの一民族」として出場することに抵抗感を覚えないのだと語った[37]。Laotian New Year のプログラムには、ラオスの民族衣装を着てダンスを踊るセッションと、モン族の衣装を着て踊るセッションが交互に企画されている。モン族は移動を続ける生活の中で、他民族の文化を取り入れて自分たちの文化に融合させてきた。ダンスもそれを象徴するものと言える [Kao-Ly Yang 2001: 7]。

　モン族がなぜラオスに親近感を抱くのかは別の理由にもよる。前述したように、フランスでは国籍に "Hmong" は現れず、"Laotian d'origine Hmong"（Hmong

---

36　インタビュー：C. Heu（2010年1月29日、オビニーシュールネール、List F-11）。
37　インタビュー：R. Thor（2010年1月31日、既出）。

を祖先に持つラオス人）と表記される。モン族の中にはラオ族に「支配された」歴史から、ラオ族やラオスの国そのものを倦厭する人々もいるが、ビデオや写真などを通してラオスを自分たちの「故郷」と懐かしむ人々は多い。タオの言うように、オビニーシュールネールのモン族は、モン族文化とラオ族文化を区別することなく共に Laotian New Year を祝うことで、モン族のエスニック・アイデンティティを誇示していると考えられる。

オビニーシュールネールのモン族の大半は、ドイツ資本やフランス資本の近隣の工場で働いている。筆者が滞在した家はモン族コミュニティ内にあったこともあり、日常会話はすべてモン語で交わされ、ル・メシュールセンヌの家族と同様に食事は基本的にラオス料理やタイ料理が多かった。家事のほとんどを担当している長女は、「フランスの学校を出て、言葉も思考回路もフランス語なのに、家でフランス料理を食べることはほとんどなく、なぜ子どもの頃からアジア系の料理を食べ続けているのか不思議だと思う」と語った。[38] モンのアイデンティティに不可欠な要素としてモン語が挙げられることが多いが、筆者は言語と同様に、環境が異なるフランスにおいても変わらず生き続けている食習慣にも注目すべきだと考える。

オビニーシュールネールの次に訪れたニーム (Nimes) は、パリから南へTGV高速鉄道で約3時間半の距離に位置する。ニームのモン族リーダーとしてコミュニティのまとめ役をしているアランは、ニームのモン族の特徴を次のように語った。

> ニームのモン族は約100世帯、人口は500人ぐらいで、平均的な家族数は4人から5人である。モンが働ける仕事が少ないため、ほとんどの家族が農業を行なっている。クランの数は12あるが、結婚や助け合いのことを考えると、数がもっと増えてほしい。規模の大きいクランは、ヤング (Yang)、ション (Xiong)、リー (Lee)、ヴァン (Vang) で、大半がこの4つのクランに属する。
>
> 私の所有地は5.5ヘクタールあり、いとこたちと共同でやっている。この地域では兄弟や親族が共同で農業をするのがほとんどである。作物

---

[38] インタビュー：C. Heu（2010年1月29日、既出）。

は大部分が野菜で、季節によっては桃を育てている。畑に出るのは3月から12月の間で、仕事がない冬の間は旅行に出かけることが多い。フランスは休みが多いけれども、アメリカの親族は忙しくてなかなか会いに来てくれない。だからこちらから出かけないと会えないのが残念だ。

私は難民キャンプにいる時にカトリックの洗礼を受けた。妻はアニミズムで、家族のうち私だけがカトリックであるが、信仰は自由なのだから、家族がアニミズムでも気にならない。うちではモンの儀礼は限られたものしかやらないけれども、カトリックになったのが若い頃だったので、このコミュニティの中で私がカトリックであることを問題視されたことはない。

兄はパリに住んでいる。都会に住むモンは家が狭いので、部屋の広さに合わせて儀礼の内容が変わってきている。変化についていけない60代以上の人々は、フランスの法律を理解できず、どうしてもラオスのやり方を通そうとするので問題になる。老人が自己主張しすぎると、若い人たちがモンの儀礼や文化に興味を持たなくなってしまうと思う。また、モンはどうしても自分のクランで固まってしまう傾向がある。悪い影響のほうが多いと思うので、私の世代で良くない伝統を変えていかなくてはならないと思う。

(Allan: 50代男性、フランス・ニームにて)[39]

アランは妻と共に難民キャンプからフランスに移住したが、一時アメリカのフレスノで親族と共に農業を3年やっていたことがある。アメリカでは農場経営が難しいと判断した彼は、フランスに戻った。ニームは気候が温暖で、ここでモンの仲間と農場経営を始めたのは良い判断だったと語った。

アランは現状に満足していると答えたが、パリで機械デザインの工場に勤めるアランの兄のトゥアは、「弟は農業で苦労し続けてきた」と言い、過去の自分の経験から、農業は割に合わないと指摘する。2人の意見は異なるが、トゥアとアランは共にフランスのモン族社会でオピニオン・リーダー的な役割を担っている。2人は「移住から40年近く、フランス社会に自分たちを合わせること

---

39 インタビュー：A. Yang (2010年2月5日、ニーム、List F-4)。

に一生懸命だったが、これからはフランス人として、またフランスのモンとして前向きなアイデンティティを持つ必要がある」と語った。モン族文化を次の世代に伝えていくのは重要であるが、フランス社会では相容れない、たとえば生け贄のような「悪しき」慣習をなんとか自分たちがまだ元気なうちにやめる方向に持っていくのがこれからの課題だと結んだ。

第3節 オーストラリアのモン族

3-1 オーストラリアの移民・難民政策

　オーストラリアは旧イギリス系植民地国家として、アングロ・サクソン系の人々の移住により作られた移民国家で、移民奨励策によりイギリス人やアイルランド人、東欧難民を受け入れてきた歴史を持つ。移民構成がアングロ・サクソン系からアジア系へ広がりを見せて多人種化し、多文化 (multi-culture) がオーストラリアに根付くようになって、「エスニック政策」という枠組みが必要になった。その表れが、オーストラリア移民省の名称変更に見られる。名称が「移民・エスニック問題省」(Department of Immigration and Ethnic Affairs) に変わり、更に「移民・エスニック問題・地方政府省」(Department of Immigration, Ethnic Affairs, and Local Government) に変更されたのは、アジア系移民・難民に代表される、多文化をバックグランドに持つ人々が急激に増加したことを反映する [竹田1991: 13]。

　オーストラリアは、過去に自国の安全と利益を確保しようとする意識から生じた厳しい入国制限が有色人種に対して行なわれた。市民社会は白人のみで建設されるべきとするイデオロギーのもと、「白人の、白人による、白人のための社会」を実現することを目標とした白豪主義 (White Australia) は、主にアジア人を対象とした。

　そのきっかけは、19世紀にヨーロッパ系移民が就きたがらない職業に、安い賃金で働くアジア人が「契約移民労働者」として導入されたことである。とりわけゴールド・ラッシュにより中国からの労働者が増大し、賃金水準の低下や集団で行動する中国人に対して社会不安が起こった。白豪主義は連邦政府の

指導の下、オーストラリア社会の安定と発展を約束する政治的イデオロギーとして成長し、1960年代後半に「移住制限法」(Immigration Restriction Act 1901) が改正されるまで続けられた [竹田1991: 19-21]。

オーストラリアの政策的イデオロギーが白豪主義から多文化主義に移ったのは1980年代である。1980年代以降のオーストラリアは多数のアジア系移民や難民を受け入れ、社会状況が大きく変化する。とはいえ、多文化主義社会は1980年代以降の現象ではなく、多数のギリシャ人、ユーゴスラビア人、イタリア人などのヨーロッパ系の移民により、オーストラリアは既に十分に「多文化的」状況にあった。つまり、多文化主義という政策的イデオロギーは、アジア系移民やインドシナ難民をどのようにとらえるかという問題に帰着する [竹田1991:22-23]。

オーストラリアが欧米志向からアジア太平洋地域重視の姿勢へ変わっていった背景には、白豪主義に対する国際社会からの批判がある。「アジアの一員」としてオーストラリアが白豪主義を放棄した最大の理由は、アジア太平洋地域がオーストラリアの生存戦略にとって死活的な重要性を帯び、そこに存在する途上国とオーストラリアが国際的立場で対話をするのに白豪主義がマイナス要因となったからである [竹田1991: 15-17]。

アジア系移民の増大は、フレーザー政権下で多くのインドシナ難民を受け入れたことによるものである。ベトナムからの「ボート・ピープル」の最初の漂着（1976年4月）から、次々オーストラリアの海岸に到着した難民をめぐり、国内で大きな論争が巻き起こった。当時、国内経済が悪化し、失業率が上昇するなど経済問題が深刻化していく中でオーストラリアが難民を受け入れたのは、人道主義的な理由からだけではなかった。オーストラリアを取り巻く国際情勢は、ASEAN（東南アジア諸国連合）への外交的配慮や貿易問題、難民条約下の国際責務など、さまざまな要因が介在してオーストラリア政府に難民受け入れ枠を広げるよう圧力をかけたのである。

「ボート・ピープル」が引き金になったインドシナからの難民受け入れでは

---

[40] ヨーロッパ系移民による社会形成をめざしたもの。不評を買った外国語による「書き取り試験」では、試験に合格できた者だけが入国できる制限を設けた。
[41] 条約に加盟している国は、「ノン・ルフルマンの原則」(non-refoulement) により難民の入国を拒否したり、強制送還することを禁止する国際法。

あるが、1982年の数字では、7万人の受け入れ者のうち「ボート・ピープル」は2059人だけだった [Tavan 2005: 214]。この数字は、オーストラリアの移民・難民政策が「ボート・ピープル」のような一過性の問題に対処するものではなく、よりグローバル化・エスニック化していったことを物語ると言えよう。

　オーストラリアが大量の非白人の難民を受け入れたことで、政府の政策に変革がもたらされた。それは、移民政策の中の1つだった難民政策が統一的な枠組みで移民・難民政策として一体化したことだった [竹田 1991: 94]。移民の受け入れは、家族移民、技術移民、人道移民の3つの枠組みで行なわれている。家族移民は、配偶者、親、子どもなどの血縁関係者がスポンサーとなるものである。技術移民は、オーストラリア社会に必要な人材とされ、高度な技術や語学力を持つ人々が対象で、近年その比率が高まっている。人道移民は、難民などの人道的に移住が必要な人々を対象とする。難民政策は、人道移民枠に基づいて海外で難民認定された人々や、人道的にオーストラリアに定住が必要とされる人々を受け入れるものである [浅川 2006: 32]。

　「多文化主義」とは、オーストラリア社会の多文化的「状況」を示す概念であると同時に、多文化社会を「制度化」し、「組織化」するための政策を表す概念である [竹田 1991: 22]。制度化・組織化するための政策は、オーストラリアの移民政策の特徴の1つとして定住支援体制に表される。これは、移民政策が原則として「外国からの移民を永住者として定住させる」ことを基本にするためである。定住支援を行なうことで、受け入れた移民がもたらす社会的影響を、その時々の雇用や政治などの社会情勢を考慮に入れた移民の受け入れ数とその内容・基準が決定される。定住政策の一例としては「移民定住支援団体助成制度」がある。これは、移民の定住を支援するためにエスニック団体や各種ボランティア団体に対して移民省が諸経費を助成する制度で、移民自身を積極的に関与させることで定住を促進させる目的がある [竹田 1991: 115-116]。

3-2 オーストラリアのモン族社会

　インドシナにおける共産勢力の拡大は、オーストラリアにとって遠い存在ではなくなっていた。1960年代には、オーストラリアは安全上の不安からアメリカ合衆国との連携を強め、地上部隊と空軍資材をベトナムに送った [Cirafici

2006: 48]。オーストラリアがモン族難民を受け入れてきたのは、間接的ではあるが、こうした背景によるものである。

　モン族難民の受け入れは1976年3月に始まり、1992年にタイ政府と国連難民高等弁務官事務所（UNHCR : United Nations High Commissioner for Refugees）がすべての難民キャンプを閉鎖するまで続いた。受け入れ当初は比較的簡単な手続きで移住が許可されたため、難民がキャンプで過ごす期間は短くて済んだ。初期の頃は、移住にあたり資格や高い教育レベルが求められなかったが、次第に経済難民が増加したため、UNHCRとオーストラリア政府は移住審査を強化するようになった。これにより、1980年代のモン族移民は、難民枠による移住よりも、既に1970年代にオーストラリアに渡ったモン族が「家族呼び寄せプログラム」（Family Reunion Program枠）で政府に申請するものが大多数を占めるようになった。

　「家族呼び寄せプログラム」とは、オーストラリアで永住権を獲得した者がスポンサー（身元引受人）になって、海外の肉親をオーストラリアに呼び寄せ、家族単位の生活を再び可能にすることを目的とした人道的な移民受け入れプログラムである［竹田 1991: 43］。スポンサーになるには、血縁関係にあるか婚姻関係にあることが必要条件である。現在も、オーストラリアへの移民にはスポンサーの存在が必須である。

　「家族呼び寄せプログラム」は、教育や資格を移住のための最重要条件とせず、若い人々や家族数が少ない世帯に優先的に移住許可が与えられた。シドニーのモン族人口は後に国内移動に伴い減少した。1987年の調査では、シドニー在住の80家族のうち、50歳以上が世帯に含まれていたのは12家族に限られた。1995年の調査では、家族数が32に減少し、その内訳は37％が0歳～10歳の年齢グループで、全体の54％が20歳以下だった［G. Y. Lee 2004: 15］。

　現在、オーストラリアには約1800～2000人のモン族人口があるが、人口の伸びがアメリカのモン族と比較して低い。オーストラリア各地にコミュニティが分散しているためにモン族同士の結婚が困難になりつつあることや、かつてのように大家族を維持することが経済的に難しくなっていることが出産率の低下につながっているのではないかと考えられている。

　移住したモン族にとって初期の頃は仕事を獲得するのに競争がそれほど激し

くなかったので、仕事の内容を問わなければ、工場などで働き口を見つけるのは比較的簡単だった。生活を安定させるためには少しでも早く賃金を得ることが必要だった。そのため、学歴や資格を取るよりも仕事を見つけることが優先された。ラオスで教師や政府関係の職種にあった人でさえ、6ヵ月の英語のトレーニング以外、元の職種に復帰する目的でオーストラリアで再び教育を受ける人はほとんどいなかった [G. Y. Lee 2004: 16]。

　モン族の居住形態を見てみると、移民当初は既に移住していた親族を頼って南部のメルボルンやシドニーに住む人々が多かったが、次第にオーストラリア各地に人口が分散していった。2003年半ばの数字では、北部クィーンズランド州のケアンズ (Cairns)、イニスフェイル (Innisfail) とアサートン (Atherton) に約800人のモン族が住んでいた。クィーンズランドの温暖な気候がモン族をひきつける理由の1つとなったとされる [Wronska-Friend 2004: 98-99]。

　モン族で最初にクィーンズランドに移住したのは、シドニーに住んでいたリー一家が1987年にイニスフェイルでバナナ・プランテーションを始めた時だった。リー一家の成功を知って、メルボルン (Melbourne) やホバート (Hobart) など、他の地域からオーストラリア北部へ移動してバナナや野菜の栽培を始める人々が続出した。現在多くのモン族が住むブリスベンには、1994年以前は1人も住んでいなかった [Tapp and G. Y. Lee 2004: 17]。バナナ栽培は英語の能力やスキルを必要とせず、親族が近隣に住み同じ仕事に従事することが可能だったため、集団を重んじるモン族の価値観と一致したという。[42]

　こうした人々は、南部に買った家を売却して資金を作り、プランテーション用地を購入したのである。ある調査では、シドニーの32家族のうち42%が1995年までに家を購入し、そのうち19%が既に借金を完済していた。モン族の持ち家保有率はオーストラリアの平均 (41%) よりも高く、ベトナム難民 (13%) やカンボジア生まれの難民 (14%) よりもはるかに高かった [Tapp and G. Y. Lee 2004: 17]。初期に資金がなかった人々は土地を買わず、バナナ・プランテーションで働いて賃金を得た。クィーンズランドの温暖な気候がラオスと似ていることから、野菜栽培を始めた家族もあった。イニスフェイルに住んだ人々の大半は、ラオスの頃と同じように、アニミズムを信奉したという [G. Y. Lee 2004: 14]。

42　インタビュー：G. Y. Lee (2008年3月8日、シドニー、List A-35)。

シドニー在住のリーは、オーストラリア北部に新しいチャンスを求めて移動したモン族について次のように語った。

> 南部の都市では低賃金で働く労働者が大半だった。北部へ移動した人々は「オーストラリア版アメリカン・ドリーム」を夢見て、南部に建てた家を売り、プランテーション用の土地を購入した。南部では家の価格が高くなり過ぎて買えなかった人も、北部ではまだ比較的安い値段で購入できたため、クィーンズランドに移住することは魅力的だった。
> 　最初の移住から10年の間に、多くのモン族がイニスフェイルに移り、最盛期には、国外から短期間に手伝いに来た親族を含めて、3000人の人口があった。
> 　プランテーションの当初の収入は、年間でAUD10万～20万だったが[43]、モン族同士の過当競争や、天候変動でバナナの価格が暴落し、収入が10分の1までに落ちこんだ家族もあったため、多くの家族がプランテーションをやめてケアンズやブリスベンに移動した。[44]

　モン族難民のオーストラリアへの移住において原動力になったのは、1960年代半ばに「コロンボ・プラン」による奨学金制度でラオスから留学して来た7人だった［G. Y. Lee 2004: 62］。[45]大学卒業後にオーストラリアに残ることを決めた彼らは、タイの難民キャンプに残る親族のスポンサーになって親族を呼び寄せた。ラオス王国軍の軍関係者が優先的にアメリカやフランスに受け入れられたのとは違って、モン族のオーストラリアへの移住は、「家族呼び寄せプログラム」によるところが大きい。移住が親族ベースであったため、オーストラリアのモン族は留学生の出身地だったラオスのシエンクアーンから来た人々が非常に多い。
　インタビューにおいてある女性は、オーストラリア政府から支給された1人当たりAUD$1000のおかげで電気製品や家財道具を買うことができたと、当

43　日本円に換算して約848万円～1696万円（2012年4月6日の為替レートによる）。
44　インタビュー：G. Y. Lee（2008年3月6日、シドニー、既出）。
45　モン族研究の第一人者であるDr. Gary Yia Leeや、モン族初の医師資格をオーストラリアで取得したDr. Pao Saykaoなど。

時の手厚い支援を賞賛した。この女性と同様に、筆者がインタビューした40代から60代までの多くが国の政策を評価し、オーストラリアの生活に満足していると語った。

「たくさんあるエスニック・グループの1つとして静かに暮らせるのがいい」というのがその理由で、さらに「モン族の人口がこれ以上増えないほうがトラブルがなくていい」というように、静かで小さなモン族社会を望むコメントが寄せられた。人口が増加すれば、確かに人手が増えて儀礼が行ない易くなるという利点もあるが、不協和音を耳にする機会が増えることは避けたいと、今のままの状態を望む人が大半だった。また、政治に対する興味について尋ねると、「現状に満足しているので、政治には興味がない」と答えた人々が大半で、若い世代で政治に関心を示した人は皆無だった。

北部に住むモン族と南部に住むモン族とでは生活状況がかなり異なるため、オーストラリアのモン族の一般像を描くことは難しいが、アメリカと比較するならば、オーストラリアのほうが保守的な傾向が強いと筆者は考える。特に北部ではクランの結びつきが強く、アニミズムを信奉する社会であるため、家父長社会的色合いが濃い。クィーンズランドはオーストラリアの中でも比較的アジアに近いため、古くからのモン族の規範に合う、男性に「従順」な女性を求めてタイやラオスに嫁探しに出かける人々がいる。一方、南部に住むモン族の多くは都市に住み、北部のモン族よりも教育の機会に恵まれるため、一般的に教育レベルが高いという。「個」を意識する発言や自立心が旺盛な女性が多いことがメルボルンで筆者が行なったインタビュー結果にも現れている。

人数が少ないからこそ、結束を強めて、「モン」としてのアイデンティティと慣習を守ろうとする動きがある一方で、18あるとされるモン族のクランのうち、オーストラリアには8つしか存在しないため [G. Y. Lee 2004: 19]、モン族同士の結婚が困難になり、他民族との結婚やキリスト教への改宗者が増えているのが現状である。この状況が将来も続くと、クランや親族関係を維持できなくなるのではないかと危ぶまれている。

---

46 日本円換算で約8万4827円（2012年4月6日の為替レートによる）。
47 インタビュー：シドニー、メルボルン、ブリスベンにおいて2008年3月実施。
48 インタビュー：J. P. Saykao (2008年3月15日、メルボルン、List A-6)。
49 2008年3月にシドニー、メルボルンにて実施した。

こうした危機感は、最も重要な儀礼とされる葬儀に端的に表れる。オーストラリアではモン族コミュニティが分散しているため、1つのコミュニティだけでは何日も続く葬儀の人手やしきたりを知る人を確保できない。親族関係による相互扶助の精神が発揮されるべきではあるが、「社会的な上下関係やクラン同士のつきあいを念頭に置いて行動しないと、後々まで批判がついてまわるので、無理を承知で手伝うことがある」というコメントに見られるように、金銭やマンパワーの提供が、助け合いというよりも「義務感」から行なわれていると筆者は考える。

　葬儀で必要となる支援は普通、亡くなった人が属するクランが中心になって行なう。しかし、広大なオーストラリアに分散しているモン族社会では、自分のクランだけでは事を運べないため、国内のクランが一致協力して行なう。それゆえ、儀礼を行なう人も手伝いも飛行機で遠方から駆けつけるということが起きる。また、モン族が極端に少ない地域では、葬儀のために同じクランの人々が住む場所までやむなく遺体を移動させたことが過去にあったという。

　繰り返し述べてきたが、モン族社会では互いの位置関係（空間）を必ず確認する習慣がある。結婚式や葬儀のように多数の人手を要する儀礼では、クラン内の誰がどのような役割をしたかが、後々になってから批判を招いたり、争い事の原因になることがある。それゆえ、自分が手伝いに行けない場合は、自分と同様の「社会的空間」（年齢・地位など）を持つ代わりの人を手配することが原則として必要となるという。

　小さなコミュニティゆえにまとまりやすく、平和で現在の生活に満足していると答える人々が多い一方で、キリスト教への改宗をめぐってモン族社会が分裂している地域も存在する。シドニーのリーは、伝統的なアニミズム信仰がモン族を一体化させるのに不可欠であると言っているが、コミュニティの規模が小さいほど、1人でもコミュニティのメンバーがキリスト教に改宗した場合、その影響は大きい。また、いったん何か事が起こると、人間関係が緊密な分、アメリカのような大きなコミュニティに比べて問題が深刻化する傾向がある

50　ダウンマンの調査では、クィーンズランド州北部のケアンズに住むモン族500人のうち、20％にあたる80人がキリスト教に改宗している。改宗した人々は、葬式・結婚式・新年の祝いなどで行なわれる生け贄がキリスト教の教義にそぐわないとして、コミュニティの儀礼などに参加しないため、コミュニティ内に軋轢が生じている。

[Dowman 2004: 194]。

3-3 シドニー・メルボルン（都市部のコミュニティ）

　シドニー地域のモン族人口は、前述したように、仕事や家を求めてクィーンズランドに国内移住した人々が多いため、現在数家族に激減した。それに比べて北部のケアンズでは、バナナ・プランテーションから撤退してレストランや土産物店などの観光産業で働く人々が増え、相対的にモン族コミュニティが大きくなりつつある。メルボルンのモン族コミュニティはシドニーと比較すると大きく、人口は約500人である[51]。メルボルンでは若者世代に高学歴の人々が増え、IT関連の企業などへの就職が増えているという。

　20代後半のジャスティンは、コンピューター関連の仕事をしている。彼は父親が医師、母親が通訳で、両親とも「コロンボ・プラン」でラオスから留学した、いわゆる「インテリ」の家庭に育った。ジャスティンはオーストラリアのモン族リーダーとして活動してきた父の後を受け継いで、自分も将来オピニオン・リーダーになりたいと考えている。彼は職場で知り合った香港出身の中国人女性ジュディとの結婚を半年後に控えている。オーストラリアのモン族が抱える問題点について、彼は北部と南部のモン族の価値観の違いを指摘した。

　　　親の職業や育った場所がモンのコミュニティの中か、まわりにモンが住んでいないかで価値観は変わると思う。私の父はコミュニティのリーダー的な存在なので、父の影響を強く受けた。父は将来を考えて子どもたち（4人）にできるだけいい教育の機会を与えてくれた。
　　　モンは大学に行っても、途中でやめてしまう人がとても多い。お金の問題で大学を途中であきらめるというわけではなく、ただ「なんとなく」やめてしまう。アメリカのモンはより良い生活を目指して大学やそれ以上の教育を受けようとするが、オーストラリアのモンは教育に無関心な人が多い。
　　　学業からドロップ・アウトした人たちの中には、モンのコミュニティ

51　インタビュー：P. Saykao（2008年3月15日、メルボルン、List A-1）。

をまとめるリーダーは自分たちのグループだと一方的に主張している人々がいる。政府がエスニック・マイノリティの文化維持のために出している交付金の申請で、クィーンズランドに住むモンともめたことがある。向こうのグループは教育を受けていない人たちが多く、英語の読解力不足のせいで申請書類が審査を通らなかった。彼らはそのことを理解できずに、私たちのグループがパスできたためケンカになった。

それ以来、向こうのグループとは溝ができたままになっている。今後、オーストラリアのモン族は、受けた教育で二分化されていくと思う。

(Justin: 20代男性、オーストラリア・メルボルンにて)[52]

交付金の申請時に、ジャスティンのグループは対立するグループに対して、1つのグループとしてまとまって申請しようと提案したが、相手側に断られ、以降話し合いをすることができなかったという。今回の調査では、北部の人々にこの点をインタビューすることができなかったが、北部と南部の社会的背景の違いに加えて、教育の格差がもたらす溝は、同じクランに属する人々をも分裂させる危険性をはらみ、今後更に深刻化するのではないかと危惧されている。

ジャスティンの家は、母屋に両親、ジャスティンの妹、父の弟が住み、同じ敷地内に父の妹(叔母)夫婦の家とジャスティンの弟夫婦の家がある。叔母の夫はミネアポリス、ジャスティンの弟の妻はパリから、それぞれ結婚でオーストラリアに移住してきた。

ミネアポリスから移住してきたチャイは、アメリカのモンの生活がオーストラリアと比べて忙しすぎると語った。

オーストラリアに来て良かったと思うのは、生活のペースを他の人に乱されないことだ。アメリカではみんなが仕事に忙しい。以前はそれほど思わなかったが、メルボルンに来てみてのんびりとした自分の性格にこの土地が合っていることを知った。

友達にオーストラリアのモンと結婚するよう勧めているが、アメリカのモンはどういうわけか相手をアメリカ国内で探したがる人が多いよう

---

52 インタビュー:J. P. Saykao(2008年3月15日、既出)。

で、私の後に続いてメルボルンに来る人が今のところいない。

（Chai: 30代男性、オーストラリア・メルボルンにて）[53]

　チャイが妻のマオと出会ったのは、アメリカを訪れたマオがミネソタの新年の祝いに参加した時だった。アメリカ国内はもとより世界各地から親族を訪ねてやってきたモン族は、将来伴侶となる人と新年の祝いで出会い、結婚に至ることがよくあるという。伴侶を捜す目的で参加する人々も多数いる。

　現在メルボルンに住むマイは、フランス・パリの出身である。彼女は母親と旅行で訪れたオーストラリアがとても気に入り、後に1人でメルボルンの親族を訪ねた折に、将来の夫（ジャスティンの弟）と出会い結婚した。彼女は2ヵ月前に第1子を出産し、まもなく仕事（コンピューター・プログラマー）に復帰する予定である。子どもは保育園に預けることになるが、いつも家族の誰かが家にいるので子育てに全く不安はないと語った。

　マイはオーストラリアで結婚した理由の1つとして、メルボルンのモン族社会のほうがフランスと比べて開放的で自分に合っていると語った。

　　結婚した頃の私の英語はやっと通じる程度だったけれど、フランスのモン・コミュニティが閉鎖的だといつも感じていたので、オーストラリアで結婚できて嬉しかった。言葉の問題はそれほど私にとって重大ではなく、3年もたつと仕事でもほとんど不自由なく英語を話せるようになった。
　　ジャスティンが言うように、メルボルンのモンは北部のモンと比べて開放的で違う感じがする。サイカオ一家は、皆教育があるのでそう思うのかもしれない。同じモン同士でも価値観の違いから不愉快に思うことがあるのは事実だ。

（Mai: 20代女性、オーストラリア・メルボルンにて）

3-4　ブリスベン（農村地域のコミュニティ）

　筆者が訪れたブリスベンのモン族コミュニティは、人口が約500人で、日中

53　インタビュー：C. Xiong（2008年3月13日、メルボルン、List A-3）。

第5章　アメリカ合衆国・フランス・オーストラリアのモン族　　233

ヌーとチャオの一家と。(オーストラリア・ブリスベン)

は近辺の工場や会社に勤めて週末は畑仕事をする人々が多い。雨が多く湿気の多いブリスベンの気候はラオスを思い出させると、気候や農業ができることを理由に他から移ってくる人々もいる。住人の大半がアニミズムを信仰し、コミュニティ内がまとまっている。

　前述したが、ブリスベンのコミュニティで開催された「再会の儀礼」には、住人の約半数が出席していた。開催された日は、ちょうど別の家でも儀礼があったため、そちらへ参加した人々が半数いた。300人程度のパーティだったが、普段はもっと多い人々が集まるという。ここでは人のつながりが密であるために、儀礼や集いがほぼ毎週のように開かれているという。

　コミュニティの住人が頻繁に集うことを男性が肯定的にとらえている一方で、女性の中には問題点を指摘する人々がいた。たとえば、6人の子どもを持つヌー(25歳)は子どもの世話に追われる上に、経済的に余裕がないため家には車が1台しかなく、工場勤めの夫を毎日送り迎えしなければならない。自分の時間がない生活で週末には儀礼の手伝いに行かなければならないため、休む暇がなく、いつも疲れているという。そのため、彼女にとってコミュニティの集ま

りは非常に負担である。また、彼女は、どこかの家のパーティに招かれた場合、コミュニティ内で誰がどこの集まりに出席したかと噂されることに嫌悪感を示した。ヌーが言うように、女性は大人数の食事の準備をしなければならないため、集まりが頻繁になればそれだけ負担が増える。

　このコミュニティでリーダー役を務めるヌーの夫であるチャオによると、ブリスベンのモン族コミュニティの利点の1つは、敷地に余裕があるため、儀礼で大きな音を出したり、法律では禁止されている生け贄用の家畜処理をすることが可能であることだという。シドニーやメルボルンの市街地の住宅の狭い庭では、まわりの住民との兼ね合いで、従来の儀礼を行なうことができない。アニミズムを信奉する人々がクィーンズランドに多いこともこうした住環境によるところが大きく、他の地域のモン族コミュニティよりも慣習を護り続ける独自の空間を有していると言えよう［Wronska-Friend 2004: 98-100］。

第4節　モン族社会の比較考察

　この節においてはフィールドワークから得られた情報をもとに、言語環境、呼称の使用状況、儀礼、ジェンダー概念、政治的関心、生活の満足度の6項目から、3ヵ国のモン族社会の共通点と相違点を考える。

4-1　言語環境

　西欧諸国への移住から40年近くが経過した現在も、モン族の家庭では親が子ども世帯と同居しているのが3ヵ国を通じて目立つ。こうした家庭ではモン語が使われることが多く、モン語は筆者が考えていたよりも使われている。特にアメリカでは、若い世代においても英語とモン語の両方を日常的に使える人が多く見られた。また、オーストラリアでも、英語だけ使うという家庭は少なかった。一方、フランスの若い世代は、聞くことや簡単な日常会話はできてもモン語が苦手という人が多かった。習いたくても日常的にモン族と関わりがな

54　インタビュー：N. T. Lee（2008年3月17日・18日、ブリスベン、List A-20）。
55　インタビュー：C. Lee（2008年3月18日、ブリスベン、List A-19）。

い場合はその機会にも恵まれないのが実情である。

　フランスにおいて興味深いのは、若い世代に英語が浸透していることである。現在、インターネット上では英語で書かれたページが多く、情報収集に英語が不可欠になってきている。フランスではインターネットで読めるコミックス（まんが）は、英語によるものが大半であるため、「コミックスを読むうちに英語が上手になった」という声も聞かれた。[56]

　モン族が自分の身近にいないと正しくモン語を学べないという意見もあるが、語学の学習環境は対面によるものだけではなくなってきている。むしろ言語環境は今までになく多様になりつつあると筆者は考える。たとえば、近年インターネットの使用が盛んになり、モン語によるサイトが増えて、音声を聞くことも可能になり、インターネットを活用してモン語を習うという人々も存在する。フレスノのHmong TV Networkは24時間体制でモン語による映画、ビデオ、音楽などを流している。[57] YouTubeでも、モン語による動画配信が数多く見られる。こうしたサービスは時間や距離の制限なく使えるため、モン語を習ったり話す可能性が増えると考えられる。しかし、フランスのケースのように、学業や生活を優先するために意識的にフランス語を使う状況では、個人の意思だけではモン語を維持することは困難だと言えよう。

4-2　呼称の使用状況

　正しい呼称を使うことは、子どもの頃から厳しく親にしつけられたと答える人が大多数で、3ヵ国を通じて呼称はほぼ100％用いられている。相手の社会的な位置づけにより、使うべき呼称が決まるため、呼称は単なる「言葉」とみなされていない。英語やフランス語で話していても、呼称がモン語であるため、会話を聞いていて話し手がモン族であるとわかるという。それゆえ呼称はモンのアイデンティティを表す「アイコン」ととらえられ、モン族文化の中で一番残る可能性が高いと考えられている。3ヵ国を通じて、子どもに伝えたいモンの慣習として呼称を挙げる人が一番多かった。

56　インタビュー：C. Yang（2010年2月1日、ル・メシュールセンヌ、既出）。
57　http://www.hmongtvnetwork.com/htv_home.php（retrieved: September 2, 2010.）

4-3 儀礼

　古来から伝わる儀礼は、手順に沿って厳格に執り行なわれる。特に伝統的な葬儀は何日間も続き、忙しい現代では時間と人手の確保が困難になってきている。そのため、儀式を短縮すべきだという指摘が多かった。その一方で、アメリカのモン族社会では葬儀が巨大化する傾向が見られる。これは旧ラオス王国軍の高い地位に就いていた人々が老齢で亡くなる時期になり、クランのメンツをかけて死者が生前持っていた地位に相応する葬儀を行なうケースが増えていることによる。葬儀の規模がたとえ大きくなっても、大半の費用を参列者からの弔慰金で賄えるため、死者の「プライド」を示す大きな葬儀を出しても必ずしも遺族の負担にはならないという。こうした傾向について、モン族の地位向上を目指す啓蒙団体のHND (Hmong National Development) Inc.は、クラン間の競争を慎むべきだとして、葬式の簡素化を提唱している。

　地域や国により儀礼の行ない方や生け贄の捧げ方などに多少の違い（手順・日程の短縮など）は見られるが、本書で取りあげた子どものためのフ・プリ、葬儀、結婚式、祖先崇拝などの代表的な儀礼や、旅に出る人の安全を祈る儀礼などは、モン族の生活と密接に結びつき、国によって大きく異なることなく維持されている。

　スカ (xwm kab) と呼ばれる家の神に捧げる紙で作った祭壇は、祖先崇拝の儀礼で欠かせないものである。キリスト教を信仰する家ではスカは設置されない。スカはすべてのモンが持つ霊を束ねる存在であり、新しい年を迎えるにあたり新たに作られる [Y. P. Cha 2010: 51]。その形状は作る人（家長）により多少の違いはあるものの、一般的に玄関ドアを開けて真向かいの壁に設えられていることが多い。写真で示すように、3ヵ国のほほどの地域でも同じ色づかい（金色・紅色・白色）の紙でスカが作られている。

　祭壇に祀られている金銀の紙で作られた小舟の形をしたものは、シャーマンが行なう各種儀礼や葬儀において用いられ、霊界で金・銀の棒になると信じられている。霊的な儀礼で用いられるこの「スピリット・ペーパー」は、昔は樹皮や若竹から手作りされたが、現代では市販の紙を使う。モン族社会には、ス

58　インタビュー：S. V. Thao (2009年7月18日、セントポール、List U-13)。
59　スカはその年の豊作と幸運を願って毎年新年に新たに設えられる。

第5章　アメリカ合衆国・フランス・オーストラリアのモン族　　　237

オーストラリア・メルボルン 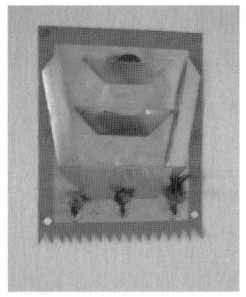　　　　　フランス・ショーレ 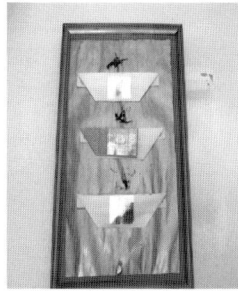　　　　　オーストラリア・シドニー

フランス・ショーレ

アメリカ・フレスノ

238

葬儀の祭壇に供えられた金・銀の紙で折られた「紙幣」
(アメリカ・セントポール)

スピリット・ペーパーは家族の手で用意される。(新生児のためのフ・プリにて)
(アメリカ・フレスノ)

ピリット・ペーパーを使うにあたって暗黙の決まり事がある。最も重要とされるのは、むやみに作ったり燃やすことができないことである。霊を特定せずにたくさんのスピリット・ペーパーを燃やすと、霊界でその持ち主がいなくなり、スピリット・ペーパーの霊が燃やした人間に対して賠償を求めてくるため、重大な結果がもたらされることがあるとされる。また、正しい形でスピリット・ペーパーを折らないと偽札と同様に無用なものになるとされる。

　霊界では霊も人間と同様にお金を使うことができるとモン族は信じている。こうした理由から、死者が来世でお金に困らないように、葬儀ではたくさんの紙を燃やすのである［Y. P. Cha 2010: 146-148］。アニミズムを信仰する家では必ずスカが祀られているため、スカは、祖先崇拝のシンボルととらえることができる。この観点においては、国による違いを認めることがなかった。

4-4　男女の位置づけ

　第2章で家譜に女性が記入されていないケースについて述べたが、古くから伝えられてきたモン族の比喩にこうした考え方を見ることができる。ある比喩は男性を体の「骨」に、女性を「肉」に喩え、肉がなければ骨組みは成り立たず人間にならないとしている［Tomforde 2006: 214］。また別の比喩は、男性を木の「根」に、女性を「花」に喩えている［Tapp 1989b: 158］。すなわち、「男性は人間の骨格や木の幹や根のようにいつも強く変化しない存在」で、女性は、「散りゆく木の葉や花のように遷ろう存在」としている。結婚で立場が変化する女性と、いつまでも立場が変わらない男性とでは、明確な違いがあるということが比喩から読み取れる［Symonds 2003: 9; Tomforde 2006: 214］。

　比喩が示唆するように、性による違いがモン族文化には深く織り込まれており、男性だけが儀礼を行なう文化において、男性優位の状況が変化することはまずあり得ないと考える女性が3ヵ国を通じて大多数を占めた。

　第6章において、モン族社会の現状をジェンダー概念から考察を試みるが、この節を終わるにあたり、女性の立場について考えさせられたエピソードを記すことにする。ある家庭のインタビューで、通訳に入った夫が妻の意見を意図的に変えたことがあった。筆者は妻（50代）とコミュニケーションを取ることができなかったため、夫に通訳に入ってもらい、「モンの社会で自分の居場所

(空間)があると思うか？」という質問を英語でした。夫が訳した妻の「返事」は、「自分は家族に感謝され家族にとってなくてはならない存在なので、モンの社会で'私'は十分認められていると思う」という内容だった。

だが、次の日に夫が仕事で留守中、たまたま訪れた親族に同じ質問を妻に聞いてもらったところ、「私はいつも夫の後を歩いてきたので、料理をしたり、家の片付けをすることだけが自分の役割だと思っていた。この質問を受けるまで、私は自分の居場所について考えたこともなかった。夫の存在がなければ私はモンの社会で存在しないと初めて感じて、悲しくなった」という返事が返ってきた。ここで筆者は昨日夫が質問の内容を変えて妻に尋ねたことに気づいた。さらに妻に女性一般が置かれている状況を聞くと、彼女は涙ながらに、「女性はモン族社会で家事をやる者として扱われ、夫がいなければ自分は社会的な居場所がない」と改めて強調した。[60]

妻の答えを違う内容に夫が訳したのは、男女をめぐる問題がモン族社会では非常にセンシティブな事柄であり、一家の長として、アウトサイダーである筆者にネガティブな一面を知られたくなかったからではないかと思われる。回答がなぜ違うのか、夫に尋ねるチャンスはなかったが、この経験から筆者は、女性に意見を聞く場合には、同性に通訳してもらうように心がけるようにしたところ、悲しみや不満を訴える女性に更に出会い、モン族女性の立場の難しさを再認識する結果となった。

4-5 政治に対する関心

3ヵ国で最も大きく異なるのは政治に対する関心度である。アメリカのモン族は、年老いた両親の医療問題など政治に直結する事柄を日常的な関心事としてとらえ、医療制度の改善を求めて地域の評議員になるなど、自分たちの声を政治に反映しようとする傾向が強い。また、子どもがより良い教育を受けられるようにと教育委員会に関わる人々もいる。だが、オーストラリアのモン族は、地域に関係なく、時間に余裕があるゆったりとした生活を望む人々が多く、政

60　インタビュー：F. Yang（2010年2月1日、ル・メシュールセンヌ、List F-10）。
以降、筆者は女性にこのようなセンシティブな質問をする際には、女性の通訳を頼むことにした。

治には興味がないと答える人々が圧倒的に多かった。

　政治に無関心と答えた男性の中には、国の政治には興味がないが、モン族コミュニティ内の「政治」には関心があるのでリーダーとして活動していると答えたケースもあった。フランスでは政治に興味を示す人に出会うことは全くなかった。これは、フランスのモン族団体が会員同士の交流やモン族文化の維持を主な目的に活動していて、アメリカのように政治的な性格を帯びていないことを裏付けしている。

4-6 生活の満足度

　社会保障が充実しているフランスでは、無料の医療・教育、年金が受けられ、また休日が多いことなどを挙げて、他国よりも生活に満足していると答えた人々が多かった。オーストラリアのモン族は前述したように、多文化主義のオーストラリアの政策を評価する人が多く、筆者がインタビューした限りでは、フランスと同じように生活の満足度が高かった。結婚するため、アメリカ・セントポールからメルボルンに住むようになったチャイは、アメリカの競争社会では実現することができなかったゆったりとした生活を今は満喫していると語った。3ヵ国間での移住は、モン族人口の少ないフランスやオーストラリアからアメリカのモン族に嫁ぐ女性は多いが、逆にアメリカから他国への移住は少ない。これは、アメリカではモン族人口が大きいため、国を超えて結婚相手を探す必要が少ないと考えられていることによる。

まとめ

　アメリカ合衆国の移民政策は、移民大量受け入れ時期、受け入れを抑制した時期、移民増大の時期の3つの時期に分類される。移民政策の大きな変化は現在も用いられている1965年の移民法の成立である。この法律の成立でアジア諸国や中・東欧諸国からの移民が増加することになった。モン族難民の受け入

61　インタビュー：T. Thor（2010年1月31日、既出）。
62　インタビュー：K. Yang（2010年3月9日、既出）。

れにおいて、アメリカは1つの州に負担のしわ寄せが行かないよう全米に難民を分散させた。これにより家族や親族がまとまって住むことができなくなり、親族関係が分断されることになった。

　モン族難民は移住の時期によりグループの性格が異なっていた。初期に移住したグループよりも後から移住したグループは平均年齢が若くて教育程度が低いために、アメリカ社会への適応に時間を要した。

　モン族の1世帯平均人員が6.3人で年齢平均が16.1歳という数字から、モン族がアメリカでもなお大家族を維持していることが明らかである。アメリカ全州にモン族は分散したが、次第に家族や親族と一緒に住むために集まるようになった。こうした第2次移住によりフレスノやセントポール／ミネアポリスなどの都市に人口が集中するようになった。

　移住により大きく変化したのはジェンダー概念である。ラオスでは発言権がなかった女性が欧米の男女平等社会で教育と仕事の機会を得るようになって発言力を増したのに比べて、男性は以前のような優位性を家庭や社会に見出せず、多くの男性がカルチャー・ショックで悩むことになった。

　若い世代の中には高等教育を受けてアメリカ社会で活躍する人々がいる一方で、生活苦やアメリカの生活に未だ溶け込めない人々も存在する。たとえば、カリフォルニア州に住むモン族の中には、学歴が低く貧困ライン以下の生活を強いられている人々がまだ多数存在する。この他にもモン族ギャング、家庭内不和、健康管理など、移住で生活環境が激変したことが引き金になって生じた問題が存在する。

　州やコミュニティの難民受け入れが良好だったミネソタ州やウィスコンシン州には、気候が厳しいにもかかわらず、雇用の機会に恵まれたため、大きなモン族コミュニティが形成されている。フレスノには一時期全米で最大のモン族コミュニティが存在していたが、アメリカの農業ビジネスに適応できない人々が農業から撤退したため、モン族農民は減少した。現在は約1200家族が農業に従事しており、主にマーケット・ニッチを狙ったアジア系の人々が使う野菜や果物の栽培をしている。フレスノから毎週サンフランシスコやロサンゼルスのマーケットに野菜を売りに行くことで活路を見出したモン族農民もいる。

　アメリカと比較するとフランスのモン族社会は小さい。フランス式統合のも

モンの民族衣装はラオスの出身地によりそれぞれ異なる。
（アメリカ・セントポール）

とに民族が公的な記録に表れないため、アメリカのように人口調査に基づいてモン族社会を把握することができない。人口は推定で約1万5000人から2万人とされる。セントポールやフレスノのような大きなモン族コミュニティは形成されず、フランス各地にコミュニティが散らばっている。政治性を帯びた団体活動が禁じられているため、フランスに存在するモン族団体は文化的な活動とモン族文化の維持を趣旨に設立されている。

　新年の祝いはアメリカと同様、各国で毎年開催され、地域のモン族の交流やモン族文化を再認識する場となっている。フィールドワークの調査から、子どもに敢えてモン語の学習を強制しない親がフランスでは目立った。アメリカのモン族が若い世代でもモン語を自由に話せる人々が多いのに比較して、フランスでは理解はいくらかできても話せない若者が多く、地域差はあるにせよ、その差は大きい。モン族人口の多い所でモン語を使える人が多いのは、オーストラリアもアメリカと同様である。ブリスベンのようにアニミズム信仰者が大半の地域ではモン語が日常語として用いられているが、都市部では家庭環境により、その様相はさまざまである。

オーストラリアのモン族社会は、初期の頃に奨学金を得てオーストラリアに留学した7人が中心になって移住のスポンサーになり家族や親族を難民キャンプから呼び寄せたため、同じ地域からの移住者が多いことが特徴的である。彼らは一般的に保守的で、親族関係を中心にしたつながりが密で、モン族文化を維持しやすい環境にある。しかし、人口が2000人足らずのため、人手がかかる葬儀などの儀礼を行なうことが年々困難になってきている。

　以上、フィールドワークにおいて浮かび上がった3ヵ国のモン族社会の類似点と相違点を、①言語環境　②呼称の使用状態　③儀礼の状況　④ジェンダー概念　⑤政治的関心　⑥生活の満足度の6項目に分けて提示した。

　筆者は都市部と農村地域に大別してコミュニティを検証したが、例に挙げたスカの祀り方に表れるように、儀礼や慣習などに大きな違いは認められない。また、呼称の使用は、ほぼ100％の割合で国や言語・年齢層に関係なくモン族社会の規範の1つとして守られている。キリスト教への改宗が大きな影響を与え始めていることは事実であるが、モン族のクラン・システムが3ヵ国を通じて維持され、その機能を葬儀や結婚式などにおいて確認することができた。

　このように、政治への関心を除いてモン族社会に大きな差異は認められず、3ヵ国を通じて、モン族文化は移住当初とは形を変えつつも互いに大きな差異がないことが認められた。

第 6 章

モン族社会の現状と変化

　1970年代後半以降、モン族社会は劇的な変化を経験した。長い間続いた戦争で、ほとんどの男性が兵士になって家を離れたため、男手を失い、老人と女・子どもだけが残った家庭は、戦争のまっただ中にあって畑を耕作できず、大半の人々はアメリカ軍が空中から落とす物資に頼る生活をした。自給自足を続けてきたモン族の生活が大きく揺らいだ時期だった。しかしモン族はその後、さらに大きな変化を経験することになる。

　共産兵に追われてタイに逃れたモン族は、数年から人により10数年をタイの難民キャンプで過ごした後に、世界各地に政治難民として離散していった。これにより親族を中心とするモン族のネットワークが壊滅的に分断されることになった。また、アメリカでは当初、特定の州に負担が偏らぬよう全米各地にモン族難民を振り分けたため、一緒にアメリカに到着しても家族や親族がまとまって住むことができないケースがあった。さらに、特に都市に移り住んだ人々は居住スペースが限られたため、ラオスの頃のように大家族を維持することが困難となった。

　居住形態にとどまらず、変化は生活のあらゆる面に及んだ。たとえばモン族のリーダーは、これまで長老やトゥチョーブラオ（tus coj plaub）と呼ばれる、争い事の仲介に入る人々から選ばれていたが、新しい土地ではその土地の文化や生活状況を良く知り、言葉ができる人々が、年齢を問わずリーダーに選ばれるようになり、年長者を敬うこれまでの社会規範に変化が生まれた。それにより、「長老の意見を優先し集団全体が従う」というこれまでの社会風土が変わり、人の役割や位置づけにも変化が見られるようになった。しかし、儀礼や親族関係において男性親族を優先する慣習には大きな変化は見られず、ジェンダー概念に関わる他の慣習もさほど大きくは変化していない。

　この章では、ジェンダー概念、世代による価値観、宗教という、最も西欧の

価値観と異なる観点から、モン族社会に起こった変化を、筆者が行なったインタビューに基づき考察する。

第1節 ジェンダー概念

　個人の自由や権利を尊ぶ西欧社会にあって、先に示した比喩にあるように、男性と女性では違いがあるとするモン族文化が、移住後にはどのように変わってきたのか、あるいはこれまでのように維持されているのかをこの節ではフィールドワークで行なったインタビューをもとに考察する。

1-1　性差をめぐって

女性はいつか「他人のものになる」
　モン族社会における男女の役割は、西欧社会のそれとは大きく異なる。モン族の家庭では長老の男性が権限を持ち、家族全員が従うとされてきた。平均寿命が短かったラオスでは、一般的な結婚年齢は、男性が16歳から20歳、女性が14歳から18歳だった。男性は家の継承者として生活のさまざまな面で女性よりも優遇されてきた。ラオスでは当時ほとんどの村に学校がなく、男性だけが家から離れた学校に通わせてもらうことができた［Duffy 2004: 13］。
　現代でも、女子の大半が小学校に行けても数年限りで、読み書きができる程度の教育しか受けていない国がラオス以外にも存在する［Lee and Tapp 2010: 158］。女子を町中の高校や大学レベルまで進ませるには金銭的な負担が大きく、特に家庭に男の兄弟がいる場合は彼らが優先される。社会通念上、女子は家や畑に必要な労働力と考えられ、良き母、妻、畑の働き手になるよう母親や祖母から生活の術を教えられ、結婚すると婚家や義理の両親にとって「価値ある」人間になることが求められてきた［Tomforde 2006: 216］。一方、男性には父親や父方親族から将来の継承者としてなるべく儀礼などの知識が伝えられてきた。
　結婚した女性は婚家において発言する権利がないため、懸命に働いて自分の居場所を確保する必要があった。ラオスでは女性は平均して10人から12人の

子どもを産み、夫と子どもの世話で生涯の大半を村の中で過ごす場合がほとんどだった［Faderman 1999: 12］。女性は結婚して「他の人のもの」になるという概念において、「望ましい女性／いい女の子」であるよう、男性とは違った期待や義務が、男性からだけでなく自分の母親、姉、おば、祖母、義母、モンの女友達というような女性からも課されてきたのである［K. Vang 2012: 106-108］。

　パリ郊外に住むトゥアは、インドシナ戦争でラオスの大学を中退せざるを得なかった。移住後に大学に編入して勉強を続けようとしたが、フランスには他の国（たとえばアメリカ）のようにいつでも復学できるシステムがないため、勉学をあきらめざるをえなかった。そこで彼は自分が果たせなかった夢を子どもたちに託した。しかし、可愛いけれども、いつか「他の人のものになる」存在の娘に教育費をかけると、後から生まれた長男に十分な援助ができなくなるのではないかという心配があった。

　　　私には、双子の娘、末の娘と長男の4人の子どもがいる。現在26歳の双子の娘はそれぞれが18歳の時にモンの結婚式を挙げ、それから2年後にフランスの「公式」な結婚式を挙げた。娘たちが18歳で結婚してからは大学の学費を私が払わなくて済んで正直ほっとした。
　　　　　　　　　　　　　　（Toua: 60代男性、フランス、ル・メシュールセンヌにて）[1]

　モン族社会では娘が結婚すると、すべての責任が親から夫に移るため、妻が引き続き学業を続ける場合は、残った学費の支払いは原則的に夫の責任になる。トゥアにとっては双子の娘たちの大学の授業料に加えて、長男と三女の教育費を捻出することは容易でなかったので、双子の2人がほぼ同時に結婚して学費の支払いから解放されて正直ほっとしたと語った。[2] 双子の娘たちはそれぞれ経済の道に進み、公認会計士とフィナンシャル・プランナーとして、現在パリにあるアメリカ企業に勤務している。

1　インタビュー：T. Yang（2010年2月1日、既出）。
2　インタビュー：P. T. Benoir & S. Yang（2010年1月31日、ル・メシュールセンヌ、List F-8、15）。娘たちは職業柄、現代的で合理的な考え方をする一方で、結婚式や夫との関係については、夫や婚家に従う伝統的なモンの女性として意見を述べていたことが印象的だった。

重くのしかかる「長女の責任」

　家庭によって考え方は多少違うものの、一般的に女子はいつか「他人のものになる」という思いで育てられる[3]。特に長女は家事全般を任され、さらに兄弟姉妹の親代わりをするなど、年下の姉妹とは異なる期待と義務が求められる。次の事例に登場する3人はいずれも30代前半で、長年「長女の責任」で悩んできた。

> 　チョンはフランス人の夫、1人娘（2歳）と実の父親と一緒に暮らしている。彼女は12人兄弟姉妹の長女で、母親と兄弟姉妹はチョンの家から車で約4時間の場所に暮らしている。父親はフランスに移住した当初から働いてきたシャンパン工場の停年まであと2年を残し、妻や子どもたちと離れてチョンの家に住んでいる。彼女が言うには、父親は典型的な50代のモン族男性で、非常に封建的である。
> 　チョンは毎日3回欠かさず食事を用意する。外食することは1年を通してほとんどない。料理が得意だというチョンはどの料理も手を抜かず、父親も夫もそれぞれがラオス、フランスの料理を食べずにいられないため、食卓には毎回、モン／ラオス料理とフランス料理が必ず用意される。チョンは幼い頃から母親に、長女は料理、洗濯、掃除をして小さい子どもたちの面倒を見る責任があると教え込まれたので、今の生活は苦にならないが、それでも疲れると逃げ出したくなると嘆いた。
> 　　　　　　　　　　　　　　　（Chong: 30代女性、フランス・ドルモンにて）[4]

　チョンはアメリカ研究で修士の学位を獲得したが、フランス人の夫、ギルが1人息子であるので、義父母が誕生を期待する「跡取り息子」を産むまで仕事に復帰することをあきらめている。今は週2回、家で英語を教えている。彼女は外で仕事に就けないことよりも、自分の父親が封建的な考えを生活のさまざまな場面で押しつけてくることが、ギルの手前、苦痛だという。フランス人と

---

[3]　インタビュー：M. Yang（2010年3月12日、フレスノ、List U-18）; Mainhia Thao（2008年3月14日、ブリスベン、List A-5）。
[4]　インタビュー：C. H. Fronteau（2010年1月27日、ドルモン、List F-1）。

結婚したことは出会いのおかげだったが、モン族社会のいわゆる「男尊女卑」の家庭環境からいつか抜け出したいという思いが少なからず相手選びに作用し、モンではない男性との結婚を選んだのではないかと彼女は語った。大学で地質学を教えているギルは、結婚当初からモン族の慣習に慣れ親しみ、今ではモン語も自由に話せるが、それでも自分の家庭に、自分とは大きく価値観が異なる妻の父親がいることについて時々違和感を感じると語った。[5]

一方、クレアとメイは独身である。クレアは両親と同居し、「長女の責任」を果たしながら工場で働いている。メイはクレアと違って、ハイスクール卒業後は家を離れて1人暮らしをすることを選択した。

> クレアは、50代前半の両親と同じ工場に勤務している。両親とも元気であるが、家事一切をクレアに委ねている。彼女がシフト勤務で明け方に帰宅する場合には、両親のために夕食を準備してから出かけ、週末は洗濯、掃除に明け暮れている。
>
> 親族や友人はクレア1人の時間がなかなか持てないことを心配して、1人暮らしを勧めるが、家事をすることは、「長女の責任を果たしているだけで、たまたま私が家にいるからやるの」と彼女は笑う。2歳違いの妹は家の事をするのが嫌いで、家事分担から逃避するため車で3時間かかるパリ市内にアパートを借りている。妹が家に帰ってくることはめったにない。
>
> （Claire: 30代女性、フランス・オビニーシュールネールにて）[6]

チョンと同様に大家族の長女に生まれたメイは、忙しい母親の代わりに、まだ幼い頃から「長女」の責任で母親代わりをしてきた。炊事、洗濯、弟や妹の世話、家畜の世話など、モン族の「長女」の責任は重い。そのため、自分の時間を持ちたいと、高校卒業後は家族が住むフランス北東部の町を離れ、パリにアパートを借りている。秘書になるために専門学校で2年間学び、親には内緒でロンドンに1年間英語の語学留学を

5　インタビュー：G. Fronteau（2010年1月28日、ドルモン、List F-2）。
6　インタビュー：C. Heu（2010年1月30日、既出）。

している。両親は多忙でパリに住む娘を訪れることがなかったので、ロンドンへの留学を親に知られることがなかった。両親は今も彼女が留学したことを知らない。

(May: 32歳女性、フランス・パリにて)[7]

　ラオスとは環境が全く異なるフランスにおいても、モン族の伝統的価値観が生き続けていることがこの3つの事例から浮かび上がる。チョンの場合、フランス人のギルとの結婚が許されるまでに、夫となるギルに対して「モン族文化への適応性」がクランの長老などにより繰り返しテストされたという。つまり、モン族社会の決まり事や儀式に、どのようにギルが対応するか、結婚までの数ヵ月間に催された儀礼や行事において彼の振る舞いが試されたという。

　ギルはモン族の文化に興味があったので、ほどなくモン語を習得し、特に問題なくモン族社会に溶け込むことができた。チョンの両親はフランス人との結婚に反対したかと尋ねると、「両親は下の妹たちの結婚ばかり気にして、私の結婚をあまり心配しなかった。おかげで私がモン族女性としては遅い結婚年齢になる25歳でフランス人と結婚すると宣言しても割合簡単に認めてもらえた」と彼女は答えた。チョンの両親はフランス人との結婚を心配するよりも、彼女がギルとの結婚の機会を逃したら、ずっと独身のままで過ごすのではないかと心配したという。

　同じように、クレアとメイの2人も、長い間「長女の責任」で家事をしてきた。メイは高校卒業を機に生活を変えるために実家から離れたが、クレアは兄弟姉妹の中で唯一、両親と共に住み、勤めながら家事全般を担っている。クレアもメイも小さい時から学校が終わるとすぐに家に帰らなければならなかったので、フランス人の友達と同じように、自分たちが「子ども」として遊ぶ時間が欲しかったと昔を振り返る。

　以上、「長女」の位置づけについて、3つの事例から論じた。彼女たちの話にあるように、モン族社会では各人が家庭や社会の中で、状況に応じた空間で「位置づけ」され、相応の義務を果たさなければならない。しかし、フランスで生まれ育ち、フランスの教育を受け、フランス人のアイデンティティとモン

7　インタビュー：M. K. Tcha（2007年5月23日、既出）。

のアイデンティティの両方を持っていても、モン族社会内の位置づけから生じる義務を果たすことはそう簡単なことではない。モンとしての義務を果たすことにプライドを持ちながらも、一歩外に出れば自分のアイデンティティを切り替えなければやっていけないフラストレーションを年長者になかなかわかってもらえないことが何よりもつらいと、彼女たちは語った。

女性をめぐる慣習

　西欧諸国への移住後も、女性の位置づけは家庭内にあってはほとんど変わっていないとされるが、男性の位置づけはどうなのか、また、男性と女性の位置づけの違いがなぜ今もモン族の儀礼や慣習に生き続けているのだろうか。

　ある昔話は、旧約聖書『創世記』に登場するアダムとイブの話の内容によく似ていると言われる [G. Y. Lee and Tapp 2010: 51]。[8] 昔話では、女性が禁断の小川の水を飲み白いイチゴを食べたために、それまで神から人間に与えられていた永遠の命が剥奪され、人間は生涯を死で終える運命になったとされる。このようなモン族の言い伝えは、原罪を生んだ女性を「男性に劣る存在」として描いている [Faderman 1999: 125; Tomforde 2006: 217-218]。

　欧米諸国への移住後に教育を受けた女性の中には、伝統的な女性の「位置づけ」を疑問に思い、モン族文化の「男尊女卑」の風習を改めようとしたものの、かえって婚家や夫の反発を招き、夫が2番目の妻や妾を公然と持つに至ったケースがある。こうした問題を生み出す背景になっているのが、「男性のすることはすべて正しい」とする概念であると、ファダーマンはあわや夫を殺すまでに追い詰められたエリザベスを次のように描いている。

　　　私はアメリカに住むモンの女性として、モンの文化の軋轢の中で毎日を暮らしている。モンのコミュニティでは「男は女よりも優れている」とされているが、私はキリスト教徒として育ち、考え方が全く違うため、結婚すると夫の母と間で諍いが起きた。夫が2人目の妻を娶ると言うの

---

[8] 昔話の中には根拠のない話もあることを念頭において考察しなければならないが、モン族出身の研究者の中にはこのような昔話に言及して、昔話が「お話」としての存在だけでなく、善悪や歴史的な事実、モン族の社会的慣習の成り立ちを伝える役割をしていると解釈する者もいる。

で私が反対すると、みんなして私に反論した。夫がそんな事できないようにしてやろうと、もう少しで罪を犯すところだった。(中略)

　モンの文化には年上の人を敬うという良い面もあるけれど、2人目の妻を持つような、いつも正妻とは別に女性がいるような悪い慣習は捨て去らなければならないと思う。私の夫は、他に女性を囲ったら私が傷つくとは思っていない。(中略)

　逆に、私に2人の「夫」がいるとしたら、夫はなんて言うだろうか。夫はたとえ私のいとこでも、夫が顔を知らない場合は、「ボーイフレンドがいる」と怒り狂い私を非難する。なんでも女がすることは悪いと決めつけられる。女性も人間なのに、何をやっても私だけが悪いとされるのが憎い。[Faderman 1999: 144]

　エリザベスのように夫の「重婚」に苦しむ女性は今なお存在する。ラオスだけでなく、2人以上の妻を持つ社会は他にもあり、重婚はけっして特別なことではない。男の子を尊ぶモン族文化にあっては、父親を亡くした男の子を家族内で育てることに腐心する。夫を亡くした妻が再婚する場合、子どもがまだ幼くて母親から離れることができないと、母親の再婚で子どもの姓が変わる可能性が生じる。それを防ぐために、亡くなった夫の弟やそのいとこが未亡人を娶る慣習がモン族社会にはあった [Y. P. Cha 2010: 69]。これは未亡人となった妻とその結婚相手が同意しないと成り立たず、また再婚相手の男性に既に妻がいる場合は、妻の同意が必要とされたというが、実質的には妻の意志とは関係なく事が運ばれていたという。

　その他にも、妻に男の子が生まれない場合、妻以外の女性と「重婚」するケースがあり、この慣習は欧米諸国への移住後も続いている。たとえば、1968年に行なわれた調査では、モン族男性の約20%が重婚していたとされる [Faderman 1999: 127]。アメリカやオーストラリアでは重婚が法律で禁止されているが、フランスでは法律上は違法であるものの、2人以上の配偶者と暮らしていても取り締まる方法がないという。どの国においても、重婚を当局が取り締まろうとしても実質的に困難な状況だと言って良いだろう。

　筆者のインタビューに答えた人の中には、ラオスにいた頃、父親が7人の妻

を持ち子どもが45人いたと語った女性がいる[9]。現在パリに住む彼女は6番目の妻の子どもである。幼い頃は「母親」が7人いても不思議に思わなかった生活だったが、思春期を迎えて事実を知り、耐え難い思いをしたという。くり返し述べたが、女性の父親のように数人の女性を「妻」にする慣習は、今もモン族文化に根強く残る。たとえば、経済的に余裕が生まれた欧米に住む50代から60代のモン族男性が、ラオスやタイ、中国に出かけ、若い女性を第2・第3の妻として娶るということが15年位前から始まった。ビザが取れずに女性を国に連れて帰ることができない場合は、現地に住まわせて、年に数度、「妻」に会いにアジアへ出かけるという。フレスノに住む40代のある女性は、これをモン族男性の間で流行っている一種の「ファッション」と表現した。それほどまでに、この問題は身近な所で起きている。女性たちの多くが、夫が毎年のように1人で東南アジアに出かけていながら、目的を知っていても面と向かって旅行を止めることができない歯がゆさを語っている[10]。

　もちろん法律違反であることを知りながら重婚をする男性は一般的とまでは言えないが、インタビューに答えた女性の多くが、モン族社会のこの「悪しき慣習」を自分たちの世代で終わらせなければならないと訴えた。残念ながら、この点について男性たちからは率直な意見を聞くことができなかった。しかし、「自分の友達にはいるが…」と3人称を使った言い方で、「彼は金持ちだからアジアの貧しい娘の生活を助けてあげている」と重婚を正当化するように語った男性も中にはいた[11]。

　重婚と同様に問題視されているのが「略奪婚」(catch-hand marriage/kidnap marriage)と若年婚(early marriage/teenage marriage)である。略奪婚では、本人の同意なしに女性が男性の家に連れていかれ、「結婚」が既成の事実になってもそれに対する女性本人の抗議は無視されたままになる。男性に連れ去られた女性のほうは、その日を境に結婚式まで実家に戻ることが許されないという。通常、その後に

9　インタビュー：M. G.（2007年5月20日、パリ、List F-18）。
10　同様の訴えは、地域による違いなく3ヵ国で聞かれた。第1次世代が移住した国の年金を受け取る年齢になり、時間的にも金銭的にも余裕が生まれたことで、東南アジアで「ビジネス」を始めるという理由の下、昔の慣習が復活したという。
11　名前を特に聞かずに数回行なったインタビューから得た内容も含まれる（アメリカ・セントポール、2011年8月、2012年3月；アメリカ・フレスノ、2010年3月、フランス・ショーレ、2010年2月）。

行なわれる結婚交渉は、双方の男性親族だけで進められ、当事者である連れ去られた女性の意思は交渉に反映されることはない。インタビューでも略奪婚の不条理を指摘する女性が多かったが、女性は結婚において受け身にならざるをえないため、「声を上げても自分の力が及ばない」と指摘した。

　驚いたことにそう答えた女性の半数以上が、「自分の結婚はある部分では略奪婚にあたる」と、法律に触れるまでには至らなかったが、当事者であることを意識していた。そして大半が、それが15歳から16歳の時だったと語った。アメリカのモン族社会では、今でもこうした略奪婚の話をよく聞くと女性たちは言う。たとえばセントポールに住むある女性の兄は、弟2人を連れてショッピング・モールに出かけた時に、たまたま彼が想いを寄せていた女性と出会って、弟たちをそこに残したまま女性を連れ去った。弟たちはまだ幼稚園に通うぐらいの年齢だったため、さすがに兄の無責任が問題にされたが、普通は略奪婚（あるいはそれに近い出来事）があったことがモン族コミュニティで噂で広まるだけで、男性側が咎められることはまずないという。

　このように、「略奪婚はモンの文化の範疇に入る」として、コミュニティ内の暗黙の了解で内々に扱われることが多い。だが、事実が発覚してメディアに大々的に取りあげられたケースもある。2010年7月にアメリカのミルウォーキーで発覚したケースでは、20年前に12歳の女性を略奪して妻にしたモン族男性が、離婚をきっかけに「結婚」の経緯を知った警察に逮捕され、少なくとも8年の刑を言い渡された。しかし、彼には6人の子どもがいることや、事件から20年もの間、女性がいつでも逃げ出せたにもかかわらず、自分を略奪した男性と普通に「家庭」を持っていたのだから、「必ずしも彼女は略奪されたのではなく、同意の上で生活していた」と、男性の執行猶予を求めて多数のモン族から嘆願書が裁判所に寄せられたという。[12]

　こうした男性側を擁護するモン族社会の姿勢は、"Refugee Resettlement Watch" のように、アメリカの難民の現状を取りあげているインターネット上のサイトへの書き込みにも見られる。複数のモン族男性は、「逃げずにいたのは女性側

12　Refugee Resettlement Watch. "Hmong man gets 8 years for kidnapping and rape of 12 year old." *Journal-Sentinal*. https://refugeeresettlementwatch.wordpress.com/2010/07/04/hmong-man-gets-8-years-for-kidnapping-and-rape-of-12-year-old/（retrieved: July 1, 2012.）

の問題であって、12歳で結婚する文化は世界中にあるからモン族だけが特殊ではない」と反論する。

　多くの女性が「悪しき慣習」に挙げた婚姻に関する問題であるが、これを悪いとした男性はアメリカのセントポールでは皆無だった。なお、男女共に「悪しき慣習」として挙げたのは生け贄だった。特にキリスト教に改宗した人々が生け贄を問題にする。他方、「法律で家畜を家庭で処理するのが禁じられ、また住宅事情でやむを得ず処理した家畜を買ってくるのだから問題にならないし、それに、モンの儀礼には生け贄がなくては成り立たない」「モン男性ならば家畜の処理ぐらいできなくてはならない」「祖先の霊が支配する家で生け贄をあげることに意味がある」と、生け贄の慣習に賛成した男性も数人あった。[13]

男女の領域

　モン族社会において、男女の位置づけが異なることを観察できる機会の1つが、儀礼が行なわれた後に供される食事の時である。このような場においては普通男性が先に食べるか、女性とは別の席で男性グループだけで食卓を囲むことが多い。筆者は、オーストラリアのブリスベンで、アメリカのミネアポリスから来た姉妹が25年ぶりに父親に会いに来たことを祝福する「再会の儀礼」[14]において気詰まりな経験をしたことがある。

　「再会の儀礼」では、男性だけのテーブルがいくつかある中で、筆者の席は50人ほどの男性が座っていた細長いテーブルの中央に用意されていた。女性たちと子どもたちは男性たちが座ったテーブルから離れた所で、アルミ製の簡易テーブルを使って食事をしていた。白いクロスを掛けた男性用のテーブルまわりには給仕の女性たちを除いて女性は誰もいなかった。筆者の席を男性用のテーブルに用意してくれたのはホストの好意と受け止めたが、筆者の訪問の意図を知らない男性の中には、「なぜ女がここに座る?」と数人が冷たい視線を送ってきた。その場に居続けるのがいたたまれず、しばらくして女性たちが集まっていた場所に移動するに至った。このパーティの参加者は総勢で約300人だ

13　セントポールにて(2008年4月、2011年8月)。
14　セントポールに住む50代の女性2人が、四半世紀ぶりに父親と再会した折に行なわれた祖先崇拝の儀礼。シャーマンが同席し、感謝の印に祖先に生け贄を捧げて、家族や親族の健康を祈った(2008年3月16日)。

テーブルを用意する女性たち。男性用の長テーブルには白いクロスがかけられている。

右側に女性たちと子どもたちが集まっている。

「再会の儀礼」(オーストラリア・ブリスベン)

った。男性と女性の「位置づけ」がはっきりと二分されていることを、筆者は席の位置を通じてとらえることができた。また「位置づけ」に限らず、さまざまな伝統的な慣習がオーストラリアのモン族社会でほぼそのままの形で続いていることを検証する機会を得た。

　男女の位置づけがこのように明確に表れたのは、この日のパーティが一般的な集まりではなく儀礼的要素が強いものだったことによる。男性の席がいわゆる「上席」に用意され、男性だけで先に食事を始めることについて女性たちに聞くと、こうした儀礼で男性に混じって座ってもきまずいことが多いので、別々のほうがかえって気楽だという返事が返ってきた[15]。結婚式や新年の祝いなど、よりオープンで会場を借りて開く集まりでは、男性と女性が同じテーブルを囲むこともあるという。しかし、同じような集まりを家で開くとなると、今も男性が大きいテーブルで先に食べ、出される食事内容が男女で異なるという

15　オーストラリア・ブリスベンにて(2008年3月17日)。

ように、「内と外」では異なる慣習が残っている。こうした男女の領域の違いがモン族社会では普遍的に存在することは、種々の文献に見ることができる［Hmong American Institute for Learning 2006; Kao-Ly Yang 2001］。

　男女の位置づけの相違は婚姻関係においても明確に現れる。たとえば、伝統的なモン族社会においては、女性は結婚後、婚家とのトラブルや何か問題が起きた場合に、たとえ自分に落ち度がなくても男性から一方的に言われるだけでなかなか自分の立場を正当化する機会がないという。しかし、ジューとガウリーは、夫と婚家を相手に自分の主張を押し通し離婚にこぎつけた。

　ジューは8人兄弟姉妹の長女で、13歳の時に親の意向で一方的に結婚させられたが、数ヵ月で夫の暴力に耐えきれず離婚を両親に申し出た。この時は、彼女が夫から受けた暴力で傷を負ったため両親は離婚に同意したが、離婚で面目を失った両親は、ほどなくまだ未成年の彼女を別の男性と結婚させた。しかし、2度目の結婚生活も破綻する結果となった。ジューは女性からの離婚申し立ての難しさを次のように語った。

　　　離婚の直接の原因は、2人の夫とも外に女性を作って家に帰ってこなかったからである。2番目の夫は「女から申し立てする離婚など成立しえない」と、私の要求を撥ね付けたので、すでに結婚年齢に達していた私は裁判所に離婚を申し立てた。結局私の言い分が認められて夫と離婚できたが、その後も夫は当然のように家に現れては私に金品を要求した。

　　　父親が仕事もせず、離婚した後も母親に嫌がらせする光景を娘たちに見せたくなかったので、玄関の鍵を取り替えるなど、あらゆる手段を講じて彼を家の中に入れないようにした。

　　　私は離婚後にフレスノの行政機関で働くことができたので、生活の心配がなかったが、自分の給料だけで生活できない女性は泣き寝入りするしかない。

　　　　　　　　　　　　　　　　（Jue: 50代前半、アメリカ・フレスノにて）[17]

16　法律で認められる結婚年齢に達していなかったジューの2度にわたる結婚はアメリカの法律上の結婚ではなく、モン族コミュニティ内で承認される「結婚」であった。
17　インタビュー：J. Yang（2010年3月13日、フレスノ、既出）。

女性の若年結婚がなくならず、たとえ結婚がうまく立ちゆかなくなっても離婚することもできない原因は、女性の地位を男性よりも低く見る悪い慣習のせいだと、ジューは言う。ガウリーもまた、ジューと同様に13歳で結婚させられ、夫の女性問題に悩んだ末に離婚にこぎつけた女性である[18]。若年結婚は問題視されているものの、根強く残っている慣習の一つである。筆者も、Hmong Studies Conferenceのような研究大会のパーティで、夫とおぼしき男性と参加していた10代前半と見られる女性を何人も見かけた。女性たちに年齢を聞くと、16歳が最も多く、中には14歳だと答えた人もいた。

　略奪婚や若年婚による問題は多岐にわたる。2008年にモン族社会における若年婚（女性が16歳以下）について行なわれたリサーチによると、10代で結婚した女性は、教育、収入、子どもの数、離婚率、夫婦間の虐待などの問題を多く抱えている。HND（Hmong National Development）や、Hmong Women Achieving Togetherなどの啓発団体は教育の改善を訴えるが、進んではいない。若年婚の女性の約50%がハイスクールの学歴しかなく、20代で結婚した女性の80%と比べると明らかに教育達成度が低いことがわかる。離婚率は64%、夫から虐待を受けた女性の率は56.4%にものぼる。また、学業成績が低い女性ほど早く結婚する傾向があることもリサーチの結果から判明した[19]。

　ジューやガウリーのようにまだ少数派ではあるが、モン族社会で続く男尊女卑の慣習に疑問を呈する女性は増えている。しかし、妻が夫の家族と一緒に住む場合には、女性側が多くのストレスを抱え込むことに変わりはないことが指摘されている。教育を受けた若い世代では妻の手助けをする男性も共働き世帯で増えてきている一方で、クランやリネージを社会基盤にするモン族社会は以前と変わらず、年齢と性別で社会的地位や役割が決定されている。男性だけがなれる長老の意見には誰でも敬意を払わなければならないとされ、長老はコミュニティ内のさまざまな問題に関わることから、必然的に男性のほうがより多

18　インタビュー：G. T. C. Heu（2010年2月、ショーレ、既出）。
19　"Teenage Marriage and the Socioeconomic Health of Hmong Women." Hmong Women Achieving Together. June 2009.
http://www.hmongwomenachieve.org/documents/Women_And_Early_Marriage_Report.pdf
(retrieved: March 1, 2013)

くの権限を持つことになる [Lee and Tapp 2010: 198]。

　ジューの最初の離婚では、仲裁に tus coj plaub(トゥー チョー ブラオ)と呼ばれる人々が介入した。[20] 仲裁に入る人々は、たいていの場合リネージの長老であることが多いため、その意見を無視することは困難であり、たとえ彼女の両親が事を内密にしてリネージの長老に相談しなかった場合でも、夫側の親族が問題を黙認することはありえず、その場合は夫側のリネージのトゥーチョーブラオが夫婦の問題に介入してくることが多い。

　リネージ中心の社会において、長老に相談せずに弁護士などの外部の人間に仲裁を依頼することは、たとえそれが個人の利益を守ることになっても、集団の顔 (ntsej muag)(ンジェー ムア) や集団の評判 (koob meej)(ゴン メン) を汚すことになるとされ疎んじられる。[21] なぜならば、モンに必要なことや問題を理解できるのは「モンだけ」という考え方により、問題を内輪で解決しようとするからである。「モンだけ」という考え方は、「モンはモンの漢方薬を煎じ、中国人は中国の漢方薬を煎じる」(Hmoob tshuaj Hmoob rhaub, Suav tshuaj Suav rhaub.)(モン チュア モン チャウ スア チュア スア チャウ)という諺にも表れる。このような言い伝えは、モンの間の問題はコミュニティ内で解決するのが一番であり、モン以外の人に問題が漏れると更にやっかいなことになるという主張の裏付けにされている [Lee and Tapp 2010: 207]。

結婚で変化する女性の立場

　次に挙げる2つの事例は、結婚後に女性の個人名がモン族の公的な場で消え、「〜の妻」と呼ばれることについて、男性の存在を前提にして初めて自分が「存在する」現実に疑問を投げかけている。最初の事例のパーは、フランス東部のショーレに住む4人の子どもの母親である。パリに住むメイとは秘書学校で同級生の間柄だった。メイがキャリア・アップを目指して結婚よりも仕事を優先してきたのとは対照的に、パーは秘書学校を卒業すると、すぐに結婚し4人の子どもの母となった。彼女は、自分が夫を前提に存在していることを知った時の驚きを次のように語った。

20　"tus coj plaub" – "tus=peaceful", "coj=lead", "plaub=cases of dispute" の単語から成り、争い事を解決に導く人という意味がある。
21　インタビュー：C. H. Fronteau（2010年1月27日、ドルモン、既出）。

私は結婚してから夫の親や親族から「パー」と呼ばれたことがない。モン族の社会では普通、結婚すると「〜の妻」、母親になると「〜のお母さん」という呼び方をし、私個人の名前が消えてしまう [Lee and Tapp 2010: 154]。
　　　自分の名前が消えてしまうことは自分の存在を否定されるようで、私はこの慣習がいいとは思わない。なぜいつまでも古い慣習が消えてなくならないのかと悲しくなる。
　　　私は「夫の影に隠れる存在」であって、個人としての空間（スペース）をモン族社会に見出せない[22]。なぜならば、私の役割が用意されていても、それは「私」の役割ではなく、「〜の妻」としての役割にすぎないからである。
　　　夫は、まだ20代だというのに、親よりも更に考え方が古くて、私がどんなに忙しくても一切手伝ってくれない。夫は自分はフランス人にはけっしてなれないから、モンであり続けるほうがいいとラオス国籍のままでいる。
　　　小さい子ども4人を抱えて途方にくれることもしばしばある。夫が可愛がるのは長男（1歳半）だけで、めったに娘たちを抱っこすることはない。
　　　　　　　　　　　　　　　　　（Paj: 20代女性、フランス・ショーレにて[23]）

　パーの夫は彼女の反対にもかかわらず、最近子犬を飼った。筆者の滞在中も仕事から帰ると庭に出て子犬とひとしきり遊ぶか、パソコンでゲームに興じるだけで、パーの手伝いをすることも子どもと遊ぶこともなかった。こうして、毎日忙しく4人の子どもの世話をする彼女に新たに犬の世話が加わることになった。
　次の事例のソンは、自分を妥協させることで義理の父や母との価値観の違いに対処していると語った。

22　パーは、"I can't find my own space in the Hmong community."とインタビューで答えたため、彼女本人の発言としてここではスペースを「空間」と記していない。
23　インタビュー：P. Q. Txiachaheu（2010年2月9日、既出）。

私は博士号を持ち、大学で心理学を教えている。夫の家では「～の妻」としての扱いだけで、そこには「ソン」という私の名前も個人の社会空間（大学教授として）も存在せず、長男の嫁としてのみ私は存在する。
　夫の家では、滞在中、私はまるで家政婦のように炊事、洗濯、掃除をしなければならない。夫の家族はこの慣習を古いとは考えず、むしろモンの社会では当然のことだと思っている。
　今は我慢できる範囲内なので、特に怒りを覚えることはない。むしろ、そのようなことに余計な神経やエネルギーを使わないよう努めている。
（Song：30代女性、アメリカ・フレスノにて）[24]

　ソンが大学で受け持つ心理分析のクラスには多くのモンの女子学生が在籍していて、アメリカの文化に生きながらも結婚で大きく変化する「良き女性像」に悩む学生について、ケーススタディで取りあげることがあるという。ソンのように大学教授という社会的地位を獲得した女性でも、夫の親族関係にあっては、ソン個人としてではなく、「夫の妻」としての立場で行動し義務をひたすら果たすことが求められる。だが、2人目の子どもを妊娠中のソンは、お腹の子どもが男の子であると判明してからは、今後は単なる「妻」ではなく、家を継ぐ「男の子を産んだ母親」として夫の親族に対して今よりも強い立場に立てるようになるだろうと語った。ソンの夫が長男であるため、ソンに男の子が生まれるかどうかは一家の大きな課題とされてきた。それゆえ、男の子の誕生により、ソンの立場はこれまでより婚家に認められることになる。女性の立場が変化するのは結婚だけでなく、家父長制度を包含するさまざまな要素が関連しあっていることをこの事例に見ることができる。

「良い娘」・「良き妻」
　西欧諸国への移住でモン族社会はそれぞれの国の主流社会から大きな影響を受けてきた。結婚の形態も影響を受けた要素の1つであるが、モン族以外との結婚は実際はそれほど多くないという。結婚適齢期の子どもを持つ親たちは、今でもその多くがモン同士の結婚を望んでいる。家父長社会にあって男性は家

24　インタビュー：S. Lee（2010年3月11日、フレスノ、List U-19）。

を継承しなければならないため、モン族以外の民族と結婚するのはほとんどが女性である。他の民族においても異人種結婚に消極的な親が多いのは同じであるが、モン族社会では男性と女性の両方それぞれにモンとしての規範に沿った行動が求められるため、同族婚が最良とされている [Lo 2001: 168]。モン族男性の責任は、祖先崇拝などの宗教儀礼を継承し男子を世帯にもうけることであり、女性の責任は、家族の世話と「義理の娘の義務」として義父母の家の掃除、洗濯、料理のすべてを誰に指示されることなく自発的に行なうことだとされている。

　男性の親族に対するつながりが生涯を通して不変であるのに対して、女性は、結婚で夫の家の一員になると、あらゆる面で夫の親族とのつながりを最優先するよう求められる。それゆえ嫁いだ家で娘が従順な嫁として立派に役目を果たせるよう、家事に精通した女性に育てることは、母親の責任とされてきた [Lo 2001: 169]。筆者がインタビューした女性のほぼ全員が、長女でない場合でも、事例に登場したチョンやメイと同じように「良い娘」であることを母親に求められた経験を持ち、共通して母親の厳しすぎるしつけに不満を持っていた。

　事例に挙げた女性たちは皆、子どもらしい遊びや楽しみを犠牲にしてまでも、「良い娘」から「良き妻」となるように、子どもの頃から躾られてきた。だが、彼女たちの親が特別に厳しかったわけではなく、モン族文化において、女子が7歳ぐらいから弟や妹の世話をし、料理や洗濯をすることは当たり前で、外で仕事をする男子は家事を女性と分担することはないとされている。確かに、ラオスでは畑仕事や薪割りなど、外で男子がする仕事は多くあったが、環境が著しく変化したにもかかわらず、性差による家事の分担の違いが顕著であり続けることには明らかに矛盾があると言える [Keown-Bomar 2004: 114]。

　前述したが、ミス・モン・コンテストを批判したWAHL (Women's Association of Hmong and Lao) は、「男女平等のアメリカで、男性優位を守ることに固執し、女性に補助的な役割しか与えないモン族社会は女性を軽んじている」と、コンテストの共催を中止した。WAHLの指導者は、ミス・モン・コンテスト自体にも問題があるとし、コンテストの共催を続けるならば「男尊女卑」の悪い慣習を広めてしまうと判断したのである [C. Vang 2006: 98]。

　なぜ、ミス・モン・コンテストがそれほどまでに問題になったのだろうか。コンテストではモン族女性のロール・モデルとなるような女性を選ぶために、

容姿だけでなくさまざまな観点から審査が行なわれるが、コンテストの裏側でクラン同士の駆け引きがあり、公平性に欠ける審査が行なわれているとWAHLは指摘した。また、WAHLは優勝者の発表前に唄われる歌の歌詞に「男尊女卑」にあたる部分があるとした。それは、「美しいモンの女性たちよ、今年はあなたが選ばれることになりました。気持ちを強く持てる女性であれ、そして良き主婦となって穏やかに過ごされますように」という箇所だった [C. Vang 2006: 99]。

　これら2つの問題点から浮かび上がるのは、モン族社会におけるジェンダー問題がクランを基盤にした社会構造にあることと、「コンテスト」というオープンなイベントにおいても、モン族女性のあるべき姿として「家事をする柔和な女性」というイメージが強調されていることである。

　以上、この節では事例をもとにモン族社会のジェンダー概念を考察したが、ここで取りあげた人々の意見や家庭状況が必ずしもモン族を代表するものでも典型でもないことを断りおく。筆者が出会ったモン族の多くは、男女の区別なく子どもにできる限りの教育の機会を与え、子どもの可能性を広げようと考えていた。しかし、今もモン族社会でジェンダーによる違いが明確に存在することが特に女性からの指摘で明らかになった。

　男性が優遇される社会はモン族に限らず、世界中に存在する。モン族研究における現状から論じるならば、学会や研究会などにおいてジェンダーに関わる問題が毎回のように取りあげられ、現代にそぐわない慣習は消えるべきだと盛んに議論されてはいるが、「女性には男性と違った役割がある」と変化を嫌う意見も根強く、男性優位の社会は揺るがないと筆者は考える。この問題は、モン族コミュニティ内ではセンシティブな事柄にあたるため、性差をめぐる問題を取りあげた研究の多くはモン族ではないアウトサイダーの手によるものである。このことはジェンダー概念をモン族研究者自身が正面から議論することの難しさを浮き彫りにしていると言えよう。[25]

---

[25] 2012年3月にアメリカ・セントポールで開催されたThe 4th International Confrence on Hmong Studiesで、ジェンダー問題のリサーチが主にアウトサイダーにあたる非モン族研究者により行なわれていることが指摘され、もっと内部の声を反映したモン族研究者によるリサーチが発表されることが求められた。

息子への期待

　祖先の霊を受け継ぐ者として息子は大事に育てられるが、皮肉なことに両親が溺愛し甘やかすあまり息子は怠慢になり、親の期待とはほど遠い大人になってしまったという話を筆者は良く耳にしてきた。一方、娘は勤勉に学業や仕事に励んだ結果、息子よりも高い成果をあげるということがしばしば起きている。こうした女性たちに共通した不満は、両親が彼女たちの快挙を素直に喜ばず、「これが息子の○○だったらどれだけ良かっただろう」と言われ評価してもらえないことである。[26]

　モン族の学生が在籍するアメリカのどの大学でも、女子学生の在籍数や学業成績は男子学生を圧倒しているという。高度な教育を受けた女性たちは、モン族社会から男女間の不平等を撤廃しようと、ミネソタの"Hnub Tshiab"(New Day)のような団体を設立して活動をしている［Lee and Tapp 2010: 159-160］。リーは、将来儀礼に深く結びついているアニミズムを信仰する人が減るならば、今のような男女の位置づけが変化するのではないかと予測する［Lee and Tapp 2010: 161］。だが、祖先の加護を受けることで命を与えられていると考えるモン族が、アニミズム信仰が廃れたとしても、儀礼を行なわなくなるとは考えにくく、家の霊は男性だけが受け継ぐというモン族の家父長的な概念が変わるとは考えにくい。

1-2　成人男性が受けたカルチャー・ショック

　前の項において、男性が女性よりもモン族社会では一般的に期待されると述べた。モン族男性のメンタリティを論じる前に、西欧諸国への移住前に男性がどのような社会的位置づけをされていたかを再確認することにする。

　男性は、幼少の頃から老齢になるまで一家の大黒柱として特別な位置づけ（空間）を持ち、祖先の霊を受け継ぐ者として儀礼を継承し女性とは異なる扱いを受けて育てられる。つまり、モン族男性のメンタリティは家庭における位置づけや祖先崇拝などの儀礼を通じて形成されると言える［Kou Yang 1997:2］。しかし、ラオスの穏やかな生活から一転して、アメリカのような競争社会に生活

26　インタビュー：L. Her（2011年8月31日、セントポール、U-28; M. Tcha、パリ、既出、C. Fronteau、ドルモン、既出）。

環境が激変したことで人々が受けたカルチャー・ショックは、女性よりも男性に強く現れた。優遇される生活に慣れ親しんできたモン族男性にとって、西欧諸国の男女平等社会は、彼らの価値観では受け入れがたい社会だった。それに対して女性は、教育と雇用の機会を得て、家の中だけの生活からコミュニティや仕事に活動の場を見出し、収入を得ることもできるようになった。ラオスでは、一般的に女性が外で働くことはなかった。女性が男性よりも移住先の新しい環境に早く適応できたことは、家庭内における夫と妻の力関係に影響を及ぼすことになった［Kou Yang 1997:13］。

　外で収入を得ることができるようになった妻は発言力を増すようになった。しかし、適応に時間を要した男性たちは、妻との関係だけでなく、子どもとの関係でも悩むことになった。従来は、モン族の父親の権威は絶大なものだった。だが移住先では、父親は言葉の覚えが早い子どもたちに通訳や新しい生活の手助けを頼まなければならなくなり、父親の権威は大きく傷つけられた［Kou Yang 1997: 7］。

　ヤングは、モン族男性が会合や食事会のような集まりの席で、ニュースを交換し考えを交わすことに注目し、話題の内容を分析することでアメリカのモン族成人男性の主流社会への適応度を調べた[27]［Kou Yang 1997: 9-15］。目的を参加者に知られてしまうと、話題の選択に影響を与える可能性があったため、ヤングは出席者の1人として目的を伏せたまま集まりに参加した。15回にわたってフレスノで行なった参与観察から、51のトピックスが参加者の間で話題にされたことがわかった。それらは

①アメリカ社会への適応状況
②モン族が置かれている状況
③ラオスへの帰郷
④将来に関すること
⑤モンの価値観と将来について
⑥性的な話題
⑦国際的な問題やニュース

27　このような集いでは、一般的に個室で長いテーブルを囲んで男性だけで話し合われるため、男性の本音を探る良い機会である。

などの7つのグループに分類することができた [Kou Yang 1997: 13]。
　参加人数は約30人で、話の方向性（たとえば、過去、現在、未来）から見ると、
①過去の良き思い出を話したがる旧ラオス政府関係者や軍関係者——将来のことや現実を受け入れらず、難民の文化的適応において分かれ目となる局面にまだ達していないグループ
②現在志向の人々の多くは、焼畑農業をやっていたか歩兵の経歴を持つ人々で、ほとんどの場合、読み書きができず公的扶助を受けているか農業で生活をしている人々——話の内容が日常生活と日課についてのグループ
③将来や数年内の夢について語る未来志向の人々で、若く健康で教育を受け、専門職や起業家あるいはしっかりとした職業を持ち将来についての話題（仕事の企画、家の購入等）が多く、現状に満足していて基本的なニーズが満たされている未来志向のグループ（ほとんどが3段階の文化的適応度を無事に越えている）
という3グループに分けられた [Kou Yang 1997: 13-14]。
　これにより、若い世代で教育を受けた人々ほど、新しい環境に問題なく順応できることが確認された。また、年長のグループが今以上にアメリカ社会に順応するためには、地元コミュニティによる継続した働きかけが必要であるというように、それぞれのグループで新しい生活への適応の度合いが異なることが判明した。

第2節　世代による価値観の変化

　ラオスにいた頃のモン族の「自由」に対する概念は、西欧諸国の人々が持つ概念とは異なっていた。法律的な「自由」という概念は、町から離れた山岳地域に暮らしていたモン族には縁の薄い存在だった。モン族の暮らしではすべての出来事、すなわち出生や死はいつも身近な家の中で家族や親族のそばで起きるものだったが、欧米社会ではこうしたライフスタイルを続けることが不可能になった。
　昔のモン族の生活は、妻は家庭にあって夫の指示に従い、子どもは大人に従い、家族全員が集団として行動していた。このような環境では、子どもから

大人への道筋にある10代という概念が存在せず、子どもの時代から一気に大人へと時が進んでいた [Faderman 1999: 12]。しかし、西欧諸国では、一般的に親、子ども、夫、妻はそれぞれが平等に扱われ、個人の「自由」が尊ばれる。そのため、西欧の文化を理解できない昔通りのライフスタイルを求める親と、まわりの友達と同じような生活を望む子どもの間でしばしばもめ事が起きている。一例が、映画やテレビを通して入ってくる情報や、家の狭さなどの生活環境を理由に、「18歳になったら子どもは独立して家を離れるもの」として、親の監視から逃れようと子どもが独立することである。一般的にモン族は、特に女性は結婚するまで両親や家族と住む場合が多く、家から遠い大学への入学や長期間の旅行、親族以外の家に泊まるなど、欧米の家庭では当たり前に行なわれているようなことでも、一家騒動の原因になり得るという。[28] 筆者のインタビューでも数人の女性が、入学を考えていた大学が家から遠いという理由で親が入学をなかなか許してくれなかったという。その大学は成績優秀者でないと入れないような上位の大学だったが、1人住まいに親は反対し、自分は大学に近い所にアパートを借りて思う存分、夜遅くまで図書館で勉強したかったのに、親は大学から遠い親族の家から通うならばと条件を出してきてやっと入学を許したという。また、あるモンの大学教授によると、大学構内にある、モン族が既に住んでいる寮ならばという条件で親から入学を許可してもらえたケースもあるという。親が寮生活ならばと許してくれた理由は、普段娘のそばに誰かモンの友人がいれば、互いが監視役になり何をしているかすぐに親の耳に早く入ってくるからだという。[29]

こうした声からは、親が子どもに「モン」として過ごすことをほぼ「強要」している姿が浮かび上がる。衣食住や礼儀、生活習慣のあらゆる面でアメリカ文化はモン族文化と非常に異なる。たとえば、子どもは外でハンバーガーやピザを食べたがるのに対して、親は豚肉や鶏肉、野菜とご飯を家で食べて欲しいと思い、子どもがクラスメートと一緒にスポーツを楽しみたいと思っているのに、親は学校からまっすぐ帰ってきて家の手伝いや勉強をして欲しいというように、親は毎日の生活で「モン」であることを求め従順であることを要求するが、子

28　グループ・インタビューにて(2011年8月31日、セントポール、List U-26~U-33)。
29　インタビュー：K. Yang(2007年2月、ターロック、既出)。

どもにとっての「モン」は、民族衣装を着飾って新年の祝いに出かけることや、伝統的な踊りをする「特別なこと」であって、日常のものではないととらえられている [Faderman 1999: 13]。さらに子どもの母国語が、アメリカやオーストラリアでは英語、フランスではフランス語になりつつあることが、子どもに日常的にモン語を使って欲しい親とのギャップを生み出す原因となっている [Lo 2001: 143-144]。

　こうした価値観の違いや環境の変化が生み出すギャップにより、モン族社会は深刻な問題を抱えている。アメリカの若者ギャング・グループの存在が一例である。モン語には「ギャング」という言葉は存在しない。それに近い意味の言葉は、"neeg liam/tub sab"で、「ネン リア」は、「規範から外れている者」を意味し、「トゥ ジャ」は「泥棒・強盗」を意味し、どちらの言葉も必ずしもギャングを意味していない [Lo 2001: 146-147]。

　ラオスでは、子どもが親に反抗することはあり得なかった。モン族の子どもは、小さい頃から、大人になる準備を始める文化の中で生活していたことや、アメリカのように繁華街の遊び場もなかったため、子どもたちが親に反抗するようなことはほとんどなかった。男性は少年の頃から妻を扶養する良き夫となるよう、また女性は少女の頃から良き妻となることを教えられ、女性のほとんどが18歳までに結婚していた。結婚するまでの子どもは、家庭の中で自分がしなければならない役割を理解し、親に従順だったが、親に従わない場合は、アメリカ社会では禁じられている体罰が躾を目的に普通に用いられていた [Lo 2001: 147]。

　モン族の最初のギャングは、1980年代半ばにセントポールとラムスィーカウンティで、サッカー・チームのメンバーを中心に結成された"コブラ・ギャング"と呼ばれるグループである。ほとんどの少年が貧しい家庭環境に育ち、親の十分な監督を受けていなかった [Lo 2001: 148]。差別や貧困のフラストレーションをはらすため盗みを始めた少年たちが、組織的にグループを作って、けんか、盗み、自動車泥棒、暴行などの事件を起こすようになった。モン族のギャング・グループは、アフリカ系やヒスパニック系のギャング集団と違い、リーダーや階層組織を持たないため、1人で行動を起こす者がいたり、不法に手に入れた銃をカリフォルニアからノースカロライナまで車で運ぶなど行動範囲

『グラン・トリノ』の一場面

が広いことが、警察当局の対応を遅らせている[30]。

　クリント・イーストウッド（C. Eastwood）主演の『グラン・トリノ』（Gran Torino, 2008）は、アメリカに住むモン族を初めて描いた映画作品である。モン族がハリウッド映画で描かれたことでモン族についての理解が進んだと見る一方で、モン族をステレオタイプ的に描いていて、かえってモン族への誤解を助長するのではないかという指摘もあり、モン族コミュニティ内では映画に対する評価が割れている［Schein 2010］。

　セントポールを東西に走るユニバーシティ・アベニューには、大通りから一歩入ると、貧しい家々が立ち並ぶ地区が数ヵ所ある。この大通りに面しているモン・カルチャーセンターによると、センターが無料で貸し出すビデオや、英語教室を利用する人々の多くが、センターから徒歩圏の場所に住む車を持たない貧しいモン族やアジア系の人々だという。センターの職員にとって彼らがセ

30　Richard Strake. "The violence of Hmong gangs and the crime of rape." *FBI Law Enforcement Bulletin.* 2003. http://www.fbi.gov/stats-services/publications/law-enforcement-bulletin/2003-pdfs/feb03leb.pdf (retrieved: March 1, 2013)

ンターに来なくなる、いわゆるセンター通いを「卒業」することは、生活レベルが上がって他の地域に引っ越ししたことを意味し、むしろ喜ばしいことだという[31]。

　ここ数年、街を美化して犯罪の温床をなくそうと、市当局により、ユニバーシティ・アベニュー沿いの古い建物の取り壊しや空き地の再利用、路面電車の敷設に代表されるインフラ整備事業が進められているが、未だにこの近辺に住む人々の貧困問題や若者による犯罪（ギャング問題など）は解決するに至っていないのが実情である。

　親世代とのフラストレーションに悩む若者たちにとって、「ファミリー」のように感じるギャング集団は親代わりの機能を持つと言える。なぜならば、ギャングのメンバーにとって、「ファミリー」は自分の親よりも主流社会でどう生きるかを教えてくれ、金銭的にも感情的にも、メンバーに居心地の良い「場」を提供してくれるからである [Faderman 1999: 185-190]。欲求を親に満たしてもらえない若者たちは、家の外に「ファミリー」を持つことで一時的に満足することができるが、そうした行動は結局は家族とクランに恥をかかせることになり、その代償は大きい。

　ラオスでは、家族の営みは家を中心に行なわれていた。一家で畑を耕し、家畜の世話をして家族それぞれが決められた義務を果たしていた。祖父や父親の世代は一家の大黒柱として生活のすべてに力を持っていたが、欧米の移住先では言葉や新しい生活についていくことができず、自分たちでは処理できない問題を、英語やフランス語を自由に操る子ども世代に頼らざるをえなくなった。子どもは活動の場を家庭以外に持つようになって行動範囲が広がり、家で過ごす時間が短くなった。そのため、親は昔のように子どもを目の届く範囲でコントロールすることができなくなっている。

　このように移住によって生活スタイルが変化し、ラオスにいた頃のような集団の規範に沿う生活ができなくなったにもかかわらず、昔と同じような生活を子供に送って欲しい親は、従来の「モンらしさ」(Hmongness) を厳しく子どもに求める。だが、子どもにとって、ラオスは親の話や写真の世界にある遠い場所に過ぎない。家族や親族で畑を耕し、皆が同じ生活をしていた頃とは異なり、

31　インタビュー：M. E. Pfeifer（2005年3月8日、セントポール、List U-24）。

競争社会の西欧諸国で生き抜くには、家庭やクランよりも優先しなければならない事柄がたくさんあるのが実情である。こうした価値観の違いから生じる食い違いは、世代間の問題だけではなく生活全般に及んでいる。自由と権利を主張する子ども世代と、「モン」として規範に沿った生活を求める親世代の食い違いは、今後世代が変わっても変化しないのだろうか。

第3節 宗教

　モン族の宗教はアニミズムとされているが、本来は固有の名前を持たなかった [Lo 2001: 22]。"kev cai dab qhuas"（ゲイジャイ ダ クア）と表される彼らの宗教は、生者、死者、動物、植物、人間、自然のすべてに魂が宿ると信じ、これらの魂を崇拝することで人類は健康で繁栄するものとされている。そのためには、物質的な世界と霊的な世界のバランスをとることが必要とされ、霊界と生者の間で悪霊を祓い、体から離れた魂を病気の人間に取り戻すシャーマン（txiv neeb）（ツィーネン）が霊界から選ばれた者として存在する[32]。

　シャーマンによる儀礼は、親族一同が集まりほぼ1日がかりで行なわれる。筆者は、フランス中部のオビニーシュールネール、南部のニーム、アメリカのフレスノで行なわれたシャーマンによる儀礼に参列した。以下で述べる事柄は、筆者の参与観察に基づくものである。

　オビニーシュールネールの儀礼は、悪夢を見たという女性がシャーマンに依頼して家から悪霊を祓い、一家の安全を祈願してもらうために行なわれた。フレスノの儀礼は、長期の旅行に出る主人の安全を願って行なわれたものだった。また、ニームの儀礼は、いわゆる "medical shaman" と呼ばれる病人の体の不調を整えるために行なわれたものだった。

　オビニーシュールネールでは、シャーマンが祈る部屋の中央に、生け贄用の豚が用意されていた。生け贄は、動物の魂と引き替えに、体から離れた霊を

---

[32] シャーマンは霊に選ばれた人がなるとされ、男女ともシャーマンになることができる。シャーマンはトランス状態で体力を消耗するため、霊的な能力があってもシャーマンになることを躊躇する人々もいる。インタビュー：Sophie Yang（2010年2月4日、ニーム、List F-5）。

272

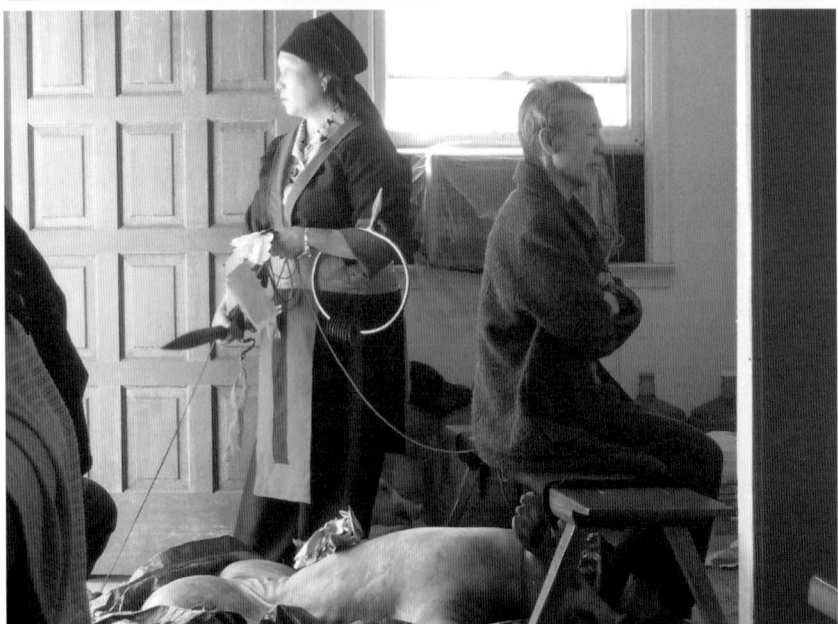

シャーマンによる祈禱（上：フランス・オビニーシュールネール、下：アメリカ・フレスノ）

元に引き戻すために使われる。参列した家では、儀礼における男女の空間がはっきりと分かれ、女性たちは子どもたちと共に台所と庭で儀礼の後に出す食事作りに専念し、儀礼が行なわれている部屋には男性親族だけが詰めていて女性の入室は原則禁じられていた。生け贄にされた豚は儀礼が終わるとすぐに料理され、参列者に供された。

　モン族の社会的なつながりはアニミズムと密接に結びつき、祖先崇拝の儀礼を共有するか否かでつながりの濃淡が判断される。宗教儀礼を行なうことを前提に同じ信仰でつながる社会においては、思考体系、シンボル、儀礼などが未来に向けて維持されている［Faruque 2002: 165］。

　シャーマンが行なう儀礼には、キリスト教に改宗した人（男性）も参列は可能であるが、儀式に関わりあうことはできない。クリスチャンになったある男性は、クランの一員として呼ばれれば儀礼に参列するものの、将来的にはだんだんと行くことが少なくなるだろうと語った。モン族は、メンバーが共に食事をすることでクランの結束を強める。しかし、改宗した人は基本的に儀礼で生け贄にされた豚肉を口にすることができないため、キリスト教に改宗する人が増加すると、親族の結束が弱まるのではないかと心配する声がインタビューで聞かれた。

　モン族がキリスト教に改宗するようになったのは移住がきっかけとなったわけではない。1975年に共産党がラオスを支配した時に6000人いたラオスのクリスチャンのうち7%がモン族だったとされる。1998年にローが行なった調査では、アメリカに住む21万8537人のモン族のうち、約30％がキリスト教に改宗していた［Lo 2001: 25］。アメリカへの移住は、キリスト教への改宗をさらに促進することになった。なぜならば、アメリカへの移住においてキリスト教団体や教会がモン族のスポンサーとして住居や衣食住の世話をしたため、モン族にとって欠かせない存在であったからである［Faderman 1999: 106］。中には、事例のロトゥアのようにモンの牧師として活躍している人もある。現在彼は主にモン族を対象に布教活動を行なっている。

　　私は、キリスト教の牧師である。キリスト教との出会いは、南フラン

33　インタビュー：L. Xiong（2010年2月3日、ル・メシュールセンヌ、List F-12）。

スにいた頃に教会活動に参加し、キリスト教の良さに感動して22歳の時に改宗した。この地区の牧師になって、モンの信者が増えたことが嬉しい。

　私はアニミズムのすべてを否定しているわけではない。受け入れることができるものを選んでいるが、モンの慣習の中にはフランスの生活に合わないものがあるので、将来的に減らす方向に持っていきたい。そのためには、クラン内で話し合いの場を持つ必要がある。

（Lotoua: 30代男性、フランス・ル・メシュールセンヌにて）[34]

　キリスト教への改宗は、モン族が新しい環境に順応するための1つの方法でもあった。改宗することで自分たちを呼び寄せ世話をしてくれたスポンサーに感謝の気持ちを表すと同時に、教会のメンバーになることで少しでも有利な支援を受けることができるのではないかと期待した人々もいた [Faruque 2002: 167]。次の事例のルーのように、新しい生活をスムーズに運ぶために、時間、手間、費用がかかるモン族の儀礼を敬遠してキリスト教に改宗するケースも見られる。

　私がクリスチャンになったのは、バンビナイ・キャンプにいる時だった。キャンプの中で出会った牧師から英語を習ううちに、キリスト教のほうが自分に合っていると思った。子どもたちは全員クリスチャンである。儀礼の心配をしなくていいので、家族にとって良かったと思っている。
　アメリカではずっと地区の教会に献金をし、理事をしていたが、多忙で教会に月に1度くらいしか行かなくなったら、信者リストから自分と妻の名前が消えていた。自分の所属する宗派は信者の務めは教会活動に参加することだと定めている。おかげで居場所がなくなったようで寂しい。
　クリスチャンの我が家では、フ・プリ、結婚式、新年の祝いをしていない。

（Lue: 50代男性、アメリカ・フレスノにて）[35]

34　インタビュー：L. Xiong（2010年2月3日、既出）。
35　インタビュー：L. Yang（2010年3月10日、既出）。

西欧諸国でアニミズム信仰を維持するのが困難な理由の1つとして考えられるのは、生き物を個人の家で生け贄にすることが法律で禁止されているからである。オビニーシュールネールで参列した儀礼では、近所の手前、屋外で豚を生け贄にすることができないため、窓や戸をすべて閉め切った家の中で豚を処理していた。この家のように、たとえ法律に違反する行為でも、家々の間隔がゆったりとしていて外部から家の中の様子がわからないような環境では今でも生け贄が行なわれているのが実情である。フレスノの儀礼においては、指定された場所で処理された豚が使われていたが、この家でも鶏は家で生け贄にするという。同様にフランスでも、狭いアパート内でも鶏の生け贄を行なう家庭もある[36]。

　キリスト教の主要教派にはプロテスタントとカトリックがあるが、ロトゥアとルーによると、フランスでもアメリカでも同様に、プロテスタントのほうが他の宗教に対して厳しい。モン族の中にはプロテスタントの教義が厳しすぎるため、カトリックに変わった人々もいるという。牧師のロトゥア自身は、モン族の儀礼には参加しうる範囲でクランの一員の義務を果たしてきたので、自分が牧師になったことがコミュニティで問題になったことはないと語った。

　ニームのアランは、プロテスタントとカトリックの違いについて洗礼を受ける前から知っていたので、他の宗教に寛容なカトリックのほうを選んだという。アランの家では先に述べたように家族は全員アニミズムを信仰しているが、カトリックでは、クランの儀礼に参列することについてプロテスタントほど厳しい制限がないため、アラン1人がカトリック教徒でも日常生活に何ら差し障りを感じないという[37]。

　次に示す写真は、アメリカ・フレスノのある教会で使われた式次第・聖歌集と、聖体拝領の様子を写したものである。モン族人口の多さを反映して、このようなモン語によるミサを行なう教会が他にもいくつかあるという。

36　インタビュー：C. H. Fronteau（2010年1月28日、既出）；Lotua Xiong（2010年2月3日、既出）；M. K. Tcha（2010年2月11日、既出）。
37　インタビュー：A. Yang（2010年2月4日、既出）。

St. Peter Hmong Evangelical Lutheran Church
2550 Gettysburg Avenue Clovis, CA 93612
Vicar Tswv Huas Thao & Vicar Tooj Xeeb Yaj Contact Person.
(559) 960-0050, (559) 360-9715
Nkawm Nkauj: 10am-11:30am, Pehawm:12:00pm-1:00pm;Kawm Vajtswv Txojlus:1:10pm-1:40pm

8/7/2011

Txais Tos:

Nkauj # 176 "Kuv Ua Neej Ces Raug Kev Txomnyem"

Sawv

Tus Coj: Peb tus Tswv Yexus thiab Vajtswv txojkev hlub thiab txojkev sib raug zoo ntawm Vaj Ntsujplig Dawbhuv nrog nej nyob.

Cov Ntseeg: Thiab nrog koj tibyam.

Lees Kevtxhaum Rau Vajtswv (Confession of Sins)

Tus Coj: Vajtswv caw peb los rau hauv Nws xubntiag, thiab teevtiam Nws ntawm lub siab txo hwjchim thiab tusiab rau tej kev txhaum. Yog li peb ciali lees paub peb tej kev txhaum thlab thov Nws zam txim rau peb.

Cov Ntseeg: Leejtxiv tus dawbhuv thiab muaj lub siab hlub, peb lees haistias peb yog neeg txhaum, thiab tau tsis mloog koj lus, nyob hauv peb txoj kev xav, kev hais lus, thiab tej uas peb ua. Peb tsimnyog raug txim nimno thiab mus ibtxhis. Tiamsis peb yeej tu siab tiag rau peb tej kev txhaum, Peb thiaj ciasiab ntsoov rau peb tus Cawmseej Yexus. Thov koj hlub peb cov uas yog neeg txhaum.

Tus Coj: Vajtswv peb Leejtxiv saum ntuj ceebtsheej, yeej hlub peb thiab txib Nws tibleeg tub los tuag hloov peb chaw rau peb tej kev txhaum. Yog li ntawd los ntawm VajLeejtxiv, Vajleejtub, + thiab Vajntsujplig tus dawbhuv lub npe, peb tej kevtxhaum twb raug zam tag lawm.

Cov Ntseeg: Amen.

Thov Vajtswv

Pg.1

モン語によるミサ式次第の一部分（ルーテル派教会）
（アメリカ・フレスノ）

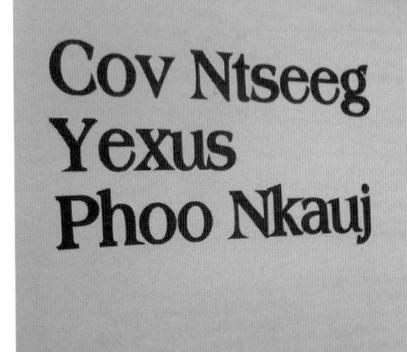

Cov Ntseeg Yexus Phoo Nkauj

Qhuas Vaajtswv ... 19-...
... 40-60
Vaaj Pebleeg
Vaaj Leejtxiv
Vaaj Leejtub
Vaaj Ntsujplig ... 61-65

Vaajtswv tug Mivnyuas Yaaj ... 66-103
... 104-112
Koobtsheej Yug Yexus ... 113-124
Yexus Teg Dlejnum ... 125-134
Yexus Kev Txomnyem Hab Kev Theej Txhoj ... 135-142
Yexus Sawv Huv Qhov Tuag Rov Lug
Yexus Rov Lug Zag Ob ... 143-159

Vaajtswv Txujkev Hlub

Tug Ntseeg Yexus Lub Neej ... 160-168
Kev Pov Sab Qub Tseg Yuav Sab Tshab ... 169-179
Kev Zoo Sab ... 180-190
Kev Hlub ... 191-202
Kev Thov Vaajtswv ... 203-205
Ib Feem Kaum ... 206-212
Kev Ua Vaajtswv Dlejnum ... 213-21...
Kev Ua Lub Neej Hum Vaajtswv Sab ... 219-24...
Kev Ua Tau Tug Timkhawv Zoo ... 242-26...
Kev Ntseeg Hab Noog Lug ... 270-27...
Kev Ua Yexus Tug Tubrog Zoo ... 278-28...
Thaus Raug Kev Mob Kev Nkeeg ... 289-29...
Thaus Tso Nplajteb Tseg

Yexus Pawg Ntseeg

モン語で書かれた聖歌集の表紙と索引

第6章　モン族社会の現状と変化　　277

日曜日のミサにて（アメリカ・フレスノ）
このルーテル派教会では、午前中は一般信者向けにアメリカ人神父が、午後はモン族信者向けに、モンの神父がモン語でミサを行なう。

　アニミズムを信仰する若い世代でも、生け贄のような法律で禁止されている慣習は変えていかなければならないとする意見が出るが、年配の人々の意見が尊重されるうちは誰も表だって反対することができなく、しばらくは大きな変化を望めないのではないかという意見が多かった[38]。将来の変化について否定的な意見はあるものの、たとえ家族や親族の宗教が違っても、子どもの誕生を祝う儀礼（アニミズム）と誕生式（キリスト教）は、どちらも一族にとって大事な祝いなので、親族が集まって祝うことに違和感はないという意見が圧倒的に多かった。
　前述したように、オーストラリアのようにモン族が少ない場所では、儀礼を行なうことができる人の絶対数が少なく、また主流社会の生活ペースが早いため、葬儀のように何日もかかる儀礼に人手を集めるのが困難になっている。過去には必要に迫られ亡くなった人をモン族が住む地域に移動させて葬儀を行な

38　フランスとオーストラリアで、20代から30代の若い世代に「宗教に関わる問題は何か？」と質問した結果である。

うということが起きた[39]。

　人々は遠く離れた地域から飛行機を使って参集する。自分の都合がつかない場合は代わりに葬儀で自分の役目を果たせる相応の位置づけを持つ人を差し向けるという[40]。差し向ける人の位置づけを考慮するのは、葬儀において各人に決められた役割があるからである。たとえば、年配の人の代わりに20代の人を差し向けることや、男性の代わりに女性が行くということはできない。このような助け合いは、親族関係による相互扶助の精神が発揮される機会であるが、筆者はそれが助け合いというよりも、モン族社会で生きる者の「義務」ととらえられているようにとらえる。

　アニミズムによる葬儀では、死者の年齢や社会的地位によって多くの人々が葬儀場に集まる。また、太鼓や鐘が数日間にわたって使われるため、近隣とのトラブルが発生する場合もあるという。セントポールには、モン族の葬儀を主に扱う葬儀場(funeral home)が4ヵ所ある。筆者は2度葬儀に参列したことがあるが、ある葬儀では5000人を超すという会葬者が参集した[41]。そのため日中から明け方まで、中には数日間もの間を葬儀場で過ごすという人々の車で駐車場は溢れ、付近の道路は駐車できない車で埋め尽くされた。

　一般的にアメリカ人が使う葬儀場はフォーマルな場としてとらえられているため、飲食や楽器の演奏、火を使う行為などが禁じられている。しかしモン族の葬儀には、地域の人々がカジュアルな服装で子どもを伴って出入りし、ケーンや太鼓の音が鳴り響き、紙のお金が燃やされるなど、一般的な葬儀とは雰囲気が全く異なる。筆者が参列した別の葬儀では、葬儀場の裏手にある台所で、参列者のために1日3回の食事がクランのメンバーや死者の親族により用意されていた。葬儀はモン族にとって最大の儀礼であり、$3万〜$4万、あるいはそれ以上の費用がかかる場合もあるという［C. Vang 2008: 54］。

　儀礼にお金がかかることや、煩雑さが疎ましくて、ルーのようにプロテスタントに改宗する人も存在するが、中には伝統的な葬儀をより長く荘厳な儀礼の場にしようとする動きもある。たとえばアメリカでは近年だんだんと葬儀の規

39　インタビュー：G. Y. Lee（2008年3月8日、既出）。
40　同上。
41　インタビュー：Y. Chang（2005年9月18日、セントポール、U-6）。

アメリカ・セントポールでの葬儀
祭壇の右手に男性親族一同が並んでいる。

模が大きくなり、クラン同士が競い合うようになってきた。これに対してモン族の啓蒙団体は、クランのメンツのためにむやみに費用をかけるのは望ましくないとして、葬儀の簡素化を呼びかけている[42]。

オーストラリアやフランスでは、人出不足で儀礼の中でも特に葬儀の簡素化が進んでいる。しかしブリスベンのように、モン族コミュニティの規模が比較的大きく、アニミズムを信仰する人々がまだ多い所では、葬儀だけではなく他の儀礼も古くからの慣習に沿って行なわれている[43]。全体的には儀礼の簡素化は進んでいるが、これまで通りのやり方ができなくなっても、大半のモン族が祖先の霊のおかげで自分がこの世に存在すると考え、儀礼なしにはクランや親族関係を保つことができないととらえている。それゆえ、将来的には儀礼への関与の仕方が今よりも多様になりながらも、アニミズムに基づくモン族の儀礼は消えることなく一定レベルで維持されると筆者は考える。

42　Detroitで開催されたHND Conferenceに参加(2007年4月13日)。
43　インタビュー：C. Lee(2008年3月18日、既出)。

まとめ

　難民キャンプの生活や欧米諸国への移住がもたらした影響により、モン族社会はさまざまな点で変化が生じた。居住形態や生活習慣、社会規範の違いから、アメリカ、フランス、オーストラリアに移住したモン族は、ラオスにいた時のような生活や儀礼を続けていくことができなくなったが、社会構造が男性優位社会であることは変化していない。男女平等の欧米社会において、モン族のジェンダー概念が大きく変わらずに維持されている理由は、モン族社会が家父長主義に基づいて形成されていることにある。ミス・モン・コンテストのような西洋的なイベントにおいても、「女性は家庭に入るべき」という考え方を会場で流された歌の歌詞に見ることができる。だが、女性たちはラオスでは受けることができなかった教育と仕事の場を得て、家庭で発言力を増すようになり、変化を容認できない男性との間に摩擦が起こるようになった。

　生活環境の変化に順応できないために起きるカルチャー・ショックは女性よりも男性に強く現れた。教育のない男性は仕事に恵まれず、言葉の問題では子どもに通訳に入ってもらわなければコミュニケーションを取ることもできず、自信を喪失することになった。これはラオスのように男性を優遇する社会的空間を移住先の社会では持つことができなくなったことを意味する。

　価値観の違いは男女の力関係だけでなく、子どもと親との関係にも変化をもたらした。親は従来の規範に沿った生活、すなわちHmongnessを子どもに求めるが、モン族の文化に興味を示さない子どもたちをコントロールできない状態では世代間の溝を埋めることは容易ではない。こうした問題は、新しい環境の社会的空間に家族の位置づけがうまくできずに生じた問題と言えよう。

　アニミズム信仰はモン族の生活全般に深く織り込まれているため、移住による変化は少ないと言える。モン族の概念では、生と死が一連のサイクルで結ばれていて、祖先崇拝をはじめとする儀礼において成員の結束が強められるとし、儀礼は限られた成員の手で執り行なわれる。モン族の文化には排他性があると前述したが、アニミズム信仰や儀礼が維持されているのはモン族の社会組織が今も機能していることを示すものである。

第6章　モン族社会の現状と変化　　281

サンデー・マーケットで販売されるミュージックDVD
大半がタイやラオスから輸入されている。
(アメリカ・フレスノ)

　コミュニティの成員同士の近接性を脅かすとされるキリスト教への改宗は、儀礼の担い手を減らすだけでなく「モン族」というカテゴリーで成る社会的空間を変化させる原因にもなりうる。たとえば、キリスト教徒と非キリスト教徒の間で対立問題が起き、コミュニティが分裂するケースがこれにあたる。アニミズムによる儀礼を行なうことを前提に成り立つ社会で今後キリスト教徒が増えていく状況では、社会の変化に合わせて儀礼もアニミズム信仰も変化しながらも維持されるのではないだろうか。[44]

44　インタビュー：G. Y. Lee(2008年3月8日、既出：Chao Lee、2008年3月18日、既出)。

第7章
環流するモンのアイデンティティ

　モン族は、インドシナ戦争後に劇的な変化を短期間に経験したエスニック・グループである。その居住地は、現在、アメリカ、オーストラリア、フランス、カナダ、ドイツ、アルゼンチンなど、世界中に広がっている。同じモン族とはいえ、文化や言語が異なる国々に住んでいながら想う「祖国」とはどこなのか。現在住んでいる国の市民権（国籍）を持っている人はその国を「祖国」と思うのか、それとも、「祖国」は遠い過去にモン族の祖先が住んでいたとされる中国、あるいはラオスの奥深い山々にあるのだろうか。

第1節 「祖国」への想い

　モン族は中国に5000年前程頃から存在していたとされる［Y. P. Cha 2010: 8］。「祖国はどこか」という問いに対して、ある人は、「どこの国でも生まれたところ」と答え、別の人は、「どこの国でも、うまく同化できて成功すればそこが祖国」と答えた。他の人は、次に挙げる古い諺を引用してモン族には「祖国がない」と答えたとされる。

　　　　　クイール　ル　ア　トォー　ユ　ヤー　クイール　ル　ア　タイ　ジョー　ンツァイ
　　　　"qiv luag tog yug yaj, qiv luag tais rau ntxhai."

　　　「羊を育てるには、誰かの小山を借り、
　　　　食べるには誰かの皿を借りるもの」［Moua 2006: 4］

　「祖国」という言葉は一般的に、①祖先以来住み切った国、自分の生まれた

国　②国民の分かれ出たもとの国、本国という意味で使われる。[1]「ディアスポラの民」と比喩されるモン族であるが、かつて「モンの王国」(Hmong Kingdom) が存在し、「王国」の最後の王が中国の皇帝に殺害されて以降、モンは自分の「国」と呼べる祖国を失ったという口頭伝承がある。現在では、このような昔話は歴史的根拠に乏しいと多くの研究者が指摘するが [Tapp 2004: 18]、「いつの日かモンの'王'が出て人々を1つにまとめ、憎き暴君に勝つ」というような言い伝えは今も根強く語り継がれている [G. Y. Lee 2010: 50]。モン族の「祖国」は、このような昔話や詠歌の中では漠然としたイメージで描かれている。

　世界に散らばったモン族は「祖国」をどうとらえているのか、フィールドワークにおいて筆者は、今の彼らにとって「祖国」はどこかという質問をしてきた。世代別では10代から30代位までの若者からは、「現在住んでいる国」という回答が3ヵ国を通じて多く寄せられた。40代以降になると、現在住んでいる国、タイ、ラオス、中国のいずれか1国もしくはいくつかを組み合わせて「祖国」と思うと答えた人が多く、中には、どこかはっきりしないが「大体このあたり」と地図を出してきてインドシナ半島を指した人もいた。また、「祖国はラオスだと思っているが、今でも共産党が怖いのでラオスに行けない。それで代わりにタイの北部に行って、昔住んでいた村の生活を思い出す」と答えた元HSGU隊員がいた。フランスに住む彼にとって、タイの北部の山々はラオスに繋がっているから、ラオスに行かなくても「故郷」に帰った気分になるという。[2] 国によっての違いを見ると、フランスとオーストラリア2ヵ国のモン族のほうがアメリカのモン族よりも、現在住んでいる国が「祖国」だと即答した人が概して多かった。

　こうした違いが出るのは、モン族人口と関連しているのではないかと筆者は考える。なぜならば、漠然としていてとらえにくい「祖国」に対する意識には、過去の経験やコミュニティで共有する社会的記憶が反映されていると考えられる。儀礼、出版物、講演会、展示会などの場において、モンに関わる事物を見たり聞いたりすることで社会的記憶は強められると仮定するならば、モン族コミュニティの規模が大きく、モン族に関する研究や集会が日常的に行なわれる

1　『広辞苑』第4版、1993年、岩波書店。
2　インタビュー：C. V. (2006年8月8日、既出)。

アメリカでは、他の国のモン族よりも「祖国」に対する」イメージを膨らませることができる素地があると言える。ゆえに、アメリカのモン族の回答が他の2ヵ国に比べてばらつきがあったのは、社会的記憶の蓄積の違いによるものと筆者は考える。ただし、これは限られた数のインタビューに基づくものであり、一般論として提示するものではない。

モン族がパ・ンダウやビデオを通して自分たちが「モン」であることを再確認し、絵や映像を見ることで「祖国」を思い出し、頭の中で「祖国」のイメージを膨らませていることを第3章で取りあげた。モン族はベトナム人のようなナショナル・アイデンティティがないため、領土に関連づけて「故郷」や「祖国」のイメージを思い浮かべることが難しい。しかし、形としてはとらえられないが消えることのないモンのアイデンティティを持つことで、想像上の「祖国」を思い描いていると言えよう［Sangmi Lee 2009: 7］。

「祖国がアメリカ」と答えた人々の中でも、特に年配者は現状に満足しながらも、ラオスとは違う環境に生きる寂しさを文化的表象や過去の記憶に追い求めることで紛らわしているとされる。彼らに「移住で失ったものは何か」と尋ねると、「土の匂い、山の中のひんやりとした感じ、ゆったりとした時間」という答えと共に、「みんなで一緒に住めないこと、モンの'国'がないこと」という答えが返ってきた。

モン族は「祖国」がないがゆえに、今の生活を大事にし、「拠り所がない」現実にあって自分たちが守ってきた文化や慣習をいっそう固持しようという意識を持つ[3]。すなわち、「モンらしく」生きること、つまりHmongnessを共有することで、形としての「祖国」がなくても、「モン」という概念の中に「祖国」があると思うことで今の生活に意味を見出せるという。本書ではモン族を例に話を進めたが、このように以前とは全く異なる環境においても過去の記憶をもとに自分たちの文化を表象し、アイデンティティを維持し続けることは、移民や難民の生活において最も重要なこととされる[4]。

人間は過去の記憶をもとに現在を生きているとされる［Connerton 1989: 2-3］。人間の記憶には個人的な経験と、集団が共有する社会的経験が混ざり合ってい

3　メール（Viva Yang、2010年8月3日）。
4　メール（Gary Yia Lee、2010年8月10日）。

る。端的に言うならば、記憶は個人的で主観的なものであるが、言語を通じて経験したことを人に教えたり、経験を誰かと共有することで、記憶は社会的なものになる [Fentress and Wickham 1992: 7]。また、記憶が社会的なものになるには、はっきりとした伝える形を成さなければならないが、それが必ずしも言葉である必要はない。記憶は言葉だけでなく、儀礼などの身振りや動きを通しても伝えることが可能である [Fentress and Wickham 1992: 47]。モン族の社会的記憶はこうして儀礼やパ・ンダウ、ビデオなどを通して、時空を超えて人々に共有されてきた。

　近年「祖国」のイメージを求めて中国を訪れるモン族が増えている。モン族がミャオ族に会いに中国を訪れるようになったのは1975年以降のことである。1980年代になると、中国の対外開放政策により、中国のミャオ族と西欧に住むモン族との交流が進み、アメリカやフランスに住むモン族が中国を訪れるようになった。しかし、当時の訪問先は、北京、雲南、貴州に限られていた。1988年になって中国のミャオ族が初めて海外のモン族を招待したことをきっかけに双方の交流が深まり、中国からアメリカのモン族に嫁ぐ人々が出始めた [Kou Yang 2005: 6]。

　アメリカのモン族の新年の祝いに中国の歌手が招聘されるなど、国を超えた行き来が増えるにつれ、新しいビジネスが展開されるようになった。たとえば、アメリカのモン族が製作したミャオ族のビデオ販売やアメリカ向けにミャオ族の民族衣装を作る工場が、中国とアメリカの合弁で文山、保定に設立されたことが挙げられる [Kou Yang 2005: 7]。

　集団が分かち合う記憶はアイデンティティ形成に欠かせない。それゆえ集団に共有される社会的記憶は、集団が未来へ進む方向に手がかりを与えるとされる [G. Y. Lee 2009: 130]。これまでにモン族が社会的記憶の拠り所としてきた儀礼やパ・ンダウ、ビデオなどに加えて、最近増えてきた旅行者による体験談や、インターネットのブログなどを通して双方向に行き交う情報が社会的記憶に加わり、モン族の「祖国」は漠然としたイメージから、よりリアルなイメージで語られるようになってきた。これから10年後に、モン族に「祖国はどこか」と同じ質問をしたら、彼らはどのような表現で「祖国」を語るのだろうか。

第2節　モン族の「想像のコミュニティ」

　ラオスを離れ欧米に移住して40年近く経過し、モン族研究の領域が拡充するにつれモン族に関する文献が増えている。代表的なものとしては本書で引用したリー (G. Y. Lee)、ヤング (K. Yang) などのモン族研究者によるものや、中国のミャオ族研究で知られるシェン (L. Schein)、タップ (N. Tapp)、ルモアン (J. Lemoine)、そして *Hmong Studies Journal* に掲載されている多くの論考があり、歴史学、社会学、文化人類学などの分野においてモン族についての知見が広まっている。

　移民第1世代の老齢化が進む中で、若い世代のモン族が自分たちの歴史や文化になかなか興味を示さないことを懸念し、過去の出来事を記録に残すことでモン族のアイデンティティの維持を図ろうと考える人々が増えている。この傾向は特にアメリカのモン族の間で強い。また、高い教育を受けたモン族の中には、大学でモンの歴史・文化を教える人々や、政治的リーダーとして地域のコミュニティに貢献するだけでなく、若い世代のロール・モデルとなって、モン族の社会的地位の向上に貢献したいとして、州議会議員や市議会議員、教育委員会の委員に選出された人々が存在する。こうした人々は、機会をとらえては、「自分が何者であるか、まず自分たちのバックグランドを知ろう」とモン族の若者に対して呼びかけを行なっている。

　この働きかけに賛同したオーストラリアのモン族社会を代表するサイカオとリーは、「想像の共同体」の概念［アンダーソン 1997］を使い、家族や親族が世界に散らばっているモン族社会の特徴を生かして、世界規模で Hmongness を共有する「想像のコミュニティ」(Imagined community) を創ろうと呼びかけている。[5] アンダーソンの「想像の共同体」は国民国家論と結びついた展開をしているが、モン族の「想像のコミュニティ」は、モン族が1つにまとまることへの強い願望をもとに、現実の祖国がなくとも国の違いを越えてエスニック・グループの意識を持ち続けようと提唱するものである。

　その一例がインターネット上でやりとりが行なわれるバーチャル・コミュニ

---

[5] Pao Saykao（メルボルン：医師）や Gary Yia Lee（シドニー：モン族研究者）など。

ミス・モン・コンテスト風景（アメリカ・セントポール）

ティである。現代のモン族社会は若い世代が多く、コンピューターを使ってコミュニケーションをとるのは既に日常生活の一部になっている。インターネット上のモン族のブログには、各国からの書き込みが見られ、共通の悩み事やモン族が辿った歴史について意見交換が行なわれている。

　近年ではYouTubeなどの動画サイトや、Facebookなどのソーシャル・ネットワークにより、ニュースや日々の出来事が瞬時に世界中で共有できるようになった。たとえばYouTubeに投稿されたフランスのギエンで2009年に開かれたミス・モン・コンテストのサイトには、「モンがフランスにいることをこのビデオを見るまで知らなかった。世界中にモンが住んでいることをここで知った。いつか世界各地にいるモンを訪ねてみたい」という書き込みが見られる[6]。また、ミス・モン・コンテストを開催しているフランス（全国・ギエン・ニーム）、アメリカ（カリフォルニア・ミシガン・ミネソタ、ポートランド各州）、タイ、ラオスなどにおけるコンテストの様子を撮影した動画も数多く存在する。フランス本国から南アメリカのフランス領ギアナに渡ったモン族が、新年を祝う様子

6　http://www.youtube.com/watch?v=DRqF1vSRIqM（retrieved: August 10, 2010.）

を撮影したサイトには、英語、モン語、フランス語が入り交じった書き込みが見られ、ビデオを見ている人々の多様なバックグランドを窺い知ることができる。[7]

「想像のコミュニティ」だけでなく、「現実のコミュニティ」においてもモン族が1つにまとまることが提唱されている。それが全米や世界各国からの参加者を集めるHND Conferenceやモン族研究の研究大会などである。HND (Hmong National Development, Inc.) はワシントンDCに本部を置く1993年に創設された団体で、モン族の歴史・社会についてのフォーラムや、政治への参加を呼びかける活動、アメリカ、フランス、オーストラリア、中国のモン族研究者の交流イベントなどを通してモン族の生活向上とその存在を世界にアピールすることなどを目的としている。毎年4月にアメリカで開かれるHND Conferenceは、開催都市が地域のモン族コミュニティとの協力で持ち回りで行なわれる。[8] 近年では、デトロイト (2007)、コロラド (2008)、ウィスコンシン (2009)、ミネアポリス (2011) で開催された。ミネアポリスでは、70のワークショップに1000人の参加者があったという。

このように、「現実のコミュニティ」で行なわれている啓蒙活動は、仮想空間上の「想像のコミュニティ」と相まって、時間や空間を超えてモン族同士の絆を深めるのに一役買っている。以前は、遠く離れた人々をつないでいたのは電話だったが、2000年頃からインターネット電話が普及したことでコミュニケーション体系は大きく変化し、更にインターネットの機能が拡充すると時間や空間の制限が大幅に減少した。たとえば、オーストラリアのシドニー、メルボルン、ブリスベンはコミュニティが遠く離れているが、インターネットの使用で新しい友人を見つけたり、離れた家族が日常的に連絡をとる手段となっている。フランス、アメリカ、タイ、ラオス、オーストラリアとちりぢりになった家族や親族のつながりは、今やインターネットがそのつながりの一部分を担っていると言える [G.Y. Lee 2010: 187]。

アジアでは、インターネット・カフェでの利用が中心になっているため、欧米諸国に比べるとまだインターネットの利用率が低いとされる。それでもイン

---

7 http://www.youtube.com/watch?v=KW2OOMhiA3s (retrieved: August 10, 2010.)
8 http://www.hndinc.org/conf.php (retrieved: March 1, 2013)

ターネットを使うモン族は世界中で爆発的な勢いで増えている。モン語だけで運営されているブログも多く存在するが、英語が圧倒的に多く使われているため、「想像のコミュニティ」は現状では、英語圏または英語が使えるモン族を中心として機能していると言えよう。

モン族の「想像のコミュニティ」は、サイカオたちが予想したよりも早い展開で広がりを見せている。先に述べた2012年4月のThe 4th Conference on Hmong Studiesのあるセッションでは、デジタル機器を用いてモン族研究の門戸を広げ、モン族に関する情報の収集や教材の配布に将来的につなげていこうという試みが発表された。インターネットはコミュニケーションの手段としてだけではなく、教育、メディアなどの分野で、モン族だけでなく世界中の人々が共有しうる情報を発信している。今後は概念上にある「想像のコミュニティ」という呼び方よりも、現実のコミュニティと連動してインターネットという仮想空間上に実際に存在する「バーチャルなコミュニティ」と呼ばれるだろうと筆者は考える。

第3節　元指導者、バン・パオの死を通じて

第3章で既に述べたが、アメリカのCIAと共にモン族兵を率いたバン・パオ元将軍は、2011年1月にカリフォルニア州クロービスで肺炎のため81歳で死去した。モン族はバン・パオを特別な存在としてとらえてきた。それはモン族の西欧諸国への移住のきっかけを作ったのが彼であり、今日のモン族の生活に多大な影響を与えてきたからである。彼はモン族のアイコンとして、また「父親」として象徴的にとらえられてきた。

葬儀には世界中から集まったモン族で、葬儀会場周辺には交通規制が数日間にわたって敷かれたという。「通りという通りが黒い服やモンの民族衣装を着

9　Mitch Ogden. "Digital Diaspora: Digital Humanities and Hmong Diaspora Studies." at the 4th International Conference on Hmong Studies. March 30 – 31, 2012. Concordia University, St. Paul.
10　Cyndee Fontana and Alex Tavlian. "Gen. Vang Pao led Hmong as 'great man, true warrior'. *The Fresno Bee*. http://www.fresnobee.com/2011/01/06/2222803/hmong-leader-vang-pao-dies.html（retrieved: July 10, 2012.）

多くの家庭では、バン・パオの写真を額に入れて、玄関や居間に飾っている。
背景にあるのはバンビナイ・キャンプである。モン族の祖国への想いは、その多くが暮らしたバンビナイ・キャンプと、アイコン的存在だったバン・パオに向けて凝縮されているという。(フランス・ニーム)

た人々で埋め尽くされた」と、フレスノに住むジューは語った[11]。フレスノで行なわれた葬儀に直接出向けない人々のために、各地のモン族コミュニティに弔問所が開設された。

　葬儀の様子はHmong TV Networkにより放送され、インターネットで全世界に配信された。2012年の1周忌には、世界各地で追悼式典が行なわれ、その様子はニューヨーク・タイムズやロサンゼルス・タイムズに「象徴を失ったモン族コミュニティ」と取りあげられた[12]。またアメリカのニュース雑誌『タイム』は、"Person of the Year"にバン・パオの名前を加えた[13]。

11　インタビュー：J. Vang(2011年8月7日、既出)。
12　Diana Marcum. "Rites for Gen. Vang Pao a crossroads of Hmong tradition and modern U.S." *Los Angeles Times*. February 5, 2011.
http://articles.latimes.com/2011/feb/05/local/la-me-vang-pao-20110205
(retrieved: March 13, 2012.)
13　"Vang Pao". Person of the Year. *Time*. January 24, 2011.

星条旗に包まれて葬儀会場から
運び出されるバン・パオの棺。
棺を囲む制服姿の人々は、
元HSGU兵士たちである。
(アメリカ・フレスノ)

アメリカ・ミルウォーキーのSHIBC (Suab Hmong Broadcasting) は、
バン・パオの1周忌追悼特別番組を放送した。

フランスでの追悼式典

まとめ

　モン族にとって「祖国」は土地に結びつかない曖昧で郷愁を帯びた概念上のイメージであった。そのイメージを具現化したものの1つがパ・ンダウに代表される刺繍製品である。視覚的に「祖国」を思い浮かばせる刺繍と共に、ビデオやDVDは「モン」のアイデンティティを視覚と聴覚の両面から認識させる役割を持つ。人間は過去の記憶をもとに現在を生きると言われる。歴史を振り返り昔住んでいた場所を映像で共有することは、アイデンティティを強め、形としての「祖国」が存在しなくても現実の生活に意味をもたらすとされている。

　近年、欧米諸国に移住したモン族が、旅行で中国や東南アジアを訪れるようになり、30数年前に離れたラオスや、両親や祖父母の話に出てきた中国の地を訪れるなど、モン族にとって「祖国」はより具体化してきている。今でもビデオやCDは、見る人、聞く人に手軽に「祖国」を想い起こさせる方法として使われている。モンのマーケットでは必ずと言って良いほどCDから音楽が流れ、野菜や衣料品の売り場の近辺にCDやDVDの売り場を見つけることが可能である。

　モン族の「想像のコミュニティ」は概念上だけでなく、モンのアイデンティティを共有できる場をインターネットなどを使って作ろうという発想から生まれたものである。自分のアイデンティティを知るには歴史を知ることが必要だとする啓蒙活動は、主にアメリカのモン族や研究者が中心になって呼びかけが始まった。その1つがモン族社会の地位向上やモン族研究の充実をめざして開かれるHND Conferenceや、International Conference on Hmong Studiesなどの国際会議である。近年ではインターネット上にバーチャルなモン族コミュニティが数多く現れ、ネットの強みを生かして国を越えて話題を共有する場になっている。

　長い間モン族の「父」と言われてきたバン・パオの死は、モン族社会に衝撃を与えたが、欧米諸国への移住から40年近くが過ぎた今日、モン族というエスニック・グループについて一体感を持って振り返るきっかけとなった。[14] 追悼

14　メール（C.V.、2012年2月20日）

行事などを通して、クランの長老が集まりこれからの方向を話し合うなどの動きは、2012年12月に開催されたフレスノの新年の祝いの内容に反映されている。あるモン族の言葉を借りるならば、「過渡期から独り立ちの時」を迎えたと言えるだろう。バン・パオの死からまだ日が浅いため今後の方向性はまだ見えないが、未来のモン族のアイデンティティを考える上でターニング・ポイントとなったことは間違いない。

終章

結論と今後の課題

　本研究では"Hmongness"(Hmoob kev sib hlub)というモン族の帰属意識を表すアイデンティティ概念と、モン族社会に欠かせない存在である親族関係を切り口に、世界各地に離散したモン族が紡ぐ「絆」について考察した。終章では、まず本書で提起した問題を確認し、次にモン族のアイデンティティとその社会の特徴を振り返り、最後に結論と今後の課題について述べることにする。

第1節　問題の確認

　モン族のアイデンティティを考察するにあたり、本書ではアイデンティティ論とエスニシティ論にエスニック・アイデンティティ論を加えて研究史を振り返った。モン族のエスニシティを語る上で「集団内の人」と「集団外の人」を意味する"per Hmoob"と"mab sua"で表される集団的モン・アイデンティティ概念は重要である。この概念はギアーツの主張する「エスニック・タイ」と同様に「共通の血統、宗教、言語、地域への愛着、慣習」で集団を同一の成員と異なる成員とに区別するものである。

　エスニック・アイデンティティに関しては「エスニシティに基礎を置く人間の紐帯は何に起因するのか」という命題について、文化人類学では主に原初論、状況論、用具論の3つの論が展開されてきた。原初論派は、エスニシティの核を「原初的紐帯／本源的紐帯」(primordial bond)と表現し、エスニシティは「人間の本質的な特性であり、人間は血縁、祖先同一性および固有の文化や生活習慣、言語を保有したいと思うものであり、それらに対する原初的な愛着を感じるという前提から出発する」と解釈する［関根 1992: 22］。

　これに対してバルトに代表される状況論派は、エスニック・アイデンティテ

ィは複数の集団が相互作用を営む「場」ないし「状況」があって初めて明らかになるとしている。バルトのエスニック・バウンダリー論では、2つの隣接するエスニック・グループを根源的に規定するのは、それぞれの集団または集団の構成員の文化的社会的属性やその差異ではなく、どのように両者が関わりあうか、どのように行為するかに着目する境界維持 (boundary maintenance) の考えをもとにしている［前山 2003: 140］。序章において筆者は、原初論派と状況論派の2つのアプローチが必ずしも相容れないわけではなく、どちらか一方が正しく、他方が誤っているという性格ではないとし、折衷論的見地から論を進めることを提示した。

　本研究の対象であるアメリカ、フランス、オーストラリアに住むモン族は、ラオスから脱出した難民であることは共通であるが、住んでいる国の社会状況や使う言語、コミュニティの規模などにおいてそれぞれ異なる。この点を踏まえて本研究では、Hmongness と親族関係がどのようにモン族社会で人々を結びつける「紐帯・絆」として機能し、さまざまな違いを超えてその文化や社会を維持しているかを明らかにすることを目的とした。アイデンティティや親族関係のあり方を目に見える範囲でとらえることが困難であるため、「空間」の概念に筆者は注目し、複数以上のフィールドを考察するために「多現場民族誌」の方法を用いた。

　空間の概念を用いた理由は、本研究が注目する Hmongness と親族関係を「形」としてとらえるために、人の関係性を場面でとらえ、社会的空間が持つ意味を考えることにある。また世界中に離散したモン族のアイデンティティを考察するにあたり、複数の土地でフィールドワークを行ない、インタビューで話しを聞いた人々の声を事例に織り込むことで、人々がどのように Hmongness をとらえているか提示できると考えた。

第2節　モン族のアイデンティティとその社会の特徴

　モン族についての研究は、彼らの存在が広く知られていないため、日本では本研究と同様の視点で行なわれた研究は存在しない。また欧米においても3ヵ

国のモン族を対象にした研究は行なわれてない。研究を始めた当初、筆者はアメリカのモン族を主な対象にしていたが、モン族について調べるうちに、話す言語や住む環境が異なっていても、「モンにとって大事なものは何か？」と尋ねた問いに対して、多くの人々がHmongnessと親族関係を挙げたことに興味を覚えた。そこで、Hmongnessが何を表すのか、なぜそれほどまでに親族関係が重要視されるかを、この2つの観点を切り口にして3ヵ国のモン族社会でフィールドワークを行ない、世界中に散らばったモン族が紡ぐ「絆」を考察した。

　研究を進めるうちに、研究初期に抱いた疑問にある程度答えが出るようになった。それは、モン族にとって大事なHmongnessと親族関係は、車の両輪のように互いに欠かせぬ存在であり、彼らの宇宙観と一体化していることである。Hmongnessという言葉は、モン族がアイデンティティについて言及する時にしばしば用いられている。その意味は、アメリカのモン族研究の分野において英語で表現される"care, respect and relationship"という3つのキーワードに凝縮される。この3つのキーワードを日本語に訳すと、「心遣い、敬意、血縁関係」となる。Hmongnessは、「モンがモンであるために」不可欠な要素として、モン族社会の成員に規範に沿った生き方を求め、「モンらしく」生きるためにはどうあらねばならないかを人々に示唆している。[1]

　Hmongnessには「モンだけ」という自集団とは異なるものを区別する意味がある。異なるものを区別するモン族のエスニック・アイデンティティがなぜ形成されたかは彼らが歩んできた歴史が物語る。モン族は長い間さまざまな土地で主流集団から排斥を受け、移動を続けてきた。排斥を受けながら移動する不安定な環境にあって、親族だけが信頼できる存在だった。

　前述したように、コーエンはモン族のように移動を続けた民族がディアスポラ意識を維持するためには、「過去との強い絆」が存在するはずと述べているが、絶えず移動し続けたモン族にとって「過去との強い絆」はアニミズム信仰に基づく儀礼と親族やクランによる人の結びつきであった。リーはモン族が他集団

---

[1] Faith Nibbs. "Too White and Didn't Belong": The Intra-Ethnic Consequences of Second-Generation Digital Diasporas. (The 4th International Conference on Hmong Studies. March 31, 2012. St. Paul.)。Faithは"boundaries of Hmongness"という考え方を導入し、特に第1世代がどのように移民社会でモン族のオーセンティシティを維持しようとしてきたか、自らが内側からバウンダリーを作ることで他者を差別化したとする研究を発表した。

からの圧力に屈せず、同質のエスニック・グループとして今日まで生き残れたのは、クランとリネージのおかげだとしている［G. Y. Lee 2010: 8］。

　農業はモン族の生活に欠かせぬ生産手段だった。痩せた土地でもより多くの収穫を得ることができるように、モン族は儀礼を通じて祖先に庇護を祈り、祖先と土地の霊に生け贄を捧げた。部族で生活をしていたモン族社会において父系の血縁でつながる男性親族は、同じ祖先の霊を共有する者として儀礼を執り行なう。限られた成員で執り行なわれる儀礼は成員の結束を高め、同じアイデンティティのもとに結びつきを強固にする。モン族社会ではアニミズムに基づく儀礼を行なうのが男性に限られているため、ジェンダー概念はモン族社会のあらゆる事柄に関係する。つまり、アニミズム信仰は、モン族のアイデンティティと社会組織に深く織り込まれていると言えよう。

　モン族の宇宙観では、時間と空間は一元的な概念でとらえられている。すなわち、現世、死、再生（誕生）はサイクル内の循環的・通過儀礼的な変化とみなされる。死は人の終わりではなく、サイクル内に戻って「いのち」を次の世代につなぐための通過点と考えられている。それゆえ、子どもの誕生、葬儀は「いのち」のサイクルが厳密に機能するよう、順序立てた儀礼を行なわなければならないとされる。

　儀礼を共有する親族はモン族社会の基盤を成す。クランは親族関係のつながりを確認する指標としての役目を持つ。どのような血縁で互いがつながっているかを確認することが重要であるのは、儀礼を共有する者同士かを知る手がかりになるだけでなく、互いの関係性において各人の位置づけが異なるためである。

　Hmongnessはこの位置づけをもとに、モン族同士が互いに尊敬し合い助けあうことを求めている。それゆえHmongnessは伝統的なモンの生き方を表すバロメーターと言える。

　"care, respect and relationship"の3つのキーワードに凝縮されるHmongnessが最も特徴を示すのは、モン族社会で重要な慣習とされる呼称の使用である。呼称を用いて人に呼びかけることは互いがモン同士であることを表し、年上に対しては敬意を表現し、親族関係においてはモン族社会における各人の位置づけを瞬時に知ることになる。

親族関係が重要な役割を果たすモン族社会は、血縁で成り立つ。それは Hmongness も親族関係も、血縁なしには成り立たないからである。「モンであること」はこのような観点においてアウトサイダー、すなわち「他者」を必要としない。モン族というエスニック・グループの形成の根本になっているのは、血族関係による人々のつながりであり、本質的であるため原初的紐帯にあたる。血縁関係においては「他者」の存在がないため、モン族の親族関係はローゼンスの言うところの「状況によって変化することなく安定性」を持っていると言える［Roosens 1994: 85-86］。

　一方、モン語の重要性を指摘したサイカオの主張を検討するならば、モン語の維持は他者との関係から決まるため、状況論派のバウンダリーの観点があてはまると言える。なぜならば、言語の習得が血縁関係と異なるのは、血縁関係が生来の要素で変化することがないのに対して、特に若い世代にとってモン語が母語でない場合、言語を習得するかどうかは最終的に本人の意思に委ねられるからである。年長者がモン語の消滅を危惧するのは、言語がバウンダリーによって不安定で、「他者」の影響次第で変化するからである。

　以上、Hmongness と親族関係について筆者が行なった分析を中心に振り返った。

第3節　結論と今後の課題

　本研究ではモン族のアイデンティティを人の絆を通して考察することを試み、人のつながりを「場」に見ることで人々が持つ社会的空間の意味を説明しようと考え、海を渡ったモン族が紡ぐ「時空を越える絆」をアニミズムによる儀礼、フ・プリ、葬儀、結婚について考察した。モン族社会で最も重要とされるこれらの儀礼を考察することで浮かび上がってきたことは、人々が持つ社会空間は必ずしも限定されず、その時々によって変化するものの、モン族の親族関係においては、年齢、リネージなどにより明確な位置づけがされて変化せずに安定していることである。

　親族関係において父方リネージが儀礼を執り行なう集団として最も重要な位

置づけがされているが、この位置づけはあらゆる面に反映されている。Hmongnessは「モンとして」生きるバロメーターと先述したが、Hmongnessの概念にも「内」と「外」を区別する意味が付与されている。すなわち、モン族の概念は自他を区別することにより、集団同士が共有する「絆」の存在をを明らかにしていると言える。

　モン族社会が基本的に大きく変わっていない理由は、自集団対他集団、血族かそれ以外の親族か、男性対女性、年長者対年少者のようにそれぞれを内包する空間を持つことで集団内の独自性が維持されてきたからだと考えられる。男女の間の軋轢や価値観の違いから生じる親子の溝、改宗による問題は、西欧諸国への移住によりこの内包する空間に隙間や亀裂が生じて引き起こされた変化と説明できよう。

　「時空を超える絆」は、一元的な絆として、過去と未来、人間界と超自然界、祖先と子孫、離れた場所に住む人々を結ぶ絆である。本書では、アメリカ、フランス、オーストラリアのモン族社会を異なる地域を選んで考察した。モン族社会が儀礼と密接に結びつき、現代においても親族関係を基盤にして日常的に機能していることから、この研究では3ヵ国のモン族社会に大きな差異を見出すことができなかった。本文中に写真で示したが、葬儀や結婚式などの儀礼や新年の祝いの開催、スカの祀り方など、モン族の文化表象は現在のところ、国の違いはなく、ほぼ均質的に維持されていると筆者は考える。

　序章で述べたように、折衷論的な見地でモン族社会を考察すると、それが原初論的な要素と状況論的な要素が混じり合い、どちらの論に偏ってもモン族社会を分析することができないことがわかった。それは、モン族のような「エスニック・マイノリティ」と言われる人々が、異なる国々においてその文化的特異性を維持していることは、原初派論の言う文化や伝統を本質的に内在しているがゆえの結果と筆者は考える。その一方で、モン語の維持をモンのアイデンティティの必須条件と考えない若い世代では、バウンダリーの影響が強まるにしたがって、アイデンティティのあり方に揺らぎが生じることが考えられる。

　3ヵ国でのモン族社会の考察は、フィールドワークの時期や期間に制約があり、また言葉の問題も加わって非常に困難であった。また、移住からまだ40年程度の移民・難民研究の対象としては比較的短い道のりの途上にあるモン族

難民の社会を考察したため、資料の内容や論旨の展開が不十分であることを筆者は十分に認識している。

　本研究の意義を述べるならば、Hmongnessという「形」に表されない概念を「時空の絆」を通して「場」で考察したことが挙げられる。アイデンティティはつかみ所がなく、Hmongnessをどのようにとらえるかが本研究の課題だった。加えて筆者はアウトサイダーであるため、モン族のアイデンティティを垣間見たに過ぎないかもしれない。しかし、第三者的な見地から「場」を通してHmongnessがどのように表象されているかを考察することで、なぜ彼らが離散した後も驚くほどに文化や慣習を同様に維持しているかを明らかにすることができたのではないかと考える。また、アウトサイダーという立場でフィールドワークやインタビューを行なったことで、モン族同士では利害関係やクラン同士の諍いの原因になるような心配をすることなく率直な意見を聞くことができたのではないかと思う。もちろん、この逆の立場でなければ得ることができないものがあることも事実である。

　本研究では「空間・社会空間」という言葉を用いたが、物事のつながりを空間でとらえる考え方は比較的新しい手法である。社会空間の概念は、同じく文化人類学的手法では新しい「多現場民族誌」の方法論とも関連する。本書ではこの2つの枠組みを組み合わせることで、モン族社会のアウトサイダーにあたる筆者が、少なくとも彼らの社会のある一面を考察することができたのではないかと思う。

　インタビュー対象者については、本研究が統計的研究ではなく、対象者の体験や意識を聞くことでモン族というエスニック・グループをとらえようとしたため、回答を数値で示すような形式ではなく、インタビュー対象者に最初にいくつかの質問をして、その後は自由に話してもらうことを心がけた。研究当初は、アンケートを用意して記入してもらうか、回答を筆者が書き入れる形を取っていたが、インタビュー対象者の心情を察するには、そうした「形式」が間に入るとスムーズにいかないと気づいてからは、アンケートを使わず、エスノグラフィとして記録に残すようにした。そのため、インタビュー対象者から得た結果として本文中に提示する際に、「大半の」「多くの」「…という人も存在した」という表現を用いることになった。

最後に、今後の課題について述べたい。モン族研究において、本研究はまだその入り口に入った段階に過ぎない。アウトサイダーの筆者が、なるべく通訳を間に入れず、また言語の問題で誤解や解釈の間違いをせずに相手の心情を理解するためには、相手の感情の起伏や心情の移ろいがわかる英語で、筆者本人がインタビューする必要があった。また、モン族のコミュニティでは人と人とのつながりでインタビューの依頼をしなければ信頼を得ることができないため、言語の制限も加わりおのずと考察対象者が絞られることになった。英語ができる人をインタビュー対象者にしたことと、対象者が英語を話さない場合は、モン語／フランス語で通訳してもらったということで、おのずと教育レベルが比較的高い人が研究対象になった。この点がこの研究の特徴であり短所でもあることを筆者は十分に承知している。だが、現段階では、モン族社会で利害関係がない日本人の女性研究者という立場では、この方法が適切だったと考える。

　バン・パオ将軍が亡くなったことでモン族社会が受けたインパクトは当面続くようである。アイコンを失ったモン族社会がどう変化していくかは、今後の研究課題の1つになると考える。筆者個人としては、モン族社会の事象を更に細かく見ていくことと、時間的制約から調査の対象に含めることができなかった織物などの美術的表象にモン族のアイデンティティを見ていきたいと考えている。

あとがき

　本書は、博士学位論文「時空を超える絆──難民として移住した3ヵ国のモン族社会を事例に──」に加筆、修正したものである。著者がモン族と出会うきっかけについては、第1章で述べたが、「もしもあの時、あそこに行かなかったならば…」という想いが今も強い。なぜならば、研究の資料集めでワシントンDCに滞在中、当初訪問する予定ではなかったある中国系アメリカ人政治団体にたまたま立ち寄り、そこでもらった本を、日本へ戻る飛行機の中でパラパラとめくっていた時に見つけた"Hmong"の見出しと、ミー・モアさんの写真に出会ったことで、筆者の研究は全く違う方向に向かうことになった。

　これまでの人生で筆者は色々な出会いをしてきたが、たった1枚の写真が筆者に与えたインパクトは、筆者の修士論文の題目を変更させ、同志社大学「開学以来初めての」学生（筆者）が企画した講演会を、アメリカ研究科主催の形でミー・モアさんを日本へ招聘して開催したこと、さらに博士後期課程への進学を後押しする原動力となるほどに大きいものだった。

　"Hmong"との出会いから約8年の月日が経った。この間にさまざまな出会いをアメリカ、フランス、オーストラリアで経験することができた。モン族とは偶然的な出会いだと思っていたのだが、実はモンは筆者の身近にも存在していた。夫のある友人の親族がアメリカのモン族と結婚し東京に住んでいることを知った時も大変驚いたのだが、更にその男性の母親とデトロイトで開催されたHND Conferenceで偶然にも隣り合わせの席で出会った時は、驚きを通り越して、モンを研究することに強い運命的なものを感じた。

　モン族について研究を始めた頃から、筆者はブログへの書き込みなどを通して多くの情報を各国に住むモン族に教えてもらい、メールのやりとりを行なった人々とフィールドワークで実際に会って話を聞いてきた。筆者をフランスの若い世代のモン族に導いたのは、実は南アメリカのフランス領ギアナのサイトだった。フランス領であるため、フランスとのコンタクトを持つ人がきっとい

るのではと考えたのだが、筆者の書き込みを見たタイに住むモン族女性がパリに住む従姉妹と連絡してくれたおかげで、フランスのコンタクト先が一気に広がり、多くの新しい友人を得た。まさにグローバルな世界である。筆者はインターネット上のコミュニティの恩恵を受けた1人として、モン族の「想像のコミュニティ」が現実化していることを実感している。

　本書をまとめるまでには、数多くの方々にお世話になった。まず、法政大学大学院国際文化研究科在学中に博士論文指導を頂いた主査の曽士才先生、副査の佐々木一惠先生、大中一彌先生、そして慶應大学文学部の鈴木正崇先生である。次に、モン族についての知識が全くないにも関わらず、ミネソタ州議会議員舎で筆者の初めての訪問を受けて下さったミー・モアさんは、2回の日本への訪問を通じて家族ぐるみの友人になり、モン族コミュニティへの扉を開いて下さった。また、モアさんを日本へ招聘して下さった同志社大学大学院アメリカ研究科在学中の主査だった池田啓子先生は、モアさんを日本に招くために尽力下さり、筆者が研究者の卵として歩み出すきっかけを作って下さった。

　モン族研究においては、さまざまな方々にお世話になったが、カリフォルニア大学・スタニスラス校のクー・ヤング先生は、筆者に色々な機会を与えて下さった。HND Conference in Detroitに参加したおかげで多くのモンの友人と知り合いになり、なかでも、2009年7月に昆明で開催されたThe 16th World Congress of International Union Anthropological and Ethnological Sciencesで、アメリカの発表者グループに筆者を入れてくださったおかげで、学会終了後にグループのメンバーと共に貴陽のミャオ族を訪れる機会に恵まれた。また、シドニーのG.Y.リー先生とご家族は、フィールドワークで訪れた筆者をご自宅で世話して下さり、モン族について長時間の講義をして下さり、地域のモンへの聞き取り調査に出かけた時は通訳をして下さった。リー先生は2人の弟さんを紹介してくださり、ブリスベンとキャンベラを訪れることができた。ヤング先生とリー先生は、世界的に知られたモン族研究者であるため、紹介して下さった各国のモン族の方々に筆者は暖かく迎えいれてもらうことができた。

　セントポールのヤング・ダオ氏には、貴重な人脈作りに協力いただいた。そしてメルボルンのサイカオ先生とご家族は、筆者を自宅にステイさせて下さり、

シンガポールテレビ局の取材の時には、筆者を同行させて下さり、オーストラリアのモン族の立ち位置を見せてくださった。フランスでは、D.ションギュー氏、R.フリッチェ氏、T.ヤング氏、A.ヤング氏、M.C.チャさん、C.ハーさん、C.ヴァン氏、P.ハーさん、C.フロンテューさんのおかげで、英語でリサーチすることが可能になった。アメリカでは、N.ヤングさん、J.ヤングさん、L.ハーさん、M.ヤングさん、L.モアさん、M.ヤングサオ宅にステイさせていただき、モン族の歴史や慣習についてさまざまな話を聞くことができた。

本文中のモン語の読み方については、ラオス在住の安井清子さんに、巻末の呼称チャート、モン語の概略に関しては、セントポール在住のV.ヤングさんに協力いただいた。そして、モン・カルチャーセンターの職員、コンコーディア大学モン・スタディセンターのL.P.ション氏、ラオスのY.ヤング氏、K.ヤングさんには大変お世話になり感謝したい。

上記に挙げた方々以外にも、多くの方々にご協力いただいたことを感謝申し上げる。ウッチョン・ダオ（ありがとうございました）。

インタビューリストにあるように、気がついてみればこれまでに筆者は100人近いモンに話を聞いてきた。ひとりひとりとの出会いを通して本書が生まれたと感じている。

筆者の手助けをして下さったモン族や、インタビューに答えて下さった方々からは、日本語で本が出ることを楽しみにしていると折々に励ましをいただいてきた。

博士課程修了間際に起こった東日本大震災においては、人のつながりの大事さに気づかされたが、筆者もまた、研究を通して人の温かさ、絆の大切さを共有する機会を得ることができた。戦争で人生を狂わされた人々が、移住した地で新たな歩みを刻もうとしていることをなんとか筆者のつたない文章でも残したいという一念から執筆するに至った。学問的な枠組みなど未熟な時点で本書を出版することにためらいもあるが、今を生きるモン族を描くにはタイミングが重要だと感じている。モン族研究を通して文化人類学の学問の醍醐味をまだほんの少しではあるが知ることが出来たように思う。これからもこの道で精進出来ればと願う。

本書の発刊にあたって、㈱めこん社長の桑原晨氏を紹介して下さった竹内正右氏とは、ミー・モアさんの東京講演会（テンプル大学日本校）でお会いし、以来マオラオ会というラオス同好会を通じて親しくさせていただいている。筆者はつくづく人の縁に恵まれていると感じている。終わりに、筆者の研究生活を支えてくれた夫と二人の娘には心から感謝している。そして今は亡き両親に、本書をささげたい。

　なお、本書の出版にあたり、「2012年度法政大学大学院博士論文出版助成金」の助成を受けたことをここに記しておきたい。

　2013年春

吉川　太惠子

参照文献

Appadurai, Arjun. (ed.) Fox, Richard J. *Recapturing Anthropology: Working in the Present.* (Santa Fe: School of American Research Press. 1991.)

Barth, Fredrik. (1998). Barth, Fredrik (ed.) *Ethnic Groups and Boundaries: The Social Organization of Culture Difference.* (Long Grove: Waveland Press, Inc.)

Bosher, Suan. (1997). "Language and Cultural Identity: A Study of Hmong Students at the Postsecondary Level." *TESOL Quarterly.* 31.

Bourdieu, Pierre. (1977). *Outline of Theory of Practice.* (New York: Cambridge University Press.)

Brookings Institution. (2003). *Minneapolis/St. Paul in Focus: A Profile from Census 2000.* (Washington, DC: The Brookings Institution.)

Brown, David. (2001). "Ethnic Conflict in Southeast Asia". *Asiaview.* Vol.11 No.1. (Asia Research Center.)

Cameron, Eleanor. et. al, "Putting the Puzzle Together: Solving Issues of Gangs and Youth Violence in Appleton." La Follette School of Public Affairs. University of Wisconsin-Madison.
http://www.lafollette.wisc.edu/gangs/appleton.htm

Castles, Stephen and Miller, J. Mark. (1993). *The Age of Migration.* (New York：The Guilford Press.)

Cha, Dia. (1996). *Dia's Story Cloth.* (New York: Lee & Low Books.)

Cha, Ya Po. (2010). *An Introduction to Hmong Culture.* (Jefferson: McFarland & Company, Inc., Publishers.)

Chan, Sucheng. (1994). *Hmong Means Free: Life Laos and America.* (Philadelphia: Temple University.)

Chindarsi, Nusit. (1976). *The Religion of The Hmong Njua.* (Bangkok: The Siam Society.)

Chippewa Valley Museum. (1995). *Hmong in America: Journey from a Secret War.* (Eau Claire: Chippewa Valley Museum Press.)

Cirafici, L. John. (2006). "Australia's Vietnam War". *Air Power History.* Volume 53. Issue 4. (Air Force Historical Foundation.)

Cohen, Abnor. (1969). *Custom and Politics in Urban Africa: A Study of Hausa Migrants in Yoruba Towns.* (Berkeley: University of California Press.)

Cohen, Erik. (2000) *The Commercialized Crafts of Thailand: Hill Trives and Lowland Villages.* (Honolulu: University of Hawai'I Press.)

Cohen, Yehudi A. (1968). Cohen (ed.) *Man in Adaptation: the Cultural Present.* (Berlin: Aldine De Gruyter.)
Connerton, Paul. (1989). How Societies Rember. (Cambridge: Cambridge University Press.)
Cooper, Robert G. (1978). Peter Chen and Hans-Dieter Evers. (eds.) "Unity and Division in Hmong Social Categories in Thailand." *Studies in ASEAN Sociology.* (Singapore: Chopmen Enterprises.)
—— (1984). *Resource Scarcity and the Hmong Response.* (Singapore: Singapore University Press.)
—— (1998). *The Hmong: A Guide to Traditional Lifestyles.* (Singapore: Times Editions Pte Ltd.)
Craig, Geraldine. (2010). "Patterns of Change: Transitions in Hmong Textile Language. *Hmong Studies Journal.* 11.
Culas, Christian. (2004). Tapp, Nicholas. et al. (eds.) "Innovation and Tradition in Rituals and Cosmology: Hmong Messianism and Shamanism in Southeast Asia." *Hmong/Miao in Asia.* (Chiang Mai: Silkworm Books.)
Culas, Christian and Michaud, Jean. (2004). Tapp, Nicholas. et al. (eds.) "A Contribution to the Study of Hmong (Miao) Migrations and History." *Hmong/Miao in Asia.* (Chiang Mai: Silkworm Books.)
Donnelly, Nancy. (1994). Changing Lives of Hmong Refugee Women. (Seattle: University of Washington Press.)
Dowman, Scott Andrew. (2004). "Intra-Ethnic Conflict and the Hmong in Australia and Thailand." Unpublished Ph.D. dissertation. (Griffith University.)
Duffy, John, et. al. (2004), "The Hmong: An Introduction to their History and Culture." *Culture Profile,* No.18: (Washington, D.C.: The Cultural Orientation Resource Center.)
Entenmann, Robert. (2005). "The Myth of Sonom, the Hmong King." *Hmong Studies Journal.* No. 6
  http://hmongstudies.org/EntenmannHSJ6.pdf
18 XEEM. (Cedarburg: 18XEEM ILC) . http://18xeem.com/home/preview/
Erikson, E.H. (1959). *Identity and Life Cycle.* (Selected paper. *Psychological Issues.* No.1). (International University Press.)
Faderman, Lillian and Xiong, Ghia. (1999). *I Begin My Life All Over: The Hmong and the AmericanImmigrant Experience.* (Boston: Beacon Press.)
Fadiman, Ann. (1997). *The Spirit Catches You and You Fall Down.* (New York: Farrar, Straus and Giroux.)
Falk, Catherine. (1992). *Hmong Funeral in Australia in 1992.*
  http://www.hmongnet.org/hmong-au/funeral.htm

―― (1994). "Roots and Crowns. The Hmong Funeral Ceremony: From Laos to Australia." *Tirra Lirra*. Vol. 4. No.4.

―― (1994). "The Hmong in Australia". http://www.hmongnet.org./hmong-au/ozhmong1.htm

―― (2004). "Hmong Instructions to the Dead: What the Mouth Organ Qeej Says, Part One." *Asian Folklore Studies*, Vol. 63.

Faruque, Cathleen Jo. (2002). *Migration of Hmong to the Midwestern United States*. (New York. University Press.)

Fentress, James and Wickham, Chris. (1992). *Social Memory*. (Oxford: Blackwell Publishing.)

Finck, John. (1986). Hendricks, Glenn L. et al. (eds.) "Secondary Migration to California's Central Valley." *The Hmong in Transition*. (New York: Center for Migration Studies.)

Fontana, Cyndee and Tavlian, Alex. "Gen. Vang Pao led Hmong as 'great man, true warrior'. *The Fresno Bee*.

Geddes, William R. (1976). *Migrants of the Mountains: The Cultural Ecological of the Blue Miao of Thailand*. (Oxford: Clarendon Press.)

Geertz, Clifford. (1993). *The Interpretation of Cultures*. (London: Fontana Press.)

Giddens, Anthony. (1984). *The Constitution of Society: Outline of the Theory of Structuration*. (Berkeley: University of California Press.)

Graham, David C. (1937). "Ceremonies of the Ch'uan Miao". *Journal of the West China Border Research Society*. Vol.9.

Grigoleit, Grit. (2006). "Coming Home? The Integration of Hmong Refugees from Wat Tham Krabok, Thailand into American Society." *Hmong Studies Journal,* No.7.

Haines, David W. (2007). "Ethnicity's Shadows: Race, Religion, and Nationality as Alternative Identities among Recent United States Arrivals." *Identities: Global Studies in Culture and Power*.

Hall, Sandra E. (1990). Hmong Kinship Roles: "Insiders and Outsiders." Hmong Forum. Volume 1.

Hang, Doua. (1986). "Tam Tuab Neeg: Connecting the Generations." *The Hmong World*. (New Heaven: Yale Center for International & Area Studies.)

Hassoun, Jean-Pierre. (1997). *Hmong du Laos en France: Changement social, initiatives Et adaptations*. (Paris: Presses Universitaires De France.)

Hein, Jeremy. (1993). "Refugees, Immigrants and the State." *Annual Review of Sociology*. Vol. 19.

Her, Vincent K. (2005). "Hmong Cosmology: Proposed Model, Preliminary Insights. "*Hmong Studies Journal.*" Vol.6.

―― (2009). Lee, Gary Yia and Center for Hmong Studies. (eds.) "Animal Sacrifice and

Social Meanings in Hmong American Funerals." *The Impact of Globalization and Trans-Nationalism on the Hmong.* (St. Paul: Center of Hmong Studies.)

Hillmer, Paul (2010). *A People's History of the Hmong.* (St. Paul: The Minnesota Historical Society Press.)

Hirsch, Eric. (1995). Hirsch, Eric and O'hannon, Michael. (eds.) "Introduction. Landscape: Between Place and Space." *Anthropology of Landscape: Perspectives on Place and Space.* (Oxford: Oxford University Press.)

Hmong American Institute for Learning (2006). "Manhood/Womanhood". *Paj Ntaub Voice.* (Minneapolis)

Hmong National Development Inc. (HND), Washington, D.C. and Hmong Cultural and Resource Center, Saint Paul, MN. *Hmong National Census Publication: Data and Analysis* http://hmongstudies.com/2000HmongCensusPublication.pdf

Huang, Hao and Sumrongthong, Bussakorn. (2004). "Speaking with Spirits: The Hmong Ntoo Xeeb New Year Ceremony." *Asian Folklore Studies.* Vol. 63. Issue: 1.

Irish, Donald. P. et al. (1993). *Ethnic variations in dying, death and grief, diversity in universality.* (Philadelphia: Taylor & Francis.)

Isaacs, Harold R. (1975). Glazer, N. and Moynihan, D.P. (eds.) *Ethnicity: Theory and Experience.* (Cambridge: Harvard University Press.)

Jacobs, Brian W. (1996). "No-Win Situation: The Plight of the Hmong, America's Former Ally." *Boston College Third World Law Journal.* Vol. 16. Issue 1.

Jadgozinski, Ann. (2005). "Hmong Background and Culture." *Hmong in the Modern World.* (Weston: D.C. Everest Area Schools.)

Jenkins, Richard. (1997). Rethinking Ethnicity: Arguments and Explorations. (London: Sage.)

Johns, Brenda and Strecker, David. (1986). "Tam Tuab Neeg: Connecting the Generations." *Hmong World.* (Abbotsburg: Yale Southeast Asia Studies.)

Julian, Roberta. (2004.) "Hmong transnational identity: the gendering of contested discourses". *Hmong Studies Journal.* Volume 5.

Keown-Bomar, Julie. (2004). *Kinship Networks Among Hmong-American Refugees.* (New York: LFB Scholarly Publishing.)

Kokot. Waltraud. "Culture and Space – anthropological approaches." http://www.uni-hamburg.de/ethnologie/es_9_1_artikel1.pdf

Koltyk, Jo Ann. (1998). *New Pioneers in the Heartland: Hmong Life in Wisconsin.* (Needham Heights. Allyn & Bacon.)

Lee, Bow. "The Threads of Life: Preserving the Hmong Culture." http://my-ecoach.com/modules/custombuilder/popup_printable.php?id=17531

Lee, Gary Yia. (1986). " White Hmong Kinship: Terminology and Structure." *Hmong World*. 1.Yale University Southeast Asian Studies.
—— (1990). " Refugees from Laos: Historical Background and Causes."
http://members.ozemail.com.au/~yeulee/History/refugees%20from%20laos.html
—— (1995a). "Culture and Adaptation: Hmong Refugees in Australia 1976-1983".
http://www.hmongnet.org/hmong-au/hmongoz.htm
—— (1995b). "Ethnic Minorities and National Building in Laos: The Hmong in the Lao State. http://www.hmongnet.org/hmong-au/hmonglao.htm
—— (1996). "Cultural Identity in Post-Modern Society: Reflections on What is a Hmong?". *Hmong Studies Journal*, Vol. 1.
—— (1997). "Hmong World View and Social Structure."
http://www.hmongnet.org/hmong-au/leader.htm
—— (2004). Tapp, Nicholas and Lee, Gary Yia. (eds.) *The Hmong of Australia: Culture and Diaspora*. (Canberra: Pandanus Book.)
—— (2005). "Current Hmong Issues: 12-point statement."
http://members.ozemail.com.au/~yeulee/Topical/12point%20statement.html
—— (2005) "Culture and Adaptation: Hmong Refugees in Australia."
http://members.ozemail.com.au/~yeulee/Topical/hmong%20regufees%20in%20australia.html
—— (2006)." Dreaming Across the Oceans: Globalization and Cultural Reinvention in the Hmong Diaspora." *Hmong Studies Journal*. Vol.7.
—— (2007). "Diaspora and the Predicament of Origins: Interrogating Hmong Postcolonial History and Identity." *Hmong Studies Journal*. Vol.7.
—— (2008). "Refugees from Laos: Historical Background and Causes."
http://www.hmongnet.org/hmong-au/refugee.htm
—— (2009). "Transnational Space and Social Memories: Why the Hmong in the Diaspora Cannot Forget Laos?" *The Impact of Globalization and Trans-Nationalism on the Hmong*. (St. Paul: Concordia University.)
—— and Tapp, Nicholas. (2010). *Culture and Customs of the Hmong*. (Santa Barbara: Greenwood.)
—— "The Relationship of the Hmong."
http://www.hmongnet.org/hmong-au/lineage.htm
—— "Hmong World View and Social Structure."
http://home.vicnet.net.au/~lao/laostudy/hmrelate.htm
Lee, Mai Na M. (1998). "The Thousand-Year Myth: Construction and Characterization of Hmong." *Hmong Studies Journal*.

http://hmongstudies.com/HSJ-v2n1_Lee.pdf

Lee, Sangmi. (2009). "Searching for the Hmong People's Ethnic Homeland and Multiple Dimensions of Transnational Longing: From the Viewpoint of the Hmong in Laos." *Hmong Studies Journal*. 10.

Lee, Stacey J. (1997). "Hmong American Women's Pursuit of Higher Education." *Harvard Educational Review*. Vol. 67. No.4.

—— (2001). "Transforming and Exploring the Landscape of Gender and Sexuality: Hmong-American Teenaged Girls." *Race, Gender and Class*. 8 (2).

Lee, Txong Pao and Pfeifer, E. Mark. (2009) . "Building Brides: Teaching about the Hmong in our Communities." Presentation paper. Hmong Cultural Center.

Leepreecha. Prasit. (2001). "Kinship and Identity among Hmong in Thailand". Unpublished Ph.D. dissertation. (University of Washington.)

Lefebvre, Henri. (1996). The Production of Space. (Oxford: Wiley-Blackwell.)

Lemoine, Jacques. (1972). *Un Village Hmong Vert du Haut Laos: milieu technique et organization sociale.* (Paris: CNRS.)

—— (1983). *Kr'ua Ke: A Hmong Initiation of the Dead.* (Bangkok: Pandora.)

—— (2005) . "What is the actual number of the (H) mong in the World." *Hmong Studies Journal*. Vol. 6.

—— (2008). "To Tell the Truth." *Hmong Studies Journal*. Vol. 9.

Lieb, Emily. (1996). "The Hmong Migration to Fresno: From Laos to California's Central Valley" . Unpublished MA dissertation. (California State University, Fresno.)

Livo, Norma J. and Cha, Dia. (1991). *Folk Stories of the Hmong*. (Westport: Libraries Unlimited.)

Lo, Fungchatou T. (2001). *The Promised Land: Socioeconomic Reality of the Hmong People in Urban America* (1976 – 2000). (Lima: Wyndham Hall Press.)

Loescher, Gil and Scanlan A.John. (1986) . *Calculated Kindness: Refugees and America's Half-Open Door, 1945 to the Present*. (New York: The Free Press.)

Long, Lynellyn D. (1993). *Ban Vinai: The Refugee Camp*. (New York: Columbia University Press.)

Marienstras, Richard (1989). "On the Notion of Diaspora." *Minority Peoples in the Age of Nation-State*. (London: Pluto.)

Marcus, E. George. (1995). "Ethnography In/Off - The World System: The Emergence of Multi-Sited Ethnography." *Annual Review of Anthropology*. Vol.24.

—— *Ethnography through Thick and Thin*. (Princeton: Princeton University Press.)

Massey, Doreen. (1994). *Space, Place, and Gender*. (Oxford: Polity Press.)

Michel-Courty, Philippe. (2006). "Réfugiés Hmong à Montreuil-Bellay – rapports aux lieux et diaspora." (Université de Poitiers.) http://www.memoireonline.com/12/09/2928/Refugies-Hmong--Montreuil-Bellay-Maine-et-Loire-rapports-aux-lieux-et-diaspora.html#_Toc179290529

Morgan, L.H. (1870). Systems of Consanguinity and Affinity of the Human Family. (Washington D. C.: Smithsonian Contributions to Knowledge.)

Morrison, Gayle L. (1999). *Sky Is Falling.* (Jefferson: McFarland & Company, Inc., Publishers.)

Mortland. Carol A. (1994). Camino, Linda A. and Krufeld Ruth M. (eds.) "Cambodian Refugees and Identity in the United States." *Reconstructing Lives, Recapturing Meaning.* (Postfach: Gordon and Breach Science Publishers S.A.)

Mote, Sue Murphy. (2004). Hmong and American: Stories of Transition to a Strange Land. (Jefferson: McFarland & Company, Inc., Publishers.)

Moua, Tony Tubtooj. (2006). (Unpub.) "Change and Voice: Hmongs' Identification With a Homeland." Unpublished Ph.D. dissertation (Alliant International University, Fresno.)

Omoto, Susan. (2002). *Hmong Milestones in America: Citizens in a New World.* (Evanston: John Gordon Burke Publisher, Inc.)

Paterson, Sally. (1988). "Translating Experience and the Reading of a Story Cloth." *Journal of American Folklore.* Vol.101.

Peifer, Mark E. and Lee, Serge. (2000). "Hmong Population, Demographic Socioeconomic, and Educational Trends in the 2000 Census." *Hmong 2000 Census. Data and Analysis.* (Washington, D.C.: Hmong National Development Inc. and Hmong Cultural Center.) http://hmongstudies.org/2000HmongCensusPublication.pdf

Pelez, Michael G. (1995). "Kinship Studies in Late Twentieth-Century Anthropology." *Annual Review of Anthropology.* 24.

Peters-Golden, Holly. (2008). *Culture Sketches: Case Studies in Anthropology.* (Toronto: McGraw-Hill.)

Quincy, Keith. (1988). *Hmong: History of a People.* (Spokane: Eastern Washington University Press.)

—— (2012). "From War to Resettlement." *Hmong and American: From Refugees to Citizens.* (St. Paul: Minnesota Historical Society Press.)

Radcliffe-Brown. (1945). "Religion and Society." *The Journal of the Royal Anthropological Institute of Great Britain and Ireland.* Vol.75. No.1/2.

Rice, Pranee Liamputtong. (2000). "Baby, souls, name and health: traditional customs for a newborn infant among the Hmong in Melbourne." *Early Human Development* 57.

Roosens, Eugeen. (1994). Vermeulen, Hans and Govers, Cora (eds.) "The Primordial Nature of Origins in Migrant Ethnicity." *The Anthropology of Ethnicity: Beyond 'Ethnic Boundar-*

ies.' (Amsterdam: Het Spinhuis.)

Safran, William. (1991). "Diaspora in modern societies: myths of homeland and return." *Diaspora* 1. (1).

Saykao, Pao. (1997). "Hmong Leadership: The traditional model." http://www.hmongnet.org/hmong-au/leader.htm

—— (2004). *The Root & the Fruit: Hmong Identity.* (St. Paul: Hmongland Publishing Company.)

Schain, Martin A. (2008). *The Politics of Immigration in France, Britain, and the United States: A Comparative Study.* (New York: Palgrave Macmillan.)

Schein, Louisa. (2004). Tapp, Nicholas et al. (eds.) "Hmong/Miao Transnationality: Identity Beyond Culture." *Hmong/Miao in Asia.* Bangkok: (Silkworm Books.)

—— (2000). *Minority Rules: the Miao and The Feminine in China's Cultural Politics.* (Durham: Duke University Press. 2000.)

—— (2009). "Gran Torino's Boys and Men with Guns: Hmong Perspectives." *Hmong Studies Journal.* Vol.10.

Schermerhorn, Richard A. (1970). *Comparative Ethnic Relations: A Framework for Theory and Research.* (Chicago: University of Chicago Press.)

Scott Jr., George M. (1998). Ng, Franklin. (ed.) "The Hmong Refugee Community in Sandiego: Theoretical and Practical implications of its continuing Ethnic Solidarity." *Asian American Family Life and Community.* (New York: Garland Publishing.)

Shils, Edward. (1975). "Primordial, personal, sacred and civil ties." *Center and Periphery: Essays in Macrosociology.* Vol.2. (Chicago: The University of Chicago Press.)

Stein, Barry. "The Refugee Experience: Defining the Parameters of a Field of Study." *International Migration Review.* Vol. 15. (1).

Strake, Richard. (2003). "The violence of Hmong gangs and the crime of rape." FBI Law Enforcement Bulletin. http://findarticles.com/p/articles/mi_m2194/is_2_72/ai_98253655/?tag=content;col1

Symonds, Patricia V. (2003). *Calling in the soul: gender and the cycle of life in a Hmong village.* (Seattle: University of Washington Press.)

Tapp, Nicholas. (1989a). "Hmong Religion." *Asian Folklore Studies* 48.

—— (1989b). *Sovereignty and Rebellion: The White Hmong of Northern Thailand.* (Singapore: Oxford University Press.)

—— (2001). *The Hmong of China: Context, Agency and the Imaginary.* (Leiden: Brill Academic Publishers.)

—— (2004). Tapp, Nicholas et al. (eds.) "The State of Hmong Studies." *Hmong/Miao in Asia.* (Chiang Mai: Silkworm Books.)

―― and Lee, Gary Yia. (eds.) (2004). *The Hmong of Australia: Culture and Diaspora.* (Canberra: Pandanus Boook.)

―― and Micchaud Jean, Culas, Christian, Lee, Gary Yia (eds.) (2004). *Hmong/Miao in Asia.* (Chiang Mai: Silkworm Books.)

―― and Lee, Gary Yia. (2010). *Culture and Customs of the Hmong.* (Santa Barbara: Greenwood.)

Tavan, Gwenda. (2005). *The Long, Slow Death of White Australia.* (Victoria: Scribe Publications Pty. Ltd.)

The Minneapolis Foundation. (2004). *Immigration in Minnesota: Discovering Common Ground.* (Minneapolis: Minneapolis Foundation.)

Thompson, Kenneth. (2004). *Readings from Emile Durkheim.* (New York: Routledge.)

Tomforde, Maren. (2006). *The Hmong Mountains: Cultural Spatiality of the Hmong in Northern Thailand.* (New Jersey: Transaction Publishers.)

―― (2009) . Lee, Gary Yia. (ed.) "The Hmong Mountains: Space and Culture in Northern Thaialnd." *The Impact of Globalization and Trans-Nationalism on the Hmong.* (St. Paul: Center for Hmong Studies.)

Txong Pao Lee and Mark E. Peifer. (2009). "Building Bridges: Teaching about the Hmong in our Communities." Presentation by Hmong Cultural Center. St. Paul. http://hmongcc.org/BuildingBridgesGeneralPresentation.pdf (retrieved: April 20, 2010.)

University of Wisconsin Extension & Applied Population Laboratory. (2000). *Wisconsin's Hmong Population.* (Madison: University of Wisconsin Extension & Applied Population Laboratory.)

U.S. Department of Health and Human Services. (1990). "Explanations of Significant Concepts in Ethnogeriatrics." *The Future is Aging.* (Berkeley: University of California Press.)

Vansina, Jan. (1985). *Oral Tradion as History.* (Madison: University of Wisconsin Press.)

Vang, Chia Youyee. (2006). "Reconstructing Community in Diaspora: Narratives of Hmong American/Refugee Resistance and Human Agency." Unpublished Ph.D. dissertation. (University of Minnesota.)

―― (2008). *Hmong in Minnesota.* (St. Paul.: Minnesota Historical Society Press.)

―― (2010). *Hmong America: Reconstructuring Community in Diaspora.* (Urbana: University of Illinois Press.)

Vang, Ka. (2012). Her and Buley-Meissner (eds.) "The Good Hmong Girl Eats Raw Lamb". *Hmong and American: From Refugees to Citizens.* (St. Paul: Minnesota Historical Society Press.)

Wronska-Friend. Maria. (2004). "Globalised Threads: Costumes of the Hmong Community in North Queensland." *The Hmong of Australia: Culture and Diaspora*. (Canberra: Pandanus Books.)

Xiong, Khou. (2006). "Hmong in France: Assimilation and Adaptation". *UW-L Journal of Undergraduate Research* VII.
http://www.uwlax.edu/urc/JUR-online/PDF/2004/xiong.pdf

Xiong, L.Yuepheng. (2006). *English-Hmong /Hmong-English Dictionary*. (St. Paul: Hmongland Publishing Company.)

Yamashista, Shinji. (2003). Yamashita, Shinji and Eades, Jeremy S. (eds.) "Introduction: 'Glocalizing.' Southeast Asia." *Southeast Asia: Local, National and Transnational Perspectives*. (New York: Berghahn Books.)
(Alexandria: Teachers of English to Speakers of Other Language, Inc.)

Yang, Dao. (1992.). "The Hmong: enduring traditions." Judy Lewis (ed.) *Minority Cultures of Laos: Kammu, Lua, Hmong, and Iu-Mien*. (Rancho Cordova: Southeast Asia Community Resource Center – Folsom Cordoa Unified School District.)

—— (1993). Hmong at the Turning Point. (ed.) Blake, L. Jeanne. (Minneapolis: World-Bridge Associates.)

Yang, Kao Kalia. (2008). *The Latehomecomer – A Hmong Family Memoir*. (Minneapolis: Coffee House Press.)

Yang, Kao-Ly. (2001). "La Recomposition Des Rituels Hmong Dans Le Contexte Francais." *France, Terre D'Asie*. No.1234-November-December.

—— (2002). "Hmong Last Names" . Hmong Contemporary Issues.
http:www.geocities.com/kaoly_y/HistoireCultureLanguage/HmongClan110903.html

Yang, Kou. (1997). "Hmong Men's Adaptation of Life in the United States. "*Hmong Studies Journal*. Vol. 1. 1997.

—— (2001a). "A Visit to the Hmong in China." *Hmong Studies Journal*. Vol. 6. *Journal of Asian American Studies* 4 (2). 2001.

—— (2001b). "The Hmong in America: 25 Years after the U.S. Secret War in Laos." *Journal of Asian American Studies*. 4 (2). 2001.

—— (2003a). "Hmong Americans: A Review of Felt Needs, Problems and Community Development". *Hmong Studies Journal* Vol. 4. 2003.

—— (2003b). "Hmong Diaspora of the Post-War Period." *Asian and Pacific Migration Journal*. Vol. 12. No.3.

—— (2003). "Hmong New Year Celebration." *APA News & Review*. (November/December 2003).

—— (2005). "Research Notes from the Field: Tracing the Path of The Ancestors – A Visit to the Hmong in China." *Hmong Studies Journal*. Vol. 6.

―― (2007). An Assessment of the Hmong American New Year and Its Implications for Hmong-American Culture. *Hmong Studies Journal.* Vol. 8.

―― (2008). "A Visit to the Hmong of Asia: Globalization and Ethnicity at the Dawn of the 21st Century." *Hmong Studies Journal,* Volume 9.

―― (2009). "Commentary: Challenges and Complexity in the Re-Construction of Hmong History." *Hmong Studies Journal.* Vol. 10.

―― (2009). "The Experience of Hmong Americans: Three Decades in Retrospective Review." *The Impact of Globalization and Trans-Nationalism on the Hmong.* (St. Paul: Center of Hmong Studies.)

―― (2012). "Forging New Paths, Confronting New Challenges." *Hmong and American: From Refugees to Citizens.* (St. Paul: Minnesota Historical Society Press.)

―― (2012). Her, Vincent K. and Buley-Meissner, Louise (eds.). "Forging New Paths, Confronting New Challenges." *Hmong and American – From Refugees to Citizens.* (St. Paul: Minnesota Historical Society.)

Yang, Lor. (2009). "Hmong political involvement in St. Paul, Minnesota and Fresno, California." *Hmong Studies Journal.* Vol. 10.

Yoshikawa, Taeko. (2006a). "From a Refugee Camp to the Minnesota State Senate: A Case Study of the First Hmong American State Legislator, Mee Moua." 同志社大学アメリカ研究科修士論文。

―― (2006b). "From a Refugee Camp to the Minnesota State Senate: A Case Study of a Hmong American Woman's Challenge." *Hmong Studies Journal.* 7.

Zhang, Xiao. (1996). "Common Basis and Characteristics of the Miao and Hmong Identity." Presented at California State University of Fresno. (原文は中国語。英訳：Ling Cho, (ed.) Kao-Ly Yang. 2003.)
http://www.hmongcontemporaryissues.com/HistoireCultureLanguage/ZhangXiaoEnglish112603.html (retrieved: July 5, 2009.)

アンダーソン，ベネディクト (1997) 白石さや・白石隆 (訳)『想像の共同体』NTT出版。
浅川晃広 (2006)『オーストラリア移民政策論』中央公論事業出版。
綾部恒雄 (1993)『現代世界とエスニシティ』弘文堂。
石井由香 (1999)『エスニック関係と人の国際移動：現代マレーシアインの華人の選択』国際書院。
石川栄吉他編 (1994)「アイデンティティ」『文化人類学事典』弘文堂。
稲葉奈々子 (2003) 共和主義的統合」の終わりと「多文化主義」のはじまり――フラン

スの移民政策『移民政策の国際比較』(駒井洋編著)
今村仁司 (2006)西井涼子・田辺繁治編「変容する〈空間〉、再浮上する〈場所〉──モダニティの空間と人類学」『社会空間の人類学』世界思想社.
伊豫田登士翁 (2001)『グローバリゼーションと移民』有信堂.
江渕一公 (2000)『文化人類学』放送大学教育振興会.
小此木啓吾訳 (1973)『自我同一性』誠心書房.
カースルズ, S.／ミラー, M. J. (1996)関根政美・関根薫 (訳)『国際移民の時代』名古屋大学出版会.
鏡味治也 (2010)『キーコンセプト 文化』世界思想社.
川村望 (2007)「アメリカ合衆国におけるモン族難民の市民化：モン・ヴェテラン帰化法の制定過程を中心に」一橋大学大学院社会学部修士論文.
ギアツ, クリフォード (1987)吉田禎吾他 (訳)『文化の解釈学II』岩波書店.
クリフォード, ジェームズ (2002)毛利嘉孝 (訳)『ルーツ──20世紀後期の旅と翻訳』月曜社.
コーエン, ロビン (2001)駒井洋 (監訳)『グローバル・ディアスポラ』明石書店.
駒井洋監修 (2003)小井土彰宏編著『移民政策の国際比較』明石書店.
佐々木衡編 (2007)『越境する移動とコミュニティの再構築』東方書店.
重松伸編 (1986)『現代アジア移民』名古屋大学出版会.
渋谷努 (2005)『国境を越える名誉と家族：フランス在住モロッコ移民をめぐる『多現場民族誌』東北大学出版会.
白井洋子 (2006)『ベトナム戦争のアメリカ』刀水書房.
鈴木基義・安井清子 (2002)「ラオス・モン族の食料問題と移住」("Food Problems and Migration among Hmong Tribe in Laos")『東南アジア研究』40巻1号、京都大学. http://ci.nii.ac.jp/els/110000281258.pdf?id=ART0000718632&type=pdf&lang=jp&host=ciinii&order_no=&ppv_type=0&lang_sw=&no=1322729508&cp=
(retrieved: November 30, 2011)
スチュアート-フォックス, マーチン (2010)菊池陽子 (訳)『ラオス史』めこん.
関根政美 (1992)梶田孝道編「エスニシティの社会学」『国際社会学──国家を超える現象をどう捉えるか』名古屋大学出版会.
戴エイカ (1999)『多文化主義とディアスポラ』明石書店.
竹内正右 (1999)『モンの悲劇』毎日新聞社.
─── (2004)『ラオスは戦場だった』めこん.
竹沢尚一郎 (2007)『人類学的思考の歴史』世界思想社.
竹田いさみ (1991)『移民・難民・援助の政治学・オーストラリアと国際社会』勁草書房.
ティレル, イアン (2010)藤本茂生・山倉明弘・吉川敏博・木下民生 (訳)『トランスナショナル・ネーション アメリカ合衆国の歴史』明石書店.

独立行政法人労働政策研究・研修機構「アメリカの移民政策」
　　http://www.jil.go.jp/foreign/labor_system 2004_11/america_01.htm.
中野裕二（1996）『フランス国家とマイノリティ』国際書院。
中根千枝（2002）『社会人類学：アジア諸社会の考察』講談社学術文庫。
陳　天璽（2001）『華人ディアスポラ』明石書店。
永野武編（2010）『チャイニーズネスとトランスナショナルアイデンティティ』明石書店。
西井凉子（2006）西井凉子・田辺繁治編「社会空間の人類学－マテリアリティ・主体・モダニティ」『社会空間の人類学』世界思想社。
ハーグリーブス，アリック・G（1997）石井伸一（訳）『現代フランス：移民からみた世界』明石書店。
ブルーベイカー，ロジャーズ（2009）臼杵陽（監修）赤尾光春・早尾貴紀（編著）「ディアスポラのディアスポラ」『ディアスポラから世界を読む』明石書店。
ホール，スチュアート＆ドゥ・ゲイ，ポール（2000）宇波彰（訳）「誰がアイデンティティを必要とするのか？」『カルチュラル・アイデンティティの諸問題──誰がアイデンティティを必要とするのか？』大村書店。
前山隆（2003）『個人とエスニシティの文化人類学』お茶の水書房。
村井忠政編（2007）『トランスナショナル・アイデンティティと多文化共生──グローバル時代の日系人』明石書店。
村武精一編（1981）「社会人類学における家族・親族論の展開」『家族と親族』未来社。
山下晋司・船曳建夫（1999）『文化人類学キーワード』有斐閣双書。
吉井千周（2004）「タイ法システムに対するモン族の適応戦略」("The Hmong adaptation and strategy to Thai legal system"), *Keio SFC Journal*. Vol.3. No.1。
吉村貴之（2009）臼杵陽（監修）赤尾光春・早尾貴紀（編著）「故郷を創る──アルメニア近代史に見るナショナリズムとディアスポラ」『ディアスポラから世界を読む』明石書店。
立命館大学産業社会学（2004）"Changes and the Re-making of the Hmong Community in Minnesota, U.S.A."『立命館産業社会論集』40（2）。

写真（Picture credit）・図の出典

（本文中で写真の出典先を記していないものは、一般公開されているものである。）

掲載ページ

13・14　ケネディ元大統領の墓碑にほど近い場所に位置するラオス退役軍人碑（Lao Veterans' Memorial）、ワシントンDC、筆者撮影（2011年8月）

15　議事堂で宣誓式を終えたモア議員

42　ション・ルー・ヤングが考案したモン語の半音節文字（フランス・ショーレ）筆者撮影（2010年2月）

47　民族衣装に縫い付けられた銀製のコイン（フランス・オビニーシュールネール）筆者撮影（2010年1月）

49　ラオス人民民主共和国地図
　　　スチュアート・フォックス『ラオス史』

52　1961年当時のバン・パオ中尉（左）とエアー・アメリカのパイロット、フレッド・サス
　　　Fred Sass Papers, McDermott Library, University of Texas – Dallas Chippewa Valley Museum Press. *Hmong in America: Journey from a Secret War*（1995）

53　武器の使い方を習うモン族男性と少年たち
　　　Pat Landry, Box 1, *CAT/Air America Archive* Chia Youyee Vang. *Hmong America*（2010）

55　ローンチェン秘密基地（Lima Site 20Aとも呼ばれた。）
　　　Paul Hillmer. *A People History of the Hmong*（2010）

57　ローンチェンから離陸するC-130機
　　　Les Strouse Collection, Center for Hmong Studies, Concordia University

67　伝統的な幾何学模様のパ・ンダウ
　　　http://visualculture09.wordpress.com/2009/10/07/hmong-paj-ntaub-flower-cloth/

68	街中の貴金属店で販売されている銀のバー（ラオス・シエンクアーン） 　　筆者撮影（2012年2月）
73	ジャール平原の謎の石坪群（ラオス・シエンクアーン） 　　筆者撮影（2012年2月）
74	ジャール平原とMAGの不発弾処理済みのプレート（ラオス・シエンクアーン） 　　筆者撮影（2012年2月）
75	赤色に塗られている立ち入り禁止のサインボード（ラオス・シエンクアーン） 　　筆者撮影（2012年2月）
88	円形チャートで表されたある一家の系譜 　　Brenda Johns and David Strecker. *The Hmong World.*（1986） 　　http://www.yale.edu/seas/the%20hmong%20world%201.pdf
89	ある一家の家系図（オーストラリア・シドニー） 　　撮影者：A. Adams
93	正装した女性 　　*18 Xeem*
99	ある年のミス・モン・コンテスト優勝者 　　*18 Xeem*
106	ホワイト・モンのスカート 　　Hmong Cultural Resource Center
107	グリーン・モンのスカート 　　Hmong Cultural Resource Center
107	織物やジュエリーに使われるデザイン 　　G. Y. Lee and Tapp. *Culture and Customs of the Hmong.*（2010）
108	鳥の翼をデザインしたパ・ンダウ 　　花と孔雀の目をデザインしたパ・ンダウ 　　http://my-ecoach.com/modules/custombuilder/popup_printable.php?id=17531

109-110　家の戸口で刺繍の練習をする少女（ラオス・シエンクアーン）
　　　　　筆者撮影（2012年2月）

111　ラオスの村の生活を描いたストーリー・クロス
　　　筆者撮影（2008年4月）
　　　G. Craig. *Hmong Studies Journal*. 11.（2010）

112-113　サンデー・マーケットの様子（アメリカ・フレスノ）
　　　　　筆者撮影（2010年4月）

114　モン族の民族衣装とロック・ペンダント（フランス・オビニーシュールネール）
　　　筆者撮影（2010年1月）

114　ロック・ペンダント（ラオス・ルアンパバーン）
　　　筆者撮影（2012年2月）

114　アルミ製のネックレス（ラオス・ルアンパバーン）
　　　筆者撮影（2012年2月）

117　ラオスの風景DVDとモン族難民の生活を描いたDVD
　　　Hmong ABC Store

120　ル・シュトゥシュ風景（オーストラリア・メルボルン）
　　　撮影者：P. Saykao

121　新年の祝いにおける玉投げ（pov pob ポー ポ）
　　　撮影者：G. T. C. Heu

122　モンのラグビー・チーム
　　　18 Xeem

124　セントポールの新年の祝い
　　　撮影者：A. B. Yang

125　新年の祝い・セントポールの入場券
　　　撮影者：A. B. Yang

127　Hmong International New Year Celebration 2012のポスター

Hmongza.com（Hmong Global Community）

128　屋内で催される新年の祝い（アメリカ・セントポール）
　　　撮影者：A. B. Yang

128　グラウンドで開催されるフレスノの新年の祝い（アメリカ・フレスノ）
　　　hmoobvwj.com

129　新年の祝いでラムウォンを踊る人々（フランス・ニーム）
　　　撮影者：A. Yang

130　大学のブースとトヨタ車の展示
　　　撮影者：K. Yang. *Hmong Studies Journal*, No. 8（2007）

131　Hmong Baptist Churchのブース
　　　撮影者：A. B. Yang

134　ミス・モン・コンテスト参加募集のチラシ
　　　（Lao Family Community, Inc.）

135　ラムウォンを踊るニーム市長夫妻と市議会議員一行
　　　撮影者：A. Yang

137　フランス・パリ郊外で開催された新年の祝いのプログラム
　　　http://www.hmongdefrance.org/docs/2012/nouvelan2012.pdf

140　「いのち」のサイクル
　　　Her, Vincent K. *Hmong Studies Journal* Vol.6

143　鶏に話しかけるシャーマン（アメリカ・フレスノ）
　　　筆者撮影（2011年4月）

144　牛の角を振るシャーマン（アメリカ・フレスノ）
　　　筆者撮影（2011年4月）

145　生け贄の鶏に感謝の祈りを捧げるシャーマン（アメリカ・フレスノ）
　　　筆者撮影（2011年4月）

145　鶏ののど仏の形状を確認するシャーマン
　　　筆者撮影（2011年4月）

146　儀礼の終わりに祈りを捧げるシャーマン
　　　筆者撮影（2011年4月）

147　玄関横に設えた供物（アメリカ・セントポール）
　　　筆者撮影（2011年9月）

148-152　新生児のために行なわれたフ・プリの様子（アメリカ・セントポール）
　　　筆者撮影（2011年9月）

153　子どもの誕生を祝う会にて（フランス・ニーム）
　　　筆者撮影（2010年2月）

154　子どもの誕生会に集まる人々（フランス・ニーム）
　　　筆者撮影（2010年2月）

155　生後1ヵ月を祝うフ・プリ（アメリカ・セントポール）
　　　撮影者：V. Yang

157　ジャークァゲを唄うタウゲ（アメリカ・セントポール）
　　　筆者撮影（2009年7月）

158　ケーン
　　　[Irish 1993]

159　死者の旅路1・2
　　　（V. K. Her）

160　居間に飾った祖父のポスター
　　　撮影者：A. B. Yang

161　死者の「精算」をする儀礼
　　　筆者撮影（2009年7月）

164　オーストラリア（シドニー）の葬儀
　　　撮影者：G. Y. Lee

写真・図の出典

167	結婚の儀礼にて（フランス・パリ）	
	筆者撮影（2007年5月）	
169	傘を新婦側のメイコンに渡す新郎側のメイコン	
	ひざまずく新郎と介添人（アメリカ・セントポール）	
	筆者撮影（2012年4月）	
170	結婚が成立したことを宣言するクランの長老たち（アメリカ・セントポール）	
	筆者撮影（2012年4月）	
171-172	鶏ののど仏の状態を確認する列席者（アメリカ・セントポール）	
	筆者撮影（2012年4月）	
173	長老の訓示を聞く新郎新婦（アメリカ・セントポール）	
	筆者撮影（2012年4月）	
175	結婚の儀礼（オーストラリア・メルボルン）	
	撮影者：P. Saykao	
185	党大会にて	
	撮影者：Alan Yang	
186	ミー・モア議員の宣誓式にて	
	撮影者：Alan Yang	
188	「ドリーム・チーム」のボランティアたち	
	撮影者：Yee Chang	
194	モン・インターナショナルマーケットにて（アメリカ・セントポール）	
	筆者撮影（2011年9月）	
197	ヌアとその妻（アメリカ・アップルトン）	
	筆者撮影（2008年4月）	
197	ヌアが経営する食料品店	
	筆者撮影（2008年4月）	
203	ニアセン所有の農場にて（アメリカ・フレスノ）	

218　オビニーシュールネールのパレードに参加するモン族
　　　撮影者：C. Heu

233　ヌーとチャオの一家と。（オーストラリア・ブリスベン）
　　　筆者撮影（2008年5月）

237　家庭に祀られているスカ（オーストラリア・メルボルン／シドニー、フランス・ショーレ、アメリカ・フレスノ）筆者撮影

238　葬儀の祭壇に供えられた金・銀の紙で折られた「紙幣」
　　　（アメリカ・セントポール）筆者撮影（2009年7月）

238　金・銀の紙で折られるスピリット・ペーパー（フレスノ）
　　　筆者撮影（2012年4月）

243　出身地により異なるモン族の民族衣装
　　　筆者撮影（2008年4月）

256　再会の儀礼に集まる人々（オーストラリア・ブリスベン）
　　　筆者撮影（2008年5月）

269　『グラン・トリノ』の一場面
　　　https://www.google.co.jp/search?q=%E3%82%B0%E3%83%A9%E3%83%B3%E3%83%88%E3%83%AA%E3%83%8E&hl=ja&rlz=1T4SUNC_jaJP357JP357&prmd=imvns&tbm=isch&tbo=u&source=univ&sa=X&ei=MYIHUIjdB4XSmAW2jKXSAw&ved=0CHEQsAQ&biw=1134&bih=594

272　シャーマンによる祈禱（フランス・オビニーシュールネール／アメリカ・フレスノ）
　　　筆者撮影（2010年2月）

276　モン語によるミサ式次第の一部分（アメリカ・フレスノ）
　　　筆者撮影（2011年4月）

276　モン語による聖歌集の表紙と索引

277	日曜日のミサにて（アメリカ・フレスノ）	
	筆者撮影（2011年4月）	
279	葬儀に集まった会葬者（アメリカ・セントポール）	
	筆者撮影（2009年7月）	
281	サンデー・マーケットで販売されるミュージックDVD（アメリカ・フレスノ）	
	筆者撮影（2011年4月）	
288	ミス・モン・コンテスト風景	
	https://www.google.co.jp/search?q=Miss+Hmong+contest&hl=ja&rlz=1T4SUNC_jaJP357JP357&prmd=imvns&tbm=isch&tbo=u&source=univ&sa=X&ei=74MHUNGoIMidmQXkuLizAw&ved=0CGgQsAQ&biw=1134&bih=594	
291	バン・パオの写真（フランス・ニーム）	
	筆者撮影（2010年2月）	
292	星条旗に包まれて運び出されるバン・パオの棺	
	Los Angeles Times, "Framework"	
292	バン・パオ追悼式典の様子	
	Suab Hmong Broadcasting	
	C. V. Vang	
巻末	1. 男性呼称／2. 女性呼称（グリーン・モン）	
	チャート作成者：V. Yang	
	3. 女性名と男性名	
	4. Hmong Language	
	V.Yang	

インタビューリスト

1. アメリカ合衆国

U-1　K. Yang
U-2　N Yang　2008.4.13/14.
U-3　L. Lee　2008.4.13.
U-4　M. Yangsao　2008.4.7/8/9.
U-5　M. Moua
U-6　Y. Chang
U-7　Y. Dao
U-8　C. Y. Vang
U-9　L. Moua　2006.11.10.
U-10　C. Sayasith　2008.4.7/8/9.
U-11　B. Xiong　2007.2.15.
U-12　M. N. M. Lee　2008.4.8.
U-13　S. V. Thao　20009.7.18.
U-14　V. Yang　2009.7.18.
U-15　J. Yang　2010.3.13.
U-16　S. Vang　2010.3.12.
U-17　L. Yang　2010.3.9/10/11
U-18　M. Yang　2010.3.9/10/11/12/13
U-19　S. Lee　2010.3.11.
U-20　N. Lee　2008.4.14.
U-21　M. Lee　2008.4.14.
U-22　S. Lee　2008.4.14.
U-23　N. Yang　2010.3.13.
U-24　M. E. Pfeifer　2005.3.4
U-25　T. Lee　2008.8.22
U-26　T. Xiong　2011.8.31
U-27　P. Xiong　2011.8.31
U-28　L. Her　2011.8.31
U-29　N. Hawj　2011.8.31
U-30　L. Y. Her　2011.8.31
U-31　J. Her　2011.8.31
U-32　E. Lo　2011.8.31
U-33　P. Her　2011.8.31

2. フランス

F-1　C. H. Fronteau　2010.1.26/27/28.
F-2　G. Fronteau　2010.1.26.
F-3　X. Heu　2010.1.28.
F-4　A. Yang　2010.2.4/5/6.
F-5　S. Yang　2010.2.4/5/6.
F-6　M. Yang　2010.2.4/5
F-7　M. J. Tong Pao
F-8　P. T. Benoir　2010.1.31.
F-9　T. Yang　2010.1.31./2.1/2
F-10　F. Yang　2010.1.31./2.1/2
F-11　C. M. Heu　2010.1.29/30
F-12　L. Xiong　2010.2.3.
F-13　D. S. Geu　2006.8.10.　2007.5.20/21/22
F-14　C. V.　2006.8.8.　2007.5.19.
F-15　S. Yang　2010.1.31.
F-16　F. S. Geu　2007.5.20.
F-17　M. K. Tcha　2007.5.23.　2010.1.25/2.11
F-18　L. M. L. Geu　2007.5.20.
F-19　D. Vang　2010.2.8.
F-20　P. Q. Txiachaheu　2010.2.9/10.
F-21　J. P. Yangsao　2007.5.21.
F-22　R. Thor　2010.1.31.
F-23　M. Heu　2010.1.29/30
F-24　C. Yang　2010.2.1.

F-25　G. T. C. Heu　2010.2.9.
F-26　D. Lor　2010.1.29

3. オーストラリア

A-1　P. Saykao　2008.3.15.
A-2　T. Saykao　2008.3.14/15.
A-3　C. Xiong　2008.3.13.
A-4.　M. S. Xiong　2008.3.13.
A-5　M. Thao　2008.3.14.
A-6　J. P. Y. Saykao　2008.3.15.
A-7　J. Saykao　2008.3.15.
A-8　V. T. Saykao　2008.3.15.
A-9　M. H. Saykao　2008.3.14.
A-10　J. Vang　2008.3.16.
A-11　W. Yang　2008.3.16.
A-12　F. Lee　2008.3.16.
A-13　K. Vang　2008.3.17.
A-14　A. Hang　2008.3.17.
A-15　S. Hang　2008.3.17.
A-16　D. P. Vang　2008.3.17.
A-17　M. Y. Lee　2008.3.18.
A-18　M. Yang　2008.3.18.
A-19　C. Lee　2008.3.17/18.
A-20　N. T. Lee　2008.3.17/18.
A-21　A. Lee　2008.3.7.
A-22　M. Lo　2008.3.7.
A-23　T. Yang　2008.3.7.
A-24　M. Yang　2008.3.7.
A-25　C. P. Yang　2008.3.8.
A-26　C. Vang　2008.3.8.
A-27　M. Lee　2008.3.8.
A-28　S. Lee　2008.3.8.
A-29　D. Lee　2008.3.8.
A-30　D. Thaow　2008.3.9.

A-31　V. Yang　2008.3.9.
A-32　C. P. Yang　2008.3.9.
A-33　Y. Lee　2008.3.8/9/10.
A-34　J. Lee　2008.3.8/9/10.
A-35　G. Y. Lee

4. ラオス（参考）

L-1　K. Yasui　2012.2.11.
L-2　Y. Yang　2012.2.12.

5. タイ（参考）

T-1　J. Xiong　2009.7.29/2012.2.7.

（順不動。名前は個人名保護のためイニシャルで表示した。)
また、同じ人に数回インタビューをした場合、特定の日付を記入していない。）

330

参考資料1
男性呼称（グリーン・モン）

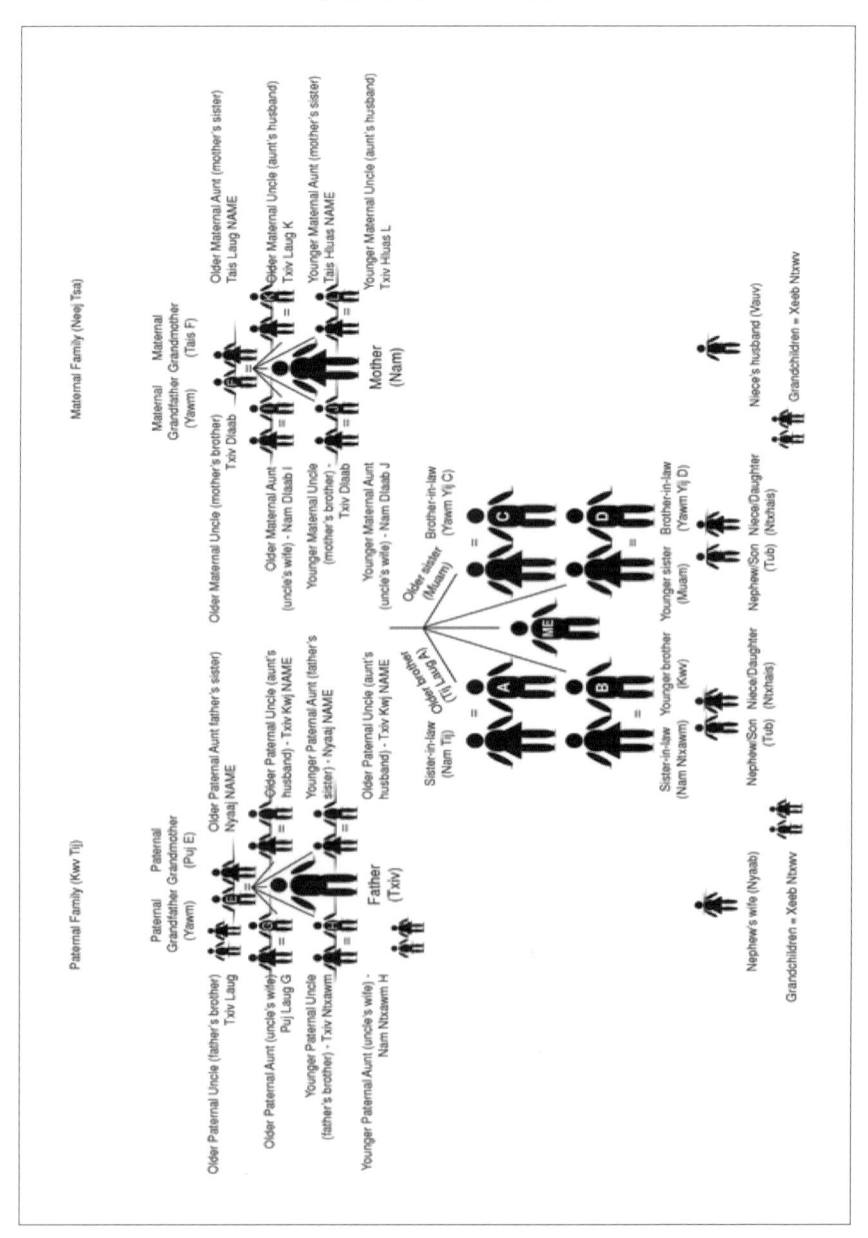

参考資料　　331

参考資料2
女性呼称（グリーン・モン）

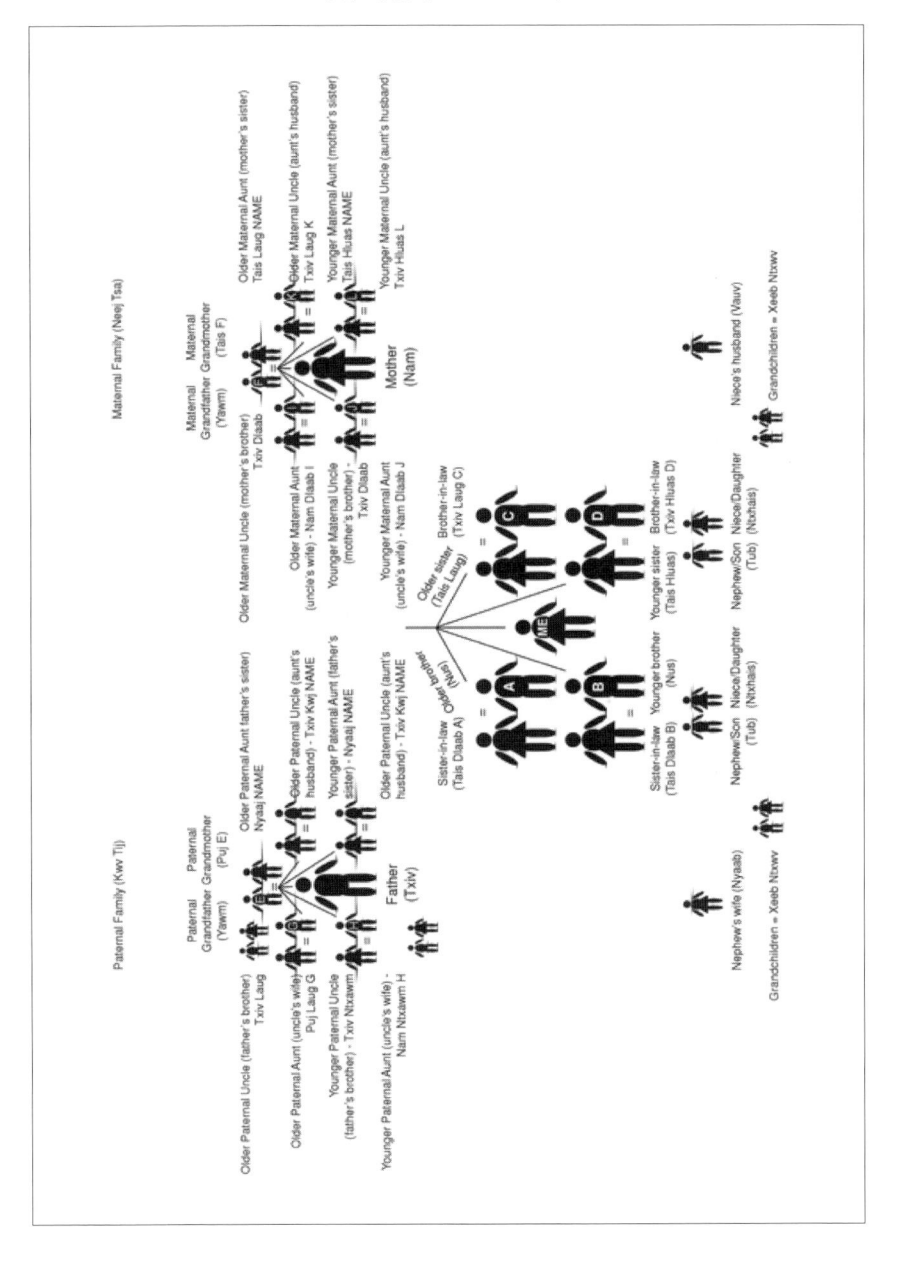

参考資料3
女性名と男性名

一般的によく見られる英語（モン語）の女性名と男性名をいくつか挙げる。女性名には、はさみ・蒸し器・籠・かまどなどの生活用具、布、金・銀、コイン、雲、月、花などを意味する言葉が使われ、男性名には、橋、アルコール、祝福、ガラス製ボトル、誇り、金・銀・鉄、発展などを意味する言葉が使われている。モン族は名前を表記するときに、英語かモン語のいずれかを使うことが多いが、その時々で使い分けをしたり、英語とモン語の両方の名前を使う場合がある。

女性名

英語	モン語	意味
Bee	Npib	コイン
Cha	Chav	部屋
Chia	Txiab	はさみ
Chou	Tsu	蒸し器
Dao	Ntaub	布地
Hlee, Hli	Hli	月
Houa	Huab	雲
Dia	Diav	スプーン
Ker	Kawb	籠
Kou	Kub	金
Mai, May	Maiv	娘
Pa	Paj	花

男性名

英語	モン語	意味
Chao, Chor	Txos	ストーブ
Chao	Choj	橋
Cher	Cawb	アルコール
Fong	Foom	祝福
Fue	Fwj	ガラスのボトル
Hue	Hwm	誇り
Ka	Kab	鉄

参考資料　　　　　　　　　　　　　333

Neng	Neeb	シャーマニズム
Pheng	Pheej	発展
Toua	Tuam	大きい・長男
Yeng	Yeej	勝利

参考文献：

Y.L. Xiong. (2006). *English-Hmong/Hmong-English Dictionary* (St. Paul: Hmongland Publishing Company). pp.464-467.

参考資料4
HMONG LANGUAGE

The Hmong language is a tonal, monosyllabic, subject verb object (SVO) language of the Hmong-Mien (Miao-Yao) language family. While a few dialects exist, (regional Chinese Hmong dialects, as well as Southeast Asian dialects), the majority of Hmong speakers present in America speak the Southeast Asian dialects, mainly either green or white Hmong, with white Hmong being the more spoken dialect of the two. These two dialects are communicable, with a few slight pronunciation differences and occasionally a complete difference in vocabulary. The Hmong writing system uses a Roman Popular Alphabet (RPA), which of course uses Roman letters. A calligraphic writing system called Chao Fa was also created, but the RPA remains the more used of the two. An anglicized system has not been officially created but has been put into use.

TONES

Depending on the dialect, there are eight tones or less. Consonants placed at the end of a word signify the tone.

-	Neutral tone, marked by no consonant (zoo - well/good, ua - to do)
b	High pitched (ib – one, peb - three or we)
d	Dipping without rising (txid - fruit, ntawd - over there) [usage of "d" is not as common]
g	Low and breathy (yog - to be, neeg - person)
j	Sharp, abrupt, high (tuaj - come)
m	Sharp, abrupt, low (nam – mother)
s	Like "g" but not as breathy, close to standard tone in English (nees - horse)
v	Dipping with rising (txiv - father, ntawv - paper)

SOME COMMON & HELPFUL PHRASES

Pronunciation guide	Hmong spelling	Meaning (literal)
nyaw zhong	nyob zoo	Hello. (be well), general greeting
ooh ah jow	ua tsaug	Thank you. (do)
goo loo nbay yaw	Kuv lub npe yog	My name is…
goo yaw	Kuv yog	I am…
gaw nyaw lee jyah (lar)	Koj nyob li cas (lawm)?	How are you? (How have you been?)
zhong shee ah thow njee gaw	Zoo siab tau ntsib koj	Nice to meet you. (happy able meet you)
sheen jee doo ah	Sib ntsib dua	Goodbye. (mutual meet again)
jee oo ah lee jyah	Tsis ua li cas	You're welcome. (not do how)

PRONOUNS

I – Kuv (goo)
You – Koj (gaw)
You (more than one) – Mej (may) [green Hmong] or Nej (nay) [white Hmong]
S/he, Her/Him – Nws (new)
Us (only two) – Wb (ew)
We (more than two) - Peb (pay)
Them (only two) – Nkawv (ngar) [only used in White Hmong dialect]
Them (more than two) – lawv (lar) [white Hmong] or puab (poo ah) [green Hmong]
All – suav dlawg (shoo ah dlar) [green Hmong] or sawv dawg (shar dar) [white Hmong]

    Can be added afterward to be all-inclusive
        You all = mej suav dlawg (may shoo ah dlar)
        Us (we) all = peb suav dlawg (pay shoo ah dlar)
        Them all = lawv sawv dawg (lar sar dar)

COMMON VERBS

do – ua (oo ah)
eat – noj (naw)
come – tuaj (too ah)
write – sau (shah oo)
want, buy – yuav (yoo ah)
to think, want – xaav [green] (xah ng)

go – moog (mong) [green Hmong] or mus (moo) [white Hmong]
to be [descriptive] – yog (yaw)
to be [conditional] – nyob (nyaw)
speak – has [green] (hah), hais [white] (hah ee)
see – pum [green] (poo), pom [white] paw
write – sau (shah ooh)

ETC.

who – leej twg (leng thew)
what – dlaab tsi (dlahng jee) [green Hmong] or dab tsi (dah chee) [white Hmong] or ab tsi (ah chee) [kids]
where – qhov twg (k+breath+aw thew)
why – vim li cas (vee lee jyah)
when – thaum twg (tow thew)
how – li cas (lee jyah)
negative – tsis (jee) [put before verb]
    Tsis yog kuv. (jee yaw goo = It's not me)
like - nyiam (n yee ah) [white Hmong] or nyam (n yah) [green Hmong]
    Kuv tsis nyiam.(goo jee nyah = I don't like.)
but, however – tabsis (thah shee)

also, too – tuabsi (thoo ah shee), hab [green] (hah), thiab [white] (tee ah)
and - hab [green] (hah), thiab [white] (tee ah)

NUMBERS

1	"e"	ib	11	"gow ee" (11-19 is same combo of 10+number)	kaum ib
2	"aw"	ob	20	"neng gow" (m)	nees nkaum
3	"bay"	peb	30	"bay jyah oo" (g)	peb caug
4	"plow"	plaub	40	"plow jyah oo" (g)	plaub caug
5	"ch+jee"	tsib	50	"ch+jee jyah oo" (g)	tsib caug
6	"ch+d+jow"	rau	60	"ch+d+jow jyah oo" (m)	rau caum
7	"sh+ya"	xya	70	"sh+ya jyah oo" (m)	xya caum
8	"yee"	yim	80	"yee jyah oo" (m)	yim cuam
9	"jyoo ah"	cuaj	90	"jyoo ah jyah oo" (m)	cuaj caum
10	"gow"	kaum	100	"ee poo ah" (g)	ib puas

TIME

"number + teev + number + feeb" (theng, feng) [Hmong, although Lao is also used a lot]
"number + moo + number + nas this" (mong, nah tee) [Lao]
morning – sawv ntxuv [green] (shar n+zoo), sawv ntxov [white] (shar n+zaw)
noon – tav su [green] (thah shoo)
night – tsaus ntuj (ch+jow n+d+thoo)
AM – "morning" can be used after stating time to indicate AM
       4 AM = plow mong shar nzoo
PM – "night" can be used after stating time to indicate PM
       10 PM = gow mong chjow ndthoo

WHERE/WHEN

here – nuav (noo ah)
    can also be used to indicate idea of "now"
    used with day (hnub) in hnub nuav means "this day" aka today
    used with moment (taag sim) in taag sim nuav means at this moment aka right now
there – ntawd (n+thar)
    used with moment (taag sim) in taag sim ntawd means at that moment
over there – pev, nraag (pay, n+ ch+d+jah+ng)

day – hnub (noo)

today - hnub nuav (noo nooh ah)
tomorrow - pis kig (bee gee)
day after tomorrow – nees kig (neng gee)

Time counters

    time - zag [green] zaug [white] (zha, zhow)
        One time = Ib zag (ee zha)
    another or next – lwm (lew)
        Another time = Lwm zag (lew zha)
    week – lim tam [green] (lee tha), lim tiam [white] (lee thee ah), as thiv [Lao] (ah tee)
    month – hli (hlee)
    year – xyoo (sh+yong)

INDICATING TENSE – Adding a time reference is often times enough to indicate tense, but sometimes an additional tense indicator is used to punctuate a statement.

    Past – lawm (lar) [particle] or twb (thew) [already] or simply add date yesterday (nas mo) [nah maw], last week (lub lis tiam dhau), the other day (ob hnub) [aw hnoo]
        Tsis yog kuv lawm. (jee yaw goo lar) [it's not me anymore]

Progressive - use tseem (jeng) [still]+verb to indicate progressive action, then add time reference to include tense.
        Nas mo, Kuv tseem noj mov thaum koj hu kuv.
        (nah maw, goo jeng naw maw tao gaw hoo goo)
        [Yesterday, I was (still) eating when you called me.]
        Taag sim nuav, Kuv tseem noj mov.
        (tahng shee noo ah, goo jeng naw maw)
        At this moment, I'm (still) eating.
Future – to indicate future tense, use "yuav" (yoo ah) [want, be going to] or maam (mahng) [will] to indicate future tense.
        Kuv maam noj mov. (goo mahng naw maw) [I will eat.] making a promise, affirming
        Kuv yuav noj mov. (goo yoo ah naw maw) [I'm going to eat] more immediate and definite

                          Prepared by Viva (Vibvas) Yang (Yaaj)
                                      (Green Hmong)

索引

欧字

18 Xeem……93, 99
"care, respect, relationship" ……78
CIA……10, 11, 51, 53, 54, 56, 59, 177, 290
cum ib tug dabqhuas……94
dab……87, 94, 95, 140, 142, 150, 271
dab qhuas……87, 150, 271
Hmong ABC Store……114, 116
Hmong Cultural Center……32
Hmongness……10, 14, 15, 17, 18, 19, 20, 23, 33, 35, 78, 98, 101, 102, 103, 104, 105, 113, 118, 136, 137, 270, 280, 285, 287, 295, 296, 297, 298, 299, 300, 301
Hmong Studies Journal……31, 32, 287
Hmoob kev sib hlub……14, 101, 295
HND (Hmong National Development, Inc.)……289
HSGU……54, 130, 177, 284, 292
hu plig……143
"ib tus dab qhuas" ……87
International Conference on Hmong Studies……16, 293
itinerant ethnography……38
"Kis" ……46
lwm sub……120
mab sua……19, 26, 295
mej koob……167
multi-sited ethnography……34, 40
noj peb caug……101, 119
OFPRA……207
per Hmoob……26, 27, 295
plig……139, 143
pov pob……121
single-sited ethnography……37
The First Hmong Women's National Conference……39
tu sub……120
USAID……54, 56
"vivncaus" ……87
"warehousing" ……67

あ行

RPAシステム……41, 42, 90
アイコン……217, 235, 290, 302
アイザック……26, 33
アイデンティティ論……25, 295
アウトサイダー……29, 36, 39, 40, 41, 263, 299, 301
悪しき慣習……253, 255
アップルトン……195, 196, 198, 199, 200
アニミズム……18, 24, 77, 81, 99, 122, 142, 155, 226, 228, 229, 234, 239, 243, 264, 271, 273, 275, 277, 278, 280, 297, 298, 299
アパデュライ……34, 35
アメリカ中央情報局（CIA）……51
アンセルシオン……205
生け贄……85, 94, 120, 124, 125, 137, 140, 142, 144, 162, 163, 173, 217, 222, 234, 236, 255, 271, 273, 275, 277, 298
位置関係……36, 229
一連の環……139
イニスフェイル……226, 227
移民政策……38, 178, 224, 241
移民法……63, 178, 241
イロコイ族……28
インサイダー……29, 31, 41
インターネット……118, 235, 286, 288, 289, 290, 293
インドシナ難民……9, 11, 19, 181, 223
ウィスコンシン州……81, 112, 131, 183, 184, 191, 192, 195, 196, 200, 242
ウェディング・クルー……167, 168
牛の角……144
「内」と「外」……300
宇宙観……35, 37, 139, 141, 156, 174, 297, 298
ウドーン……51, 55
エアー・アメリカ……53, 55
エスニシティ論……25, 295
エスニック・アイデンティティ……22, 26, 28, 117, 132, 220, 297
エスニック・アイデンティティ論……295

エスニック・バウンダリー論……27, 33, 296
エスニック・プライド……23, 104, 136
エリクソン……25
オールマン……56
「夫の影に隠れる存在」……260
同じ祖先を共有する者……22, 95
オピニーシュールネール……65, 117, 209, 215, 217, 219, 220, 271, 275
オピニオン・リーダー……221, 230

か行

カービン銃……51
介添人……166, 169
拡大家族（extended family）……85
架け橋……112
「過去との強い絆」……297
家族呼び寄せプログラム（Family Reunion Program）……225, 227
価値観……18, 25, 136, 142, 157, 158, 181, 191, 226, 245, 246, 249, 250, 265, 268, 271, 280, 300
カトリック……38, 208, 209, 217, 221, 275
家譜（家系図）……88, 239
家父長社会……14, 83, 85, 99, 228, 261
家父長制度……32, 77, 86, 88
紙のお金……146, 149, 150, 151, 278
カリフォルニア州……95, 118, 126, 182, 183, 190, 191, 193, 196, 200, 201, 242, 290
カルチャー・ショック……182, 184, 242, 264, 265, 280
簡素化……165, 236, 279
カンボジア人……19
漢民族……12, 22, 23, 41, 45, 78, 79, 80, 83, 99, 101, 106, 114
キージング……29, 30
ギアーツ……26, 27, 33, 90, 295
キアトン……46, 47
ギアナ……12, 83, 119, 288
記憶……20, 21, 23, 27, 110, 115, 117, 122, 284, 285, 286, 293
絆……10, 16, 19, 21, 22, 24, 27, 33, 77, 78, 94, 139, 166, 289, 295, 296, 297, 299, 300, 301
ギャング団……200
丘陵地ラオ族（ラオ・トゥン）……80

共産党……50, 56, 59, 60, 62, 70, 74, 273, 284
強制送還問題……76
銀細工……69, 114
クーパー……29
クアゲ……22, 23, 79
クィーンズランド……226, 227, 228, 230, 231, 234
空間……17, 22, 24, 34, 35, 36, 37, 65, 66, 69, 87, 91, 96, 122, 136, 139, 161, 162, 165, 174, 229, 240, 250, 260, 261, 264, 273, 280, 289, 290, 296, 298, 299, 300, 301
空間の概念……34, 35, 37, 87, 296, 301
「空間・場」……161, 162
草の根運動……186
クラン（Xeem）……19, 89
『グラン・トリノ』……269
クランの名誉……186
クラン名……30, 77, 91, 92, 93, 94, 96
グリーン・モン……29, 31, 36, 43, 92, 107, 110, 167, 212, 213, 214
クリント・イーストウッド……269
車の両輪……297
「グローバル・エスノスケープ」……34
ケーン……104, 136, 158, 161, 163, 212, 278
K. ヤング……21
ケオン・ボマー……29
血縁……18, 19, 27, 28, 30, 31, 85, 87, 95, 98, 99, 140, 295, 298
血縁関係……26, 96, 141, 224, 225, 297, 299
結婚……30, 32, 52, 68, 69, 79, 84, 87, 88, 89, 91, 94, 97, 101, 102, 105, 109, 129, 142, 146, 163, 166, 167, 168, 173, 174, 175, 210, 212, 213, 214, 225, 228, 229, 232, 236, 239, 241, 244, 246, 247, 249, 250, 253, 254, 255, 257, 258, 259, 260, 261, 262, 268, 299, 300
結婚交渉……166, 167, 168, 170, 173, 174, 175, 254
ゲッズ……29, 31
原初的愛着……26
原初的紐帯……26, 33, 295, 299
「原初的な愛着」（primordial attachments）……90
原初論……26, 27, 28, 33, 295, 296, 300
現世……17, 24, 79, 140, 160, 298
コーエン……20, 21, 22, 28, 84, 297
高地ラオ族（ラオ・スーン）……80

口頭伝承……79, 105, 284
呼称……36, 37, 91, 94, 96, 199, 234, 235, 244, 298
「木の葉や花」……88
コミュニケーション……144, 191, 210, 280, 288, 289, 290
「コロンボ・プラン」……227
婚資……69, 102, 163, 168, 170, 173, 175

さ行

「再会の儀礼」……233, 255, 256
再生……17, 24, 140, 156, 298
差異への権利……205
サブ・クラン……90, 91, 94, 95, 98, 100, 105, 121, 141
サフラン……20
サンデー・マーケット……112
「三苗」……79
シエンクアーン……40, 45, 51, 52, 54, 63, 72, 73, 177, 196, 227
ジェンダー……29, 32, 39, 206, 263
ジェンダー概念……93, 234, 239, 242, 244, 245, 246, 263, 280, 298
視覚言語……106
時空を超える絆……10, 16, 33, 78, 139, 300
死者……12, 23, 24, 37, 79, 85, 95, 104, 108, 139, 141, 142, 156, 157, 158, 159, 160, 161, 162, 163, 174, 236, 239, 271
死者を送る詠歌……156
刺繍……106, 114
自他の区別……85
シドニー……225, 226, 227, 228, 230, 234, 289
紙幣……238
シモンズ……29, 165
ジャーカゲ……156, 157, 158
シャーマニズム……60, 142
シャーマン……37, 79, 116, 142, 143, 144, 146, 148, 150, 155, 236, 271, 272, 273
ジャール平原……73, 75
社会空間……24, 35, 36, 37, 87, 261, 301
社会的記憶……23, 110, 122, 284, 285, 286
若年結婚……258
シューマホーン……27
重婚……252, 253

「集団外の人」……295
「集団内の人」……295
集団の顔……214, 259
集団の評判……214, 259
集団の利益……84
出自……25, 30, 31
ショーレ……70, 118, 121, 133, 213, 237, 259, 260
商業的なイベント……134
状況論……26, 27, 28, 33, 295, 296, 299, 300
「情報公開令」……11
『書経』……78
親族……17, 18, 19, 22, 28, 29, 30, 31, 36, 37, 64, 75, 83, 85, 90, 91, 95, 100, 113, 116, 117, 118, 119, 123, 136, 141, 150, 160, 164, 166, 168, 174, 183, 195, 198, 199, 200, 209, 210, 213, 214, 217, 226, 227, 242, 245, 254, 259, 260, 261, 262, 266, 271, 273, 277, 278, 287, 289, 297, 298
親族関係……10, 17, 19, 20, 24, 29, 30, 32, 33, 77, 84, 86, 87, 89, 91, 94, 95, 98, 141, 164, 174, 181, 184, 186, 187, 229, 244, 278, 295, 296, 297, 298, 299, 300
親族研究……28, 29
親族集団……18, 34, 95, 98
人道主義……179, 223
「新年の祝い」(noj peb caug)……119
神話……21, 90, 91
スカ……144, 236, 239, 244, 300
ストーリー・クロス……67, 68, 105, 109, 110, 111, 112, 113
スポンサー……134, 180, 181, 184, 192, 201, 224, 225, 227, 244, 273, 274
成員……25, 27, 30, 95, 100, 104, 122, 155, 280, 281, 295, 297
「精算」の儀式……160
政治的関心……234, 244
性による違い……165, 239
折衷論……33, 296, 300
先行研究……16, 24, 33
セントポール……32, 95, 102, 114, 134, 135, 156, 165, 167, 183, 189, 191, 192, 193, 195, 212, 241, 242, 243, 254, 255, 268, 269, 278
葬儀……22, 37, 79, 85, 94, 95, 104, 108, 115, 116,

156, 157, 158, 160, 161, 162, 163, 164, 165, 174, 229, 236, 238, 239, 244, 278, 279, 291, 292, 299, 300
葬儀場……102, 278
「想像のコミュニティ」……287, 289, 290, 293
祖国……9, 19, 20, 21, 78, 283, 284, 285, 286, 287, 293
祖先崇拝……18, 22, 24, 30, 77, 91, 139, 140, 141, 174, 236, 239, 262, 264, 273, 280
祖先の霊……84, 85, 87, 95, 97, 99, 100, 142, 144, 150, 164, 169, 173, 264, 279, 298
祖先への道しるべ……79

た行

ターセン……47
タイ族……46
第1世代……62, 158, 190, 204, 209, 210, 212, 287
第2世代……32, 62, 190, 210
タイの難民キャンプ……12, 43, 63, 75, 77, 105, 177, 184, 227, 245
タウゲ……156, 157, 158, 161
ダ・クァ（dab qhuas）……87, 150, 271
多現場民族誌（multi-sited ethnography）……34, 37, 38, 40, 296, 301
タップ……22, 31, 41, 79, 287
多文化（multi-culture）……222
タペストリー……110
魂（plig）……139
玉投げ……121, 124, 125
タムクラボック寺院……65, 191
誕生……18, 24, 26, 96, 105, 108, 139, 140, 142, 143, 147, 150, 153, 155, 174, 248, 261, 277, 298
男尊女卑……249, 251, 258, 262, 263
父方親族のネットワーク……113
チャン……32
チャント……168
紐帯……22, 26, 27, 33, 295, 296, 299
長女……163, 208, 209, 211, 214, 220, 248, 249, 250, 257, 262
長老……69, 157, 161, 166, 168, 170, 172, 173, 186, 214, 245, 246, 258, 259, 277
通過点……174, 298
通訳……199, 208, 210, 211, 239, 240, 265, 280

ディアスポラ……9, 17, 19, 20, 21, 22, 24, 284, 297
ディエンビエンフー……50
低地ラオ（ラオ・ルム）……80
低賃金……191, 201
手順……85, 147, 150, 156, 166, 167, 174, 236
「ドア・ノッキング」……188
同化……21, 22, 23, 99, 205, 283
統合……205, 206
トゥ・シュ（tu sub）……120
トウチョーブラオ……245
逃避行……60, 70, 111
都市部のコミュニティ……38, 192, 215, 230
ドミノ倒し……50
「ドリーム・チーム」……186, 187, 188

な行

ナショナル・アイデンティティ……19, 48, 205, 285
難民受け入れ……179, 180, 193, 223, 242
難民キャンプ……10, 12, 43, 60, 62, 63, 65, 66, 67, 68, 69, 75, 77, 105, 111, 117, 118, 177, 181, 183, 184, 207, 221, 225, 227, 244, 245, 280
難民政策……24, 178, 181, 205, 222, 224
ニーム……118, 135, 143, 153, 220, 221, 271, 275, 288, 291
鶏……143, 144, 145, 146, 148, 149, 151, 152, 171, 172, 173, 217, 275
ノーンカーイ……63, 66
農場……202, 203, 204, 221
農村地域のコミュニティ……38, 200, 217, 232
ノスタルジア……115
「〜の妻」……87
のど仏の骨……144, 146, 152, 171

は行

「場」……37, 270, 296, 299, 301
パーチャイの乱……46, 47
バーチャル・コミュニティ……287
「ハイブリッドな伝統」……104
白豪主義……222, 223
「白人の、白人による、白人のための社会」……222
ハサン……31

恥……36, 166, 186, 270
パテート・ラーオ……11, 50, 51, 52, 55, 62
バナナ・プランテーション……226, 230
パリ……62, 102, 118, 133, 137, 167, 209, 211, 215, 216, 220, 232, 253
バルト……27, 28, 33, 295, 296
バロメーター……104, 136, 298, 300
パ・ンダウ……67, 68, 69, 105, 106, 108, 109, 113, 115, 136, 285, 286, 293
バン・パオ……52, 53, 54, 57, 130, 177, 182, 196, 215, 290, 292, 293, 294
バンビナイ……61, 63, 65, 66, 68, 111, 112, 116, 118, 198, 274, 291
「苗民」……79
貧困率……202
ファダーマン……32, 59, 251
「ファミリー」……270
プアン族……46
父系出自集団……29, 31
仏領総督府……45, 74
「ブドウの房」……17, 18
フ・プリ（hu plig）……143, 146, 147, 150, 151, 152, 153, 155, 167, 236, 238, 274, 299
フラストレーション……251, 268, 270
ブリスベン……66, 90, 226, 227, 228, 232, 233, 234, 243, 255, 256, 279, 289
ブルーベイカー……20, 22
ブルー・モン……43
フレスノ……32, 66, 95, 112, 113, 123, 126, 128, 130, 143, 183, 189, 200, 201, 202, 203, 204, 209, 235, 237, 238, 242, 243, 265, 271, 272, 275, 276, 277, 292, 294
プロテスタント……209, 275, 278
ブロン・ション（Blong Xiong）……202
「文化の空間性」……34
ベトナム人……19, 46, 59, 181, 198, 285
ベトナム戦争……9, 10, 11, 12, 19, 56, 59, 75
ベトナム戦没者記念碑……12, 13
ベトミン……11, 50, 52, 60
ホーチミン・ルート（ホーチミン・トレイル）……51, 54, 55
ボート・ピープル……11, 12, 223, 224
ポーポー（pov pob）……121
「ホームメード」ビデオ……115, 116

ホール……28
包括性と排他性……23
ホワイト・モン……29, 36, 42, 92, 106, 110, 167, 212, 213, 214
ポンサーリー……45

ま行

マシー……37
「マジョリティによるマイノリティの包摂」……206
マリノフスキー……28
ミー・モア（Mee Moua）……14, 15, 132, 185, 186, 187, 202
ミス・モン・コンテスト……104, 134, 136, 280
南ベトナム解放民族戦線……11, 51
ミネソタ州……14, 32, 95, 118, 132, 183, 184, 189, 190, 191, 192, 193, 195, 196, 242
ミャオ……41, 78, 79, 80, 82, 99, 286, 287
ミャオ族研究……287
ミルウォーキー……159, 193, 195, 196, 198, 209, 254
民族識別調査……82
昔話……78, 79, 90, 106, 251, 284
息子……85, 86, 98, 162, 163, 264
メイコン（mej koob）……168, 169
メルボルン……226, 228, 230, 231, 232, 234, 237, 241, 289
モルガン……28
モン・インターナショナルマーケット……194, 195
モン・カルチャーセンター……269
モン系アメリカ人……14, 32, 126, 132, 185, 195, 202
モン語……18, 26, 36, 42, 90, 92, 94, 101, 103, 106, 115, 116, 118, 153, 188, 189, 190, 199, 203, 210, 211, 216, 217, 220, 234, 235, 243, 268, 275, 276, 277, 289, 290, 299, 300
「モン掃討作戦」……56
モン族研究……10, 16, 29, 31, 32, 39, 78, 79, 263, 287, 289, 293
モン族社会の規範……101
「モン」であること……20, 102, 267, 285
モン特殊攻撃部隊（HSGU）……54, 130

や行

焼畑農業……81, 83, 99, 108, 201, 266
「役割・位置づけ」……161, 162
役割分担……68, 89
「有苗」……79
「行き場のない霊」……98
「行く道」……156
「良い娘」……262
用具論……26, 28, 295
「良き妻」……261, 262
呼び寄せ……177, 178, 184, 201, 225, 227, 244, 274

ら行

来世……108, 144, 156, 158, 160, 239
ラオス王国軍……48, 59, 60, 130, 177, 227, 236
ラオス退役軍人碑……13, 14
ラオス秘密戦争……9, 11, 13, 50, 56
ラオ・ファミリー・コミュニティ……182
ラドクリフ・ブラウン……28, 30, 141
ラムウォン……129, 135
リー一族……47, 48
リーフォン……48, 52, 59
リープリチャ……29, 31, 37, 78, 90, 94
リネージ……29, 30, 31, 84, 85, 95, 96, 98, 99, 101, 141, 166, 214, 258, 259, 298, 299
略奪婚……253, 254, 255, 258
ルアンパバーン……40, 45, 46, 48, 114
ル・シュ（lwm sub）……120
ルモアン……31, 287
流浪の民……19
霊（dab）……140
霊界……108, 140, 236, 239, 271
劣等感と優越感……22
ロー一族……47, 48
ロープリヤオ……47, 48
ローンチェン……49, 54, 55, 56, 57, 58, 59, 116, 177
ロック・ペンダント……114

吉川太惠子（よしかわ・たえこ）
米国テンプル大学（日本校）アメリカ研究専攻
同志社大学大学院アメリカ研究科博士前期課程（アメリカ研究、修士号取得）
法政大学大学院国際文化研究科博士後期課程（国際文化 博士号取得）
現在、法政大学非常勤講師

著書・論文
「時空を超えて：離散した人々を繋ぐ親族関係(Kinship)――三カ国に生きるラオスの少数民族モン族(Hmong)を事例に」『法政大学大学院紀要』第62号
From a Refugee Camp to the Minnesota State Senate: A Case Study of a Hmong American Woman's Challenge.
Hmong Studies Journal. Vol.7, Hmong Studies Resource Center/Hmong Cultural Center, St.Paul
「杉原千畝」『国際社会人叢書1：国境を越えるヒューマニズム』法政大学出版局

ディアスポラの民モン――時空を超える絆

初版第1刷発行　2013年3月15日

定価3500円＋税

著者　吉川太惠子©

装丁者　水戸部功

発行者　桑原晨

発行　株式会社めこん
〒113-0033　東京都文京区本郷3-7-1
電話03-3815-1688　FAX03-3815-1810
ホームページ http://www.mekong-publishing.com

組版　宇打屋仁兵衛
印刷　太平印刷社
製本　三水舎

ISBN978-4-8396-0270-3　C3036　¥3500E
3036-1306270-8347

JPCA 日本出版著作権協会
http://www.e-jpca.com/

本書は日本出版著作権協会（JPCA）が委託管理する著作物です。本書の無断複写などは著作権法上での例外を除き禁じられています。複写（コピー）・複製、その他著作物の利用については事前に日本出版著作権協会（電話03-3812-9424 e-mail：info@e-jpca.com）の許諾を得てください。